古代歷史文化研究輯刊

二二編

王明蓀 主編

第8冊

五代遼宋西夏金邊政史

周峰 著

國家圖書館出版品預行編目資料

五代遼宋西夏金邊政史／周峰 著 — 初版 — 新北市：花木蘭
文化事業有限公司，2019〔民108〕
目 4+194 面；19×26 公分
（古代歷史文化研究輯刊 二二編：第 8 冊）
ISBN 978-986-485-902-3（精裝）
1. 邊防 2. 五代史 3. 宋史 4. 遼金夏史
618   108011798

ISBN-978-986-485-902-3

古代歷史文化研究輯刊
二二編 第 八 冊   ISBN：978-986-485-902-3

五代遼宋西夏金邊政史

作　　者　周峰
主　　編　王明蓀
總 編 輯　杜潔祥
副總編輯　楊嘉樂
編　　輯　許郁翎、王筑、張雅淋　美術編輯　陳逸婷
出　　版　花木蘭文化事業有限公司
發 行 人　高小娟
聯絡地址　235 新北市中和區中安街七二號十三樓
　　　　　電話：02-2923-1455／傳眞：02-2923-1452
網　　址　http://www.huamulan.tw 信箱 hml810518@gmail.com
印　　刷　普羅文化出版廣告事業
初　　版　2019 年 9 月
全書字數　172354 字
定　　價　二二編 25 冊（精裝）台幣 63,000 元

五代遼宋西夏金邊政史

周峰　著

作者簡介

周峰，男，漢族，1972 年生，河北省安新縣人。中國社會科學院民族學與人類學研究所研究員，歷史學博士，碩士生導師。主要從事遼金史、西夏學的研究。出版《完顏亮評傳》《21 世紀遼金史論著目錄（2001 ～ 2010 年）》《西夏文〈亥年新法 · 第三〉譯釋與研究》《奚族史略》《遼金史論稿》等著作 11 部（含合著），發表論文 90 餘篇。

提　　要

　　五代遼宋西夏金時期是繼南北朝之後，中國歷史上又一次大的分裂時期，與統一王朝面臨的邊政問題也有不同的一面，由於這些政權周邊都有多個政權相鄰，因而邊政更為複雜。本書力圖對於這一時期的邊政給與一個概括性的梳理，按照時代順序分為五代、遼朝、宋朝、西夏、金朝五編，對於各個政權的疆域、治邊機構、治邊思想、治邊措施、邊疆發展等進行介紹。

目次

第一編　五代十國時期的邊政

一、五代十國政權的更替與疆域

（一）五代十國政權的更替

公元 907 年，存在了近 300 年的唐朝在經歷了繁盛的巔峰和遲暮的衰落之後，終於落下了它的歷史帷幕，被朱溫建立的大梁政權所取代，從此，中國歷史又進入了一個分裂割據的時期，梁及其後建立的唐、晉、漢、周五個政權，史稱後梁、後唐、後晉、後漢、後周，合稱五代。與之同時，在南方地區還存在著前蜀、後蜀、吳、南唐、吳越、閩、楚、南漢、南平等九個小的割據政權，在北方的今山西存在著北漢，這些政權合稱十國。五代十國時期雖然僅僅延續了 50 餘年，但卻是中國歷史上最動盪的時期之一。

唐末，由於黃巢起義的沉重打擊，唐朝中央政府雖然名義上還存在，但各地藩鎮割據的局面更加嚴重，並不斷相互之間進行混戰，使唐朝中央的統治難以為繼。朱溫原是黃巢的部將，後降唐，被封為宣武節度使，佔據汴州（今河南省開封市），他在軍閥混戰中消滅了許多小的割據勢力，逐漸擴張，並最終於唐天祐四年（907），廢掉唐哀宗，建立了後梁政權，五代時期正式開始。

後梁政權內部爭權奪利，朱溫被其次子朱友珪所殺，而第三子朱友貞又在平定朱友珪後即位。外部，又有晉王李克用與之隨時為敵。李克用是唐中期遷居今山西的突厥別部沙陀部的首領，由於李克用率領沙陀兵積極配合唐軍鎮壓黃巢起義，因此被唐昭宗封為晉王，成為與朱溫並列的方鎮勢力。李克用和朱溫之間圍繞爭權奪勢，很早就開始了衝突。後梁建立後，李克用以

擁護唐朝為名，繼續與後梁交戰不休。梁、晉在多次交戰之後，梁逐漸處於劣勢。公元 927 年，李克用之子李存勗自立為帝，國號仍為唐，史稱後唐。同年，他滅亡了後梁。後來莊宗李存勗死於兵變，其養子明宗李嗣源在位八年間勵精圖治，「兵革粗息，年屢豐登，生民實賴以休息」〔註 1〕。出現了五代時期少有的安定局面。但是明宗的後繼者也是為了奪取帝位而互相攻殺，極大地削弱了後唐的勢力，也使權臣伺機而起。同樣出身於沙陀族的石敬瑭在滅亡後梁的戰爭中屢立戰功，後來成為明宗的女婿及河東節度使並握有實權。公元 936 年，石敬瑭乘後唐內亂之機，向遼太宗耶律德光稱臣，認比自己小的德光為父，並以燕雲十六州為禮物來換取遼的援助。同年十一月，遼太宗冊立石敬瑭為帝，國號為晉，史稱後晉。隨即，石敬瑭率兵攻入洛陽，後唐亡。石敬瑭投靠遼，給後晉以及其後的政權都帶來了嚴重的邊患，甚至危及其統治。石敬瑭死後，其繼立者少帝石重貴想擺脫聽命於遼的不利局面，結果導致了同遼的戰爭，公元 946 年，遼軍攻入開封，後晉滅亡。耶律德光佔領中原後的一系列倒行逆施激起了百姓的強烈反抗，不久就領軍北還。在遼軍北還後，後晉的河東節度使，同樣出身沙陀族的劉知遠乘中原空虛，於公元 947 年稱帝，國號為漢，史稱後漢。後漢是五代中最短命的一個政權，僅僅存在了 4 年就被大臣郭威所代，郭威改國號為周，史稱後周。周太祖郭威及其繼任者世宗柴榮都是較有作為的皇帝，他們對內改革弊政，對外向北漢、契丹發起進攻，收復了遼佔領的數州，改變了北疆的不利局面。但是隨著柴榮的病逝，後周權臣趙匡胤於公元 960 年取代後周，建立了宋朝，結束了五代十國分裂割據的局面。

　　與五代並存的十國是更小的割據政權。公元 907 年王建在成都稱帝，國號為蜀，史稱前蜀。公元 925 年，後唐莊宗滅前蜀，孟知祥被任命為西川節度使。公元 934 年孟知祥在據有整個四川後稱帝，史稱後蜀，公元 965 年為宋朝所滅。吳國的創立者楊行密在天復二年（902）被唐昭宗封為吳王，其子楊隆演於後梁貞明五年（919）被擁立為吳國王，以江都（今揚州）為都。後唐天成二年（927），隆演弟楊溥稱帝。後晉天福二年（937），楊溥被迫禪位於權臣徐誥，吳亡，徐誥同年稱帝，國號為齊，建都金陵（後改名江寧，今南京）。公元 939 年，徐誥復原姓李，改名昇，改國號為唐，史稱南唐，公元 976 年亡於宋。吳越的創建者是錢鏐，於公元 923 年被後梁封為吳越國王，以

〔註 1〕　《新五代史》卷 6《明宗紀》。

杭州爲首府，公元 978 年，錢俶向宋歸地，吳越亡。唐末，王潮、王審知兄弟進入福建，佔據福州、建州等地。後梁開平三年（909），王審知被封爲閩王。後唐長興四年（933）審知子王延鈞稱帝。公元 945 年亡於南唐。楚國的創建者爲馬殷，在唐末割據湖南。後梁開平元年（907），受封爲楚王，公元 951 年亡於南唐。南漢的創建者爲劉隱，唐末佔據廣東地區，被任命爲清海軍節度使。後梁開平元年（907），受封爲大彭王，後又改南平王、南海王。後梁貞明三年（917），劉隱弟劉岩（後改名龑）稱帝，國號大越，次年，改國號爲漢，史稱南漢，以廣州爲都城。公元 971 年亡於宋。南平又稱荊南，創建者爲高季興，唐末任荊南軍（今湖北江陵）節度觀察留後，遂割據其地。後唐同光二年（922），被封爲南平王。公元 963 年亡於宋。北漢的創建者劉崇是後漢高祖劉知遠的弟弟，任河東節度使。後漢亡，劉崇於公元 951 年在太原稱帝，國號仍爲漢，史稱北漢，後依附於遼朝，被冊封爲漢帝。公元 979 年北漢亡於宋。

（二）五代十國的疆域

五代十國政權的疆域都十分狹窄，可以說五代是歷代封建王朝中領土最爲逼仄的時期。後梁在五代中領土最少，只轄有今河南、山東兩省的全部，陝西、湖北的大部，以及河北、山西、江蘇、安徽等省的一部分。除了南方割據政權外，其周圍還有岐、晉、盧龍、趙等鎮節度使割據勢力。後唐全盛時，領有河南、山東、山西的全部，以及四川、河北、陝西的大部，安徽、江蘇、湖北、甘肅的一部分。後晉和後漢基本上維持了後唐的疆域。後周在後漢疆域的基礎上向南奪取了南唐的江北 14 州、60 縣，而在北方則失去了北漢佔據的今山西大部分。

十國中的吳疆域全盛時佔有江西全省，以及江蘇、安徽、湖北的一部分。南唐繼承了吳的領土，另外還佔據了福建、湖南的一部分。吳越的領土包括今浙江全省及上海、江蘇的部分地區。閩佔有今福建省。前蜀轄有今四川、重慶的大部，及陝西的南部、甘肅的南部、湖北的西部。後蜀基本維持了前蜀的疆域。南漢全盛時，轄今廣東、廣西、海南三省區的全部以及湖南的南部部分地區。楚全盛時領有湖南全部以及廣西的東北部、貴州、廣東的一部分。南平在十國中最小，只轄有今湖北省的宜昌、荊州、江陵等地。北漢轄有今山西大部及河北的一小部分。

二、後梁、後唐圍繞幽州與遼的爭奪

（一）後梁時期的北部邊疆局勢——劉仁恭、劉守光父子割據幽州

唐朝末年和五代初期劉仁恭、劉守光父子割據幽州，一方面，他們與後梁、後唐及其他割據政權征戰不已，另一方面，又積極抵禦契丹的入侵，成為五代政權防禦契丹入侵的第一道防線。但是劉氏父子、兄弟的骨肉相殘，又為契丹的入侵提供了契機。

劉仁恭在唐末追隨幽州節度使李可舉，屢立戰功，深得李可舉器重。但是因為劉仁恭為人狂妄自大，在李可舉死後，遭到李可舉之子李匡威的排擠，外任瀛州景城縣令。不久，在瀛州軍亂時，劉仁恭募集千人，討平叛亂，又得到了李匡威的信任。後來李匡威被弟弟李匡儔所逐，劉仁恭出兵相救，在居庸關兵敗，投奔晉王李克用。唐昭宗乾寧元年（894）李克用擊敗李匡儔，以劉仁恭為幽州留後，次年，又為他向唐朝請封，拜盧龍軍節度使。很快，劉仁恭和李克用就反目成仇，並大敗李克用。隨即劉仁恭四處擴張，派其子劉守文攻陷滄、景、德三州，並請求唐朝冊封守文，唐昭宗略為遲疑，尚未答覆，劉仁恭就對昭宗的使臣說：「為我語天子，旌節吾自有，但要長安本色爾，何屢求而不得邪！」〔註2〕由此可見劉仁恭的飛揚跋扈和中央政府的軟弱無能，也說明劉仁恭在幽州地區的割據已經穩定下來。之後，劉仁恭又依違於朱溫和李克用之間，時而聯朱抗李，時而聯李抗朱。

在劉仁恭割據幽州之時，也正是契丹崛起，屢次南下，耶律阿保機建國的前夕，兩者之間不可避免地發生了一系列衝突。幽州也成為中原政權抵禦契丹入侵的前線。公元 904 年九月，時任契丹于越、總知軍國事的耶律阿保機征討黑車子室韋，劉仁恭派養子趙霸率軍數萬支持室韋。「霸至武州，太祖諜知之，伏勁兵桃山下。遣室韋人牟里詐稱其酋長所遣，約霸兵會平原。既至，四面伏發，擒霸，殲其眾，乘勝大破室韋。」〔註3〕905 年和 906 年，契丹又接連進攻劉仁恭，「拔數州，盡徙其民以歸」〔註4〕。在對契丹的戰爭中，劉仁恭處於劣勢。

後梁開平元年（907），朱溫「以亳州刺史李思安為北路行軍都統，將兵

〔註2〕 《新五代史》卷39《劉守光傳》。
〔註3〕 《遼史》卷1《太祖紀上》。
〔註4〕 《遼史》卷1《太祖紀上》。

擊幽州」〔註5〕。當梁軍直抵幽州城下時，劉仁恭仍在幽州西部的大安山行宮中尋歡作樂。其子劉守光從外引兵進入幽州，與梁軍奮勇作戰，李思安敗退。劉守光又派兵攻陷大安山行宮，俘虜了自己的父親，將其囚禁起來。劉守光的兩個兄長劉守奇〔註6〕和劉守文都起來反抗，並且都企圖借助契丹的力量，時任平州刺史的劉守奇率領數千人直接投降契丹，被安置在平盧城。劉守文當即出兵討伐劉守光，劉守光向晉王李存勗乞得五千援兵，雙方先後激戰於盧臺和玉田，劉守文都戰敗，不得已退兵，但同時向契丹請求援助。909年三月耶律阿保機「命皇弟舍利素、夷離菫蕭敵魯以兵會守文於北淖口。進至橫海軍近澱，一鼓破之，守光潰去」〔註7〕。但是勝利後的劉守文卻作小兒女之狀，衝出戰陣喊叫部下不要殺了自己的弟弟，劉守光的部將元行欽乘機將其擒獲，後來劉守光將其殺死。

　　907年七月劉守光被後梁任命為盧龍節度使，909年七月又被封為燕王，但劉守光並不滿足，還想稱帝。其臣下有一個叫孫鶴的，對劉守光周圍的環境看得很清楚，勸告他說：「王西有并、汾之患，北有契丹之虞，乘時觀釁，專待薄人，彼若結黨連衡，侵我疆場，地形雖險，勢不可支，甲兵雖多，守恐不暇，縱能卻敵，未免生憂」〔註8〕。提醒他有晉和契丹兩個強敵在側，不可妄自尊大。但是劉守光不聽勸說，後梁乾化元年（911）年「八月十三日，守光僭號大燕皇帝，改年曰應天」〔註9〕。劉守光稱帝後，孫鶴的預見果然應驗，契丹和晉兩個強敵先後從北面和西面發起進攻，並最終滅燕。912年二月，耶律阿保機親征劉守光。七月，派弟耶律剌葛攻平州（今河北省盧龍縣），十月，平州被攻陷。911年十二月，晉王李存勗派周德威率三萬人討伐劉守光，912年正月，周德威軍抵幽州城下，在得到李存勗派出的吐谷渾、契苾等族騎兵的增援下，四月，在幽州城外龍頭崗，晉軍與出戰的燕軍遭遇，周德威身先士卒，生擒燕軍梟將單廷珪，燕軍大敗。之後，周德威又先後攻克幽州外圍的順州、薊州、檀州等地。913年四月德威進軍逼幽州南門，劉守光求和不成，於十月外奔，但又被擊敗，不得已返回，困守孤城。此時的劉守光還寄

〔註5〕　《資治通鑑》卷266後梁開平元年三月。
〔註6〕　劉守奇，《遼史》卷1《太祖紀上》記載是劉守光的兄長，而《資治通鑑》卷266則作劉守光之弟。
〔註7〕　《遼史》卷1《太祖紀上》。
〔註8〕　《舊五代史》卷135《劉守光傳》。
〔註9〕　《舊五代史》卷135《劉守光傳》。

希望於契丹，「求援於契丹；契丹以其無信，竟不救」〔註10〕。十一月，李存勖親抵幽州城下，劉守光想投降但又猶豫不絕，晉軍隨即攻入城內，劉守光被活捉，後與其父劉仁恭都被殺。「自仁恭乾寧二年春入幽州，至天祐十年，父子相承，十九年而滅」〔註11〕。

　　劉仁恭、劉守光父子割據幽州期間，與四鄰為敵，削弱了自己的力量。對於契丹的多次南下，劉氏父子雖然也極力抵抗，但是「燕人苦劉守光殘虐，軍士多歸於契丹。及守光被圍於幽州，其北邊士民多為契丹所掠，契丹日益強大」〔註12〕。五代政權的北部邊疆局勢也隨之惡化。

（二）後唐與遼對幽州的爭奪

　　晉王李存勖攻下幽州，消滅劉仁恭之後，部將周德威因戰功被任命為盧龍軍節度使，駐守幽州。公元 917 年二月，李存勖的部將盧文進因為存勖之弟存矩強娶自己的女兒，因此殺存矩，降遼。盧文進的投降，使遼如虎添翼，也使後唐的北疆處於風雨飄搖之中。「自其奔契丹也，數引契丹攻掠幽、薊之間，虜其人民，教契丹以中國織紝工作無不備，契丹由此益強。同光中，契丹數以奚騎出入塞上，攻掠燕、趙，人無寧歲。唐兵屯涿州，歲時饋運，自瓦橋關至幽州，嚴兵斥候，常苦鈔奪，為唐患者十餘年，皆文進為之也。」〔註13〕在盧文進的引導下，公元 917 年三月，遼軍在耶律阿保機親自率領下，大舉進攻幽州，「節度使周德威以幽、并、鎮、定、魏五州之兵拒於居庸關之西，合戰於新州東。」〔註14〕結果遼軍大勝，乘勝圍攻幽州。「聲言有眾百萬，氈車氊幕彌漫山澤（胡注：獸毛緛細者為氊）。盧文進教之攻城，為地道，晝夜四面俱進，城中穴地然膏以邀之；又為土山以臨城，城中鎔銅以灑之，日殺千計，而攻之不止。」〔註15〕周德威向李存勖求援，這時李存勖正與後梁軍相持於黃河邊，想要分兵則兵太少，如果不救又怕失掉幽州，諸將中只有李嗣源、李存審、閻寶勸晉王救之。於是，四月，晉王命李嗣源率先頭部隊馳援，閻寶隨後跟進，後又命李存審增援。遼軍圍困幽州近二百天，城中危急。李嗣源、閻寶、李存審率步騎兵七萬人會師於易州（今河北易縣），三人商議，

〔註10〕《資治通鑑》卷268後梁乾化三年十月。
〔註11〕《舊五代史》卷135《劉守光傳》。
〔註12〕《資治通鑑》卷269後梁貞明二年十二月。
〔註13〕《新五代史》卷48《盧文進傳》。
〔註14〕《遼史》卷1《太祖紀上》。
〔註15〕《資治通鑑》卷269。

認為遼軍騎兵強悍，難以在平原地區抵抗，因而決定由山路赴援幽州。李嗣源與養子從珂率三千騎兵為前鋒，在距幽州60里時與遼軍遭遇，李嗣源用契丹語向遼軍喊話：「無故犯我疆場，晉王命我將百萬眾直抵西樓，滅汝種族！」〔註16〕率眾衝鋒，李存審率步兵隨後「伐木為鹿角，人持一枝，止則成寨。契丹騎環寨而過，寨中發萬弩射之，流矢蔽日，契丹人馬死傷塞路。將至幽州，契丹列陣待之。存審命步兵陣於其後（胡注：陣於契丹陣後，將夾擊之也。一日以騎兵前進，令步兵陣於其後），戒勿動，先令羸兵曳柴然草而進，煙塵蔽天，契丹莫測其多少；因鼓譟合戰，存審乃趣後陣起乘之，契丹大敗，席卷其眾自北山去（胡注：取古北口路而去），委棄車帳鎧仗羊馬滿野，晉兵追之，俘斬萬計」〔註17〕。

周德威對於北方契丹的威脅重視不夠，尤其是對於遼軍進出幽州的門戶——渝關（今山海關）的防守失之大意。渝關於公元923年被遼佔據。「初，幽州北七百里有渝關，下有渝水通海。自關東北循海有道，道狹處才數尺，旁皆亂山，高峻不可越。比至牛口，舊置八防禦軍，募土兵守之，田租皆供軍食，不入於薊，幽州歲致繒纊以供將士衣。每歲早獲，清野堅壁以待契丹，契丹至，輒閉壁不戰，俟其去，選驍勇據隘邀之，契丹常失利走。士兵皆自為田園，力戰有功則賜勳加賞，由是契丹不敢輕入寇。及周德威為盧龍節度使，恃勇不修邊備，遂失渝關之險，契丹每芻牧於營、平之間。」〔註18〕同時，遼攻克了平州，掌握了地利之便，可以隨時進攻幽州。

周德威在和後梁的戰爭中戰死，李嗣昭、李紹宏相繼為幽州守將，這期間，遼軍仍不斷進攻幽州，而且經常由遼太祖親自率領。公元924年（後唐同光二年，遼天贊三年）遼太祖甚至要求後唐交出幽州以安置被遼任命為盧龍節度使的盧文進。「時東北諸夷皆役屬契丹，惟勃海未服；契丹主謀入寇，恐勃海掎其後（胡注：勃海時為海東盛國，置五京、十五府、六十二州，盡有高麗、肅慎之地），乃先舉兵擊勃海之遼東，遣其將禿餒及盧文進據營、平以擾燕地。」〔註19〕

後唐同光三年（925）二月，莊宗任命橫海節度使李紹斌（李紹斌在明宗時復姓趙，賜名德鈞）為盧龍節度使。次年十月，在遼太祖剛剛去世後，

〔註16〕《資治通鑑》卷270。
〔註17〕《資治通鑑》卷270。
〔註18〕《資治通鑑》卷269。
〔註19〕《資治通鑑》卷273。

盧文進殺契丹戍平州者，率眾十餘萬、車帳八千乘又歸附了後唐。這樣，使幽州減少了一個勁敵。天成三年（928）三月，後唐義武軍節度使王都以定州投降遼，明宗討伐之，王都向遼求援，遼太宗派禿里鐵剌（禿餒）援助。「鐵剌敗唐將王晏球於定州。唐兵大集，鐵剌請益師。辛丑，命剔隱涅里袞、都統查剌赴之。」〔註20〕七月，遼軍戰敗北返，「契丹北走，道路泥濘，人馬饑疲，入幽州境。八月，甲戌，趙德鈞遣牙將武從諫將精騎邀擊之，分兵扼險要，生擒剔隱等數百人；餘眾散投村落，村民以白梃擊之，其得脫歸國者不過數十人。自是契丹沮氣，不敢輕犯塞。」〔註21〕趙德鈞戰勝遼北退之軍後，並未放鬆對遼的防禦，「初，契丹既強，寇抄盧龍諸州皆遍，幽州城門之外，虜騎充斥。每自涿州運糧入幽州，虜多伏兵於閭溝，掠取之。及趙德鈞為節度使，城閭溝而戍之，為良鄉縣，糧道稍通。幽州東十里之外，人不敢樵牧；德鈞於州東五十里城潞縣而戍之，近州之民始得稼穡。」〔註22〕長興三年（932），趙德鈞又在幽州東北百餘里修築三河縣城以溝通並保衛幽州、薊州之間的道路，期間遼軍來騷擾，被擊退，三河城建成。良鄉縣、潞縣、三河縣三座城池的建成，大大增強了幽州的防禦力量，成為拱衛幽州的重要屏障。

三、後晉石敬瑭向遼割讓燕雲十六州所引發的北疆動盪

（一）石敬瑭向遼割讓燕雲十六州

長興四年（933）後唐明宗死後，其第五子宋王從厚即位，是為愍帝。但是明宗的養子潞王從珂於次年起兵反叛，殺死從厚，自立為帝，是為末帝。由於政局的動盪，諸多封疆大吏不得不考慮自己的出路，其中兩個重要人物石敬瑭和趙德鈞都決定倚靠遼朝來奪取中原政權。石敬瑭是沙陀人，追隨明宗立有戰功，明宗還將女兒嫁給了他。明宗登基後，「拜敬瑭保義軍節度使，賜號『竭忠建策興復功臣』，兼六軍諸副使。」〔註23〕後任河東節度使，鎮守太原多年。末帝即位後，懷疑石敬瑭有反心，於清泰三年（936）五月，調他任天平軍節度使。石敬瑭拒不聽命，「謂其屬曰：『先帝授吾太原使老焉，今無故而遷，是疑吾反也。且太原地險而粟多，吾當內檄諸鎮，外求援於契丹，

〔註20〕《遼史》卷3《太宗紀上》。
〔註21〕《資治通鑒》卷276。
〔註22〕《資治通鑒》卷278。
〔註23〕《新五代史》卷8《晉本紀·高祖紀》。

可乎？』」〔註24〕得到了桑維翰、劉知遠等人的擁護。於是石敬瑭上書，認爲從珂不當爲帝，請立許王從益爲帝。末帝下詔削奪石敬瑭的官爵，並命令張敬達等討伐他，石敬瑭向遼朝求援。九月，遼太宗耶律德光親自率軍自雁門關入，與後唐兵戰於太原城下，張敬達大敗。石敬瑭夜晚出北門見耶律德光，約爲父子。十月，耶律德光封石敬瑭爲晉王。

後唐軍敗後，末帝還要求趙德鈞出兵截擊遼軍，十一月，任命他爲諸道行營都統、其子趙延壽爲太原南面招討使。但是趙德鈞想乘機要挾末帝任命趙延壽爲鎮州（今河北正定縣）節度使，並事前已派所部精銳的騎兵契丹銀鞍直三千人駐於鎮州。爲此，「末帝不悅，謂左右曰：『趙德鈞父子堅要鎮州，苟能逐退蕃戎，要代予位，亦所甘心；若玩寇要君，但恐犬兔俱斃。』」〔註25〕於是，促令趙德鈞進軍。趙德鈞「乃遣使於契丹，厚齎金幣，求立以爲帝」〔註26〕。但是趙德鈞向遼朝提供的利益遠不能和石敬瑭相比，因而被遼拒絕。同月，遼冊封石敬瑭爲大晉皇帝，國號晉，史稱後晉。爲了報答遼的援立之恩，石敬瑭將燕雲十六州割讓給遼，「仍許歲輸帛三十萬匹」〔註27〕。燕雲十六州，又稱「幽薊十六州」，包括幽州（即燕州，今北京）、薊州（今天津薊縣）、瀛州（今河北河間市）、莫州（今河北任丘）、涿州（今河北涿州）、檀州（今北京密雲縣）、順州（今北京順義）、新州（今河北涿鹿縣）、媯州（今河北懷來縣）、儒州（今北京延慶縣）、武州（今河北宣化）、雲州（今山西大同）、應州（今山西應縣）、寰州（今山西朔縣東北）、朔州（今山西朔縣）、蔚州（今河北蔚縣）。

石敬瑭被冊封爲皇帝，而相反的是趙德鈞及其子後來在潞州（今山西長治）向遼軍投降，「時契丹主問德鈞曰：『汝在幽州日，所置銀鞍契丹直何在？』德鈞指示之，契丹盡殺之於潞之西郊，遂鎖德鈞父子入蕃，及見國母述律氏，盡以一行財寶及幽州田宅籍而獻之，國母謂之曰：『汝父子自覓天子何耶？』德鈞俯首不能對。又問：『田宅安在？』曰：『俱在幽州。』國母曰：『屬我矣，又何獻也。』」〔註28〕後趙德鈞死於遼。

〔註24〕《新五代史》卷8《晉本紀·高祖紀》。
〔註25〕《舊五代史》卷98《趙德鈞傳》。
〔註26〕《舊五代史》卷98《趙德鈞傳》。
〔註27〕《資治通鑑》卷280。
〔註28〕《舊五代史》卷98《趙德鈞傳》。

（二）遼佔據燕雲十六州後的北疆局勢

會同元年（938），後晉派使者正式將燕雲十六州獻給遼，於是遼太宗下令將皇都命名爲上京，升幽州爲南京，原來的南京改爲東京，將新州改名爲奉聖州，武州改名爲歸化州。遼佔據燕雲十六州，使後晉之後的五代政權的北疆局勢爲之惡化。一方面較爲富庶的燕雲地區爲遼朝提供了豐富的賦稅收入，而石敬瑭向遼稱臣，造成了極大的財力負擔，「歲輸絹三十萬匹，其餘寶玉珍異，下至中國飲食諸物，使者相屬於道，無虛日。」〔註 29〕一出一入，使後晉的經濟實力遜於遼朝。另一方面，遼朝取得燕雲地區，直接面臨的就是中原的一馬平川，再沒有崎嶇的崇山峻嶺阻擋契丹的鐵騎，使遼朝的軍事優勢更加明顯。

臣服於遼，使很多後晉大臣感到屈辱，成德軍節度使安重榮曾滿懷激憤地說：「詘中國以尊夷狄，困已敝之民，而充無厭之欲，此晉萬世恥也。」〔註 30〕因此當後晉天福七年（942）石敬瑭死後，即位的少帝（又稱出帝）石重貴就力圖改變這種局面。他在權臣景延廣的指使下，向遼朝派遣告哀使，其書信中只稱孫，不稱臣。遼太宗對此深爲不滿，派客省使喬榮出使並責怪石重貴，但景延廣回答說：「先帝則聖朝所立，今主則我國自冊。爲鄰爲孫則可，奉表稱臣則不可。」〔註 31〕又說：「晉朝有十萬口橫磨劍，翁若要戰則早來，他日不禁孫子，則取笑天下，當成後悔矣。」〔註 32〕於是遼太宗決定南下伐晉。

會同六年（943），遼太宗抵達南京，布置伐晉事，「命趙延壽、趙延昭、安端、解里等由滄、恒、易、定分道而進，大軍繼之。」〔註 33〕次年春，遼軍分三路大舉南下，石重貴親自率兵抵抗，遼軍雖然攻陷了後晉的一些州縣，但並不能取得決定性的勝利，不得已退兵。次年正月，遼太宗再次出兵南下，三月圍晉軍主力於陽城白團衛村。「晉兵下鹿角爲營。是夕大風。至曙，命鐵鷂軍下馬，拔其鹿角，奮短兵入擊。順風縱火揚塵，以助其勢，晉軍大呼曰：『都招討何不用兵，令士卒徒死！』諸將皆奮出戰。張彥澤、藥元福、皇甫遇出兵大戰，諸將繼至，遼軍卻數百步。風益甚，晝晦如夜。符

〔註 29〕《新五代史》卷 72《四夷附錄》。
〔註 30〕《新五代史》卷 51《安重榮傳》。
〔註 31〕《遼史》卷 4《太宗紀下》。
〔註 32〕《舊五代史》卷 88《景延廣傳》。
〔註 33〕《遼史》卷 4《太宗紀下》。

彥卿以萬騎橫擊遼軍，率步卒並進，遼軍不利，上乘奚車退十餘里，晉追兵急，獲一橐駝乘之乃歸。」〔註34〕儘管遭此慘敗，但是遼太宗絲毫沒有放慢滅晉的步伐。他派趙延壽僞裝有意投降後晉，致書後晉權臣說：「久處異域，思歸中國。乞發大軍應接，拔身南去。」〔註35〕後晉聽信，於開運三年（946）十月派杜重威、李守貞率軍北伐，一方面接應趙延壽，一方面想要收復幽州。遼軍也南下，兩軍相持於鎭州（今河北正定）。遼太宗許諾滅晉後，以杜重威爲帝，杜重威投降。隨即遼軍在降軍的導引下於十二月攻入開封，俘獲晉少帝，後晉亡。

遼會同十年（947）二月，在進入開封皇宮受百官朝賀後，遼太宗「建國號大遼，大赦，改元大同」〔註36〕。由於遼軍在中原肆意掠奪，激起人民的反抗浪潮。四月遼太宗在北歸途中病逝，遼在中原的統治也難以維繫，後晉的河東節度使劉知遠趁機建立後漢政權，收復了中原地區。

四、後周收復燕雲失地的努力及失敗

後漢乾祐四年（951）正月，樞密使郭威取代後漢，建立後周政權，改元廣順。同月，劉知遠同母弟劉崇稱帝於太原，國號仍爲漢，史稱北漢，依附遼朝，自稱侄皇帝。遼和北漢不斷對後周進行襲擾，對後周政權構成了極大威脅，而後周限於國力，只能被動抵抗。後周顯德二年（955），柴榮即位，是爲世宗。世宗進行了一系列的改革，緩和了社會矛盾，增強了國力。世宗採納了臣下意見，定下了先南後北，先易後難的國策，也就是先滅亡實力較弱的南唐等南方割據政權，然後再北伐北漢、遼，最終達到統一。

顯德三年（956），世宗親征南唐，但是北漢和遼不斷襲擾後周北疆，世宗不得已接受了南唐的求和，轉而北向，決定收復燕雲失地，以解除後顧之憂。顯德六年（959）四月，世宗親率大軍攻遼，連續攻克了益津（今河北霸州）、瓦橋（今河北雄縣西南）、淤口（今霸州東）三關。五月，遼的瀛州（今河北河間）、莫州（今河北任丘）守將投降後周。這時遼朝野上下一片震驚，穆宗親赴南京準備抵抗，並任命南京留守蕭思溫爲兵馬都總管，負責作戰。就在周軍節節勝利，準備一鼓作氣攻取幽州的情況下，世宗突發重病，不得已退兵，隨即病故。後周收復燕雲失地的努力失敗，遼軍隨即收復了容城縣，

〔註34〕《遼史》卷4《太宗紀下》。
〔註35〕《資治通鑒》卷285。
〔註36〕《遼史》卷4《太宗紀下》。

但是遼與後周的邊界北推到了白溝一線，這也可以說是世宗北伐的一個收穫。

後周收復燕雲的失敗，最終使得中原政權喪失了對這一地區的控制，對後世產生了深遠的影響。從此，中原門戶大開，對北方的防禦線退縮到白溝一線，喪失了原來的燕山一線的天然屏障，北方民族的鐵騎可以輕易突入華北大平原。其後的宋太宗雖然多次企圖收復燕雲十六州，但都歸於失敗。而燕雲地區則從中原政權的屏障，轉而成為北方政權最為繁華、富庶的地區，成為與中原經濟、文化交流的前沿。

第二編　遼朝邊政

一、遼朝的建立與疆域

（一）遼朝的建立

遼朝的創建民族是契丹族，契丹一名最早見於史籍記載是在《魏書》中。一般認爲契丹族源自東胡系統的鮮卑宇文別部。契丹族在建立遼朝（契丹王朝）之前，先後經歷了古八部時期、大賀氏部落聯盟時期以及遙輦氏部落聯盟時期。

「契丹國在庫莫奚東，異種同類，俱竄於松漠之間。登國中，國軍大破之，遂逃迸，與庫莫奚分背，經數十年，稍滋蔓，有部落於和龍之北數百里，多爲寇盜。」〔註 1〕自登國三年（388）被北魏擊敗後，契丹與庫莫奚走上了各自獨立發展的道路，契丹開始進入古八部時期。一般認爲，古八部包括悉萬丹、阿大何、具伏弗、郁羽陵、日連、匹黎爾、叱六于、羽眞侯等八個部落，是一個鬆散的部落聯盟。古八部時期，契丹先後依附於北魏、突厥，並與周邊的政權與民族不斷發生衝突，曾襲殺柔然首領鐵伐並侵擾北齊的邊疆。天保四年（553），契丹被北齊大敗，被俘人口十餘萬，牲畜數十萬，損失慘重。在突厥滅亡柔然後，契丹又受到突厥的打擊，在 6 世紀後期，古八部聯盟瓦解。之後隨著隋朝的建立，突厥的勢力遭到削弱，契丹各部也得到生養休息的機會，並向隋朝朝貢。在對外戰爭時，則「酋帥相與議之，興兵動眾合符契」。〔註 2〕隋末，契丹各部再次役屬於突厥。

〔註 1〕　《魏書》卷 101《契丹傳》。
〔註 2〕　《隋書》卷 84《契丹傳》。

　　唐朝建立後，契丹各部又努力擺脫突厥的控制，向唐朝入貢，各部組建了第二個部落聯盟——大賀氏聯盟，仍由八部組成，是為達稽、紇便、獨活、芬問、突便、芮溪、墜斤、伏部等八部。唐朝在大賀氏聯盟設置松漠都督府，八部又是唐朝的羈縻州，為松漠都督府管轄，前七部分別是峭落州、彈汗州、無逢州、羽陵州、日連州、徒河州、萬丹州，伏部為匹黎、赤山二州，從羈縻州的名稱中還可看出古八部的印記。大賀氏聯盟前後存在了一百餘年，聯盟長都得到了唐朝的冊封，與唐朝時而保持友好關係，時而也發生戰亂。武則天時期，由於唐朝地方官員坐視契丹饑饉而不加救助，並且對待契丹首領無禮，因而契丹在松漠都督李盡忠與歸誠州刺史孫萬榮的率領下掀起了大規模地反抗，雖然曾大敗唐軍，但是由於突厥在背後的襲擊，契丹最終失敗。

　　唐開元十八年（730），契丹軍事首長可突于殺大賀氏聯盟長邵固，立屈列為首領，大賀氏聯盟被遙輦氏聯盟所取代。後屈列、可突于被蜀活部首領過折所殺，不久，過折又為遼始祖涅里所殺，涅里立阻午可汗。阻午可汗重組了八部，是為迭剌部、乙室部、品部、楮特部、烏隗部、突呂不部、涅剌部、突舉部。各部的首領稱夷離堇，意為大人。由各部夷離堇推選部落聯盟長也就是可汗，但可汗都由遙輦氏家族產生。部落聯盟另設軍事首長，也稱為夷離堇，涅里為首任夷離堇。唐天復元年（901），遙輦氏最後一位可汗痕德堇立，他任命耶律阿保機為夷離堇。阿保機是迭剌部人，世為聯盟夷離堇。阿保機一上任，就四處征討，「連破室韋、于厥及奚帥轄剌哥，俘獲甚重」〔註3〕。而且積極向南方擴展，在中原諸割據勢力之間縱橫捭闔。在不斷的軍事行動中，耶律阿保機逐漸擴張了自己的勢力，最終在痕德堇可汗死後，取代遙輦氏，建立了自己的政權。

　　公元907年正月，耶律阿保機「燔柴告天，即皇帝位」〔註4〕。群臣上尊號為天皇帝，皇后為地皇后。公元916年二月，耶律阿保機正式建元，群臣「上尊號曰大聖大明天皇帝，後曰應天大明地皇后。大赦，建元神冊」〔註5〕。契丹王朝也就是遼王朝正式建立。

（二）遼朝的疆域與周邊形勢

　　耶律阿保機建立契丹政權後，不斷向四周征討，其疆域也不斷隨之擴展。

〔註3〕　《遼史》卷1《太祖紀上》。
〔註4〕　《遼史》卷1《太祖紀上》。
〔註5〕　《遼史》卷1《太祖紀上》。

在北方和西方，他先後征服了奚族、烏古、敵烈、室韋、阻卜、党項等民族和部族。在東方，他於天顯元年（926）滅掉了渤海國，得到了渤海的五京、十五府、六十二州的全部領土。其繼任者太宗耶律德光向南佔據了燕雲十六州，遼朝擁有了富庶的農業區。這時，遼朝的疆域基本定型。《遼史》卷 37《地理志一》記載了遼朝全盛時期的疆域情況，「太宗以皇都爲上京，升幽州爲南京，改南京爲東京，聖宗城中京，興宗升雲州爲西京，於是五京備焉。又以征伐俘戶建州襟要之地，多因舊居名之；加以私奴置投下州。總京五，府六，州、軍、城百五十有六，縣二百有九，部族五十有二，屬國六十。東至於海，西至金山，暨於流沙，北至臚朐河，南至白溝，幅員萬里。」遼朝的疆域東面到達日本海，包括庫頁島，西達阿爾泰山，北抵蒙古高原北緣，南面隔白溝與北宋相鄰。遼朝的境內分佈著眾多的民族和部族，其統治民族是契丹族，漢族人口則最多，此外還有奚族及北部烏古、敵烈、室韋、阻卜等部族，西面有党項、回鶻等族，東面有渤海、女眞諸部。遼朝南與北宋爲鄰，西面與西南有喀剌汗王朝、甘州回鶻和西夏等政權，東面的朝鮮半島則有高麗王朝。

二、「因俗而治」的治邊思想

遼朝「以國制治契丹，以漢制待漢人。國制簡樸，漢制則沿名之風固存也。遼國官制，分南、北院。北面治宮帳、部族、屬國之政，南面治漢人州縣、租賦、軍馬之事。因俗而治，得其宜矣」〔註6〕。可見，「因俗而治」是遼朝統治者的基本治國思想，這一思想也體現在遼代的邊政上。

「因俗而治」思想的產生有其客觀基礎，遼朝的疆域寬廣，境內民族、部族眾多，既有文化、經濟水平都很高的以漢族爲主體的燕雲地區，也有境域遼闊，分佈眾多部族，生產力較爲低下的上京道等地區。因此採取整齊劃一的統治方式來治理如此廣大的地區和眾多的民族顯然是不現實的，「因俗而治」的治國思想正是統治者面臨這種情況所採取的最佳選擇。「因俗而治」在政權機構上的體現就是北、南面官制，在對少數民族的治理上則體現爲屬國體制和部族體制，在對不同區域的管理上，則有東丹國的設置和西北、西南招討司的設置。這些都可以說是「因俗而治」思想在治邊上的體現。

〔註6〕《遼史》卷45《百官志一》。

在太祖最初經略諸部時，就已經不自覺地貫徹了這一指導思想。在討伐奚族時，「其長尤里僻險而壘，攻莫能下，命曷魯持一笴往諭之。既入，為所執。乃說奚曰：『契丹與奚言語相通，實一國也。我夷離堇於奚豈有輄轕之心哉？漢人殺我祖奚首，夷離堇怨次骨，日夜思報漢人。顧力單弱，使我求援於奚，傳矢以示信耳。夷離堇受命於天，撫下以德，故能有此眾也。今奚殺我，違天背德，不祥莫大焉。且兵連禍結，當自此始，豈爾國之利乎！』尤里感其言，乃降。」〔註7〕耶律曷魯以契丹和奚族是同源民族這一事實來說服打動奚族首領，強調兩族血濃於水，因此契丹不會欺凌奚族，終於免除了殘酷的戰爭，爭取了奚族的歸附。

在貫徹「因俗而治」的治邊思想時，重視對不同民族風俗習慣的尊重。如建立投下州，安置漢族、渤海等農業民族，使之仍從事農業生產。蕭孝忠在道宗時任東京留守，「時禁渤海人擊毬，孝忠言：『東京最為重鎮，無從禽之地，若非毬馬，何以習武？且天子以四海為家，何分彼此？宜弛其禁。』從之。」〔註8〕儘管蕭孝忠將解除渤海人擊毬之禁令上升到天子以四海為家的高度，但「因俗而治」，尊重不同民族的習俗以免發生動亂無疑是作為封疆大吏的蕭孝忠做事出發點。

對於「國制，以契丹、漢人分北、南樞密院治之」〔註9〕的狀況，蕭孝忠還曾理想主義地提出改革意見：「一國二樞密，風俗所以不同。若並為一，天下幸甚。」〔註10〕正如李錫厚先生所論述的，「蕭孝忠顯然把事情弄顛倒了，其實並非因『一國二樞密』，才使得遼國境內各族具有不同風俗，而是恰好相反，是因為契丹、漢人風俗不同，社會生產、生活方式不同，所以遼王朝才不得不『官分南北』，實行『一國二樞密』的制度。」〔註11〕蕭孝忠的建議也最終未實行，可見，超越了客觀現實的劃一而治，並不符合遼朝的實際狀況，而基於客觀現實基礎之上的「因俗而治」的思想最終成為遼朝不變的國策以及治邊思想。

〔註7〕《遼史》卷73《耶律曷魯傳》。
〔註8〕《遼史》卷81《蕭孝忠傳》。
〔註9〕《遼史》卷81《蕭孝忠傳》。
〔註10〕《遼史》卷81《蕭孝忠傳》。
〔註11〕李錫厚、白濱：《中國政治制度通史·遼金西夏卷》，人民出版社1996年版，第76頁。

三、治邊機構的設置

（一）中央治邊機構

遼朝實行南北面官制，「北面治宮帳、部族、屬國之政，南面治漢人州縣、租賦、軍馬之事。」〔註 12〕因此遼朝中央治邊機構主要是北面官系統中的各種機構。

北樞密院〔註 13〕是遼朝北面官乃至整個中央機構的權力核心，不像歷代樞密院只是軍政機構，遼朝的北樞密院是最高軍事、行政機構，「故事，樞密使非國家重務，未嘗親決」〔註 14〕。其職官有北院樞密使、知北押樞密使事、知樞密院事、北院樞密副使、知北院樞密副使事、同知北院樞密使事、簽書北樞密院事等。北樞密院的長官經常帶兵出討。如聖宗時，西北路招討使蕭圖玉被阻卜叛軍圍困於窩魯朵城，北院樞密使蕭化哥親自率兵赴援。北阻卜酋長磨古斯叛亂時，知北院樞密使事耶律斡特剌率兵討伐。道宗時任北院樞密使的耶律乙辛權勢薰天，道宗甚至「詔四方有軍旅，許以便宜從事」〔註 15〕。

北樞密院之下設北宰相府和南宰相府，它們都「掌佐理軍國之大政」〔註 16〕，其職官有左、右宰相等，不同的是北宰相府的長官由皇族四帳成員出任，而南宰相府的長官則由國舅五帳成員出任。

遼朝的中央機構中有四大王府，也就是北大王院、南大王院、乙室王府、奚王府。北、南大王院的前身是迭剌部夷離堇，太祖時為了便於控制強大的迭剌部，而將其拆分為北、南兩院，又稱之為五院部、六院部，各設夷離堇。太宗會同元年（938），又將夷離堇改為大王。北、南大王院的職掌、機構相同，都「分掌部族軍民之政」〔註 17〕。其最高長官為大王，其次有知大王院事、太師、太保、司徒、司空等。下設三個機構：都統軍司、詳穩司、都部署司。分別掌管軍事、軍馬、部民事務等，但其職能多有重合、交叉之處。乙室王府、奚王府分別管理乙室部和奚族六部，其長官和機構大致和北、南

<hr>

〔註 12〕　《遼史》卷 45《百官志一》。

〔註 13〕　《遼史·百官志》載遼代北面官中有契丹北樞密院和契丹南樞密院，而南面官中又有漢人樞密院，也就是說遼朝中央機構中有三個樞密院。實際上《遼史》的記載有誤，這在今天學界已經形成共識，遼朝中央機構中只有北面官中的北樞密院和南面官中的南樞密院，茲不贅述。

〔註 14〕　《遼史》卷 61《刑法志》。

〔註 15〕　《遼史》卷 110《耶律乙辛傳》。

〔註 16〕　《遼史》卷 45《百官志一》。

〔註 17〕　《遼史》卷 45《百官志一》。

大王院同。

遼朝中央涉及邊政的機構還有宣徽北院、夷離畢院、大林牙院、敵烈麻都司等。宣徽北院,「太宗會同元年置,掌北院御前祗應之事」〔註18〕。其官員有北院宣徽使、知北院宣徽事、北院宣徽副使、同知北院宣徽事,除了承擔皇帝身邊的日常工作外,宣徽北院的官員也經常率軍征討,平息邊亂,如聖宗統和二年(984),「東路行軍、宣徽使耶律蒲寧奏討女直捷,遣使執手獎諭」〔註19〕。夷離畢院,「掌刑獄」〔註20〕。大林牙院也就是翰林院,主要職責是撰寫皇帝的各種文書。敵烈麻都司掌管朝廷禮儀之事。

(二)地方治邊機構

遼代的地方治邊機構主要有西北路招討司、西南路招討司,負責某一地區的軍政大事,管轄一定的部族,其主要職能則是征討叛亂的部族。

西南路招討司(也稱西南面招討司、西南面都招討使司)是這一類機構中設置最早的,太祖神冊元年(916)十一月,「置西南面招討司,選有功者任之」〔註21〕。西南路招討司駐地在西京道的豐州天德軍(今內蒙古呼和浩特),主要是為了震懾西夏以及遼朝西南境內的党項諸部而設置的,因此在與西夏党項諸部的戰爭中,西南路招討司的長官西南路招討使都要帶兵作為主力出征。統和元年(983),党項十五部聯合叛亂,西南面招討使韓德威率兵擊破之。五月,韓德威又派跋剌哥招降了一些党項部落。重熙十三年(1144)四月,山西部族節度使屈列率五部叛入西夏,西南面招討司發兵討伐,西南面招討使蕭普達陣亡。在以後興宗討伐西夏的幾次戰爭中,西南路招討司都以主力出征。西南路招討司下轄涅剌部、迭剌迭達部、品達魯虢部、烏古涅剌部、涅剌越兀部、斡突盌烏古部、梅古悉部、頡的部、匿訖唐古部、鶴剌唐古部等部節度使司,這些節度使司的兵員也就是西南路招討司所掌部隊的主要組成部分。西南路招討司對轄區內的部族有行政管理權,如蕭排押任招討使時,「為政寬裕而善斷,諸部畏愛,民以殷富」〔註22〕。

西北路招討司設置於景宗保寧三年(971),其設置主要是為了震撫西北的阻卜、烏古、敵烈等部。西北路招討司前期駐於臚朐河(今蒙古國克魯倫

〔註18〕《遼史》卷45《百官志一》。
〔註19〕《遼史》卷10《聖宗紀一》。
〔註20〕《遼史》卷45《百官志一》。
〔註21〕《遼史》卷1《太祖紀上》。
〔註22〕《遼史》卷88《蕭排押傳》。

河）一帶，在統和二十二年（1004）建鎮州城（今蒙古國布爾根省青托羅蓋）之後，西北路招討司就一直駐守於此地。在歷次對阻卜諸部的戰爭中，西北路招討司都是主要力量（詳見以下「對阻卜等部族的征伐與管理」一節）。西北路招討司下轄有突呂不部、楮特部、奧衍女直部、室韋部等部族節度使司。

遼代西北路招討使簡表〔註23〕

姓名	任職時間
耶律賢適	保寧三年（未赴任）
耶律速撒	保寧三年——統和九年？
蕭撻凜	統和十二年——十九年
蕭圖玉	統和十九年——開泰二年
蕭孝穆	開泰二年——？
耶律古昱	開泰中
蕭惠	開泰末——太平七年
蕭孝友	重熙元年——十二年
耶律敵魯古	重熙十二年——十五年
韓滌魯	重熙十五年——十九年？
蕭阿剌	重熙二十一年——二十四年
蕭撒八	重熙二十四年
蕭撒抹	清寧初
蕭尤哲	清寧初；清寧九年——咸雍二年
蕭胡睹	清寧中
耶律仁先	咸雍五年——八年
蕭餘里也	太康元年——？
耶律趙三	太康中
耶律撻不也	太康六年——八年；大安九年
耶律何魯掃古	太康八年——大安九年
耶律斡特剌	壽昌元年——四年；壽昌五年——乾統元年
蕭奪剌	壽昌——五年；乾統元年——二年

〔註23〕據陳得芝：《遼代的西北路招討司》一文所刊表製，載《元史及北方民族史研究集刊》第2期，1978年。

蕭得里底	乾統二年——四年
蕭敵里	乾統四年——？
耶律塔不也	天慶元年——？
耶律斡里朵	天慶中
蕭乣里	天慶中——保大中
遙設	保大末

遼代西南路招討使簡表〔註24〕

姓名	任職時間
盧不姑	太宗十一年七月在任
信恩	？——會同五年二月
隈思	會同五年二月——？
耶律撻烈	應曆十四年二月在任
耶律斜軫	？——保寧八年六月
耶律喜隱	保寧九年六月——？
韓匡嗣	乾亨三年三月——四年十二月
韓德威	乾亨四年十二月——統和九年
耶律隆祐	統和二十一年十月——二十二年九月
蕭排押	開泰二年在任
蕭塔列葛	開泰年間
蕭解里	開泰八年六月——？
韓德凝	開泰以後
蕭排押	太平三年三月——？
耶律歐里斯	？
蕭惠	重熙初年
耶律信寧	重熙六年五月——？
蕭普達	？——重熙十三年五月
蕭蒲奴	重熙十五年——重熙十九年
耶律僕里篤	重熙十八年——？

〔註24〕據何天明：《遼代西南面招討司探討》一文所刊表製，載《內蒙古社會科學》1990年第6期。

蕭迭里得	重熙十九年——？
蕭撒抹	清寧初——？
耶律撒刺	清寧初年
蕭韓家奴	咸雍二年——？
耶律趙三	咸雍四年——？
拾得奴	？——咸雍七年七月
耶律鐸魯斡	大康初年——？
蕭韓家奴	大康四年——？
耶律撻不也	大康六年——？
蕭得里特	大康中
蕭陶隗	大康九年——？
耶律大悲奴	乾統末或天慶初年
蕭樂古	？——天慶三年十一月
蕭得里底	天慶五年九月——八年
蕭乙薛	保大二年
小斛祿	保大五年正月

四、邊疆屬國與部族管理體制

（一）屬國體制

遼朝將有交往和向自己朝貢的國家及較大的部族納入屬國體制進行管理，其職官系統如下：

屬國職名總目：

　　某國大王。

　　某國于越。

　　某國左相。

　　某國右相。

　　某國惕隱。亦曰司徒。

　　某國太師。

　　某國太保。

　　某國司空。本名閣林。

某國某部節度使司。

　　某國某部節度使。

　　　　某國某部節度副使。

　　某國詳穩司。

　　　　某國詳穩。

　　　　某國都監。

　　　　某國將軍。

　　　　某國小將軍。

　　大部職名：

　　　　並同屬國。〔註25〕

　　《遼史》記載的遼朝屬國王府共有 78 個，它們是：女直國順化王府、北女直國大王府、南女直國大王府、曷昌蘇館路女直國大王府、長白山女直國大王府、鴨綠江女直大王府、瀕海女直國大王府、阻卜國大王府、西阻卜國大王府、北阻卜國大王府、西北阻卜國大王府、乞粟河國大王府、城屈里國大王府、尤不姑國大王府、阿薩蘭回鶻大王府、回鶻國單于府、沙州回鶻燉煌郡王府、甘州回鶻大王府、高昌國大王府、党項國大王府、西夏國西平王府、高麗國王府、新羅國王府、日本國王府、吐谷渾國王府、吐渾國王府、轄戛斯國王府、室韋國王府、黑車子室韋國王府、鐵驪國王府、靺鞨國王府、沙陀國王府、濊貊國王府、突厥國王府、西突厥國王府、斡朗改國王府、迪烈德國王府、于厥國王府、越離睹國王府、阿里國王府、襖里國王府、朱灰國王府、烏孫國王府、于闐國王府、獅子國王府、大食國王府、西蕃國王府、大蕃國王府、小蕃國王府、吐蕃國王府、阿撒里國王府、波剌國王府、惕德國王府、仙門國王府、鐵不得國王府、鼻國德國王府、轄剌國只國王府、賃烈國王府、獲里國王府、怕里國王府、噪溫國王府、阿缽頗得國王府、阿缽押國王府、紝沒里國王府、要里國王府、徒睹古國王府、素撒國王府、夷都袞國王府、婆都魯國王府、霸斯黑國王府、達離諫國王府、達盧古國王府、三河國王府、覈列哿國王府、述律子國王府、殊保國王府、蒲昵國王府、烏里國王府。由於《遼史》的粗疏訛誤，上述記載有不少錯誤，對此，中華書局本《遼史》校勘記中已指出一些，有重複的，如新羅係高麗重出、鐵不得係吐蕃重出等；有列入已滅亡的國家，如濊貊、烏孫、突厥、西突厥等。

　　這些國家除了不可考者外可以分為以下幾種情況：一是完全獨立，只是與遼朝有交往的，如日本、大食國、獅子國等。二是名義上由遼朝冊封，而

實際具有獨立地位的，如西夏國、高麗國、沙州回鶻燉煌等，西夏和高麗茲
不贅述，沙州回鶻燉煌實際上是歸義軍政權，開泰八年（1019）正月壬戌，
聖宗「封沙州節度使曹順爲敦煌郡王。」〔註26〕韓橁墓誌也記載韓橁「明年
奉使沙州，冊主帥曹恭順爲燉煌王」。〔註27〕曹賢順是曹氏歸義軍政權，也是
整個敦煌歸義軍政權的最後一任節度使。韓橁出使，歷盡艱辛，「路歧萬里，
砂磧百程，地乏長河，野無豐草。過可敦之界，深入達姤。□囊告空，糗糧
不繼。詔賜食羊三百口，援兵百人，都護行李，直度大荒。指日望星，櫛風
沐雨。」〔註28〕連出使都如此，可見遼朝與歸義軍政權很少交往，只是名義
上的冊封而已。第三種情況是位於遼朝境內及邊界附近的時叛時服的較大部
族，在和平時，遼朝對其有管轄權。叛亂，則予以征討。如女眞諸國、室韋
國、黑車子室韋國、迪烈德國（也就是敵烈部）、于厥國（也就是烏古部）等。

（二）部族體制

遼朝將邊疆的除了屬國之外的部族納入部族體制進行管理，其職官系統
同契丹人的部族職官一樣，如下：

某部節度使司。

> 某部節度使。
> 某部節度副使。
> 某部節度判官。

某部詳穩司。

> 某部族詳穩。
> 某部族都監。
> 某部族將軍。
> 某部族小將軍。〔註29〕

《遼史》記載的遼朝屬部共有61個：生女直部、直不姑部、狐山部、拔
思母部、茶札剌部、粘八葛部、耶睹刮部、耶迷只部、撻朮不姑部、渤海部、
西北渤海部、達里得部、烏古部、隗烏古部、三河烏古部、烏隗烏骨里部、
敵烈部、迪離畢部、涅剌部、烏澣部、鉏德部、諦居部、涅剌奧隗部、八石

〔註26〕《遼史》卷16《聖宗紀七》。
〔註27〕《韓橁墓誌》，向南編《遼代石刻文編》，河北教育出版社1995年，第205頁。
〔註28〕《韓橁墓誌》，向南編《遼代石刻文編》，河北教育出版社1995年，第205頁。
〔註29〕《遼史》卷46《百官志二》。

烈敵烈部、迭剌葛部、惹部、党項部、隗衍党項部、山南党項部、北大濃兀部、南大濃兀部、九石烈部、嘔娘改部、鼻骨德部、退欲德部、涅古、遙思拈部、劃離部、四部族部、四蕃部、三國部、素昆那山東部、胡母思山部、盧不姑部、照姑部、白可久部、俞魯古部、七火室韋部、黃皮室韋部、瑤穩部、嘲穩部、二女古部、蔑思乃部、麻達里別古部、梅里急部、斡魯部、榆里底乃部、率類部、五部蕃部、蒲奴里部、闍古胡里扒部。

部族的節度使、詳穩等長官一般都由契丹人擔任，並行使管理職權。如耶律朔古天顯七年（933）擔任三河烏古部都詳穩，「平易近民，民安之，以故久其任」〔註30〕。蕭柳統和十八年（1000）任北女直詳穩，「政濟寬猛，部民畏愛」〔註31〕。耶律盆奴景宗時為烏古部詳穩，「政尚嚴急，民苦之。有司以聞，詔曰：『盆奴任方面寄，以細故究問，恐損威望。』」〔註32〕耶律棠古於天慶初年烏古敵烈叛亂的情況下，任烏古部節度使，「至部，諭降之，遂出私財及發富民積，以振其困乏，部民大悅」〔註33〕。部族長官不但有行政管理權，還擁有司法權，大安四年（1088），道宗要求「諸部官長親鞫獄訟」〔註34〕。統和二年（984），劃離部請求以後詳穩由該部人擔任，但是聖宗拒絕，名義上的理由是「諸部官長惟在得人」〔註35〕，實際原因還是要將諸部的權力掌握在契丹人手中。但遼代後期，也有以本族首領為長官的，如生女真部，「初，以楊割為生女直部節度使，其俗呼為太師。是歲楊割死，傳於兄之子烏雅束，束死，其弟阿骨打襲」〔註36〕。

各個部族有向遼朝進貢的義務，進貢的物品主要是馬、駱駝、牛、羊及貂皮、青鼠皮、海東青鶻等土特產品。在遼朝出征時，諸部也有派兵協同的義務。遼朝對諸部也有救濟的責任，大安三年（1087），「出絹賜限烏古部貧民」〔註37〕。壽昌二年（1096）正月，「市牛以給烏古、敵烈、限烏古部貧民」〔註38〕。二月，賑濟麻達里別古部。

〔註30〕《遼史》卷76《耶律朔古傳》。
〔註31〕《遼史》卷85《蕭柳傳》。
〔註32〕《遼史》卷88《耶律盆奴傳》。
〔註33〕《遼史》卷100《耶律棠古傳》。
〔註34〕《遼史》卷69《部族表》。
〔註35〕《遼史》卷69《部族表》。
〔註36〕《遼史》卷27《天祚皇帝紀一》。
〔註37〕《遼史》卷69《部族表》。
〔註38〕《遼史》卷69《部族表》。

　　部族體制和屬國體制最大的不同之處，就是遼對部族體制下的部族進行了有效管理，派遣官員行使管理權，部族要向遼朝履行各項義務，而遼朝則對其有保護和賑濟等義務。屬國則不同，只是名義上向遼朝稱臣納貢，並無實際的統屬關係。

五、建立東丹國，鞏固東部邊疆

（一）東丹國是遼代管理東北邊疆地區的特殊行政建制

　　伴隨著遼的發展、壯大，位於東北邊疆地區的渤海國卻逐漸衰落下去。由於契丹與渤海有世仇〔註39〕，因而遼太祖耶律阿保機在建國不久，就將滅亡渤海做爲自己的既定目標。天贊四年（925）十二月，在大舉征伐西部邊疆的吐渾、党項、阻卜等部獲勝後，遼太祖下詔說：「所謂兩事，一事已畢，惟渤海世仇未雪，豈宜安駐！」〔註40〕開始率兵親征渤海國，皇后述律氏、皇太子耶律倍、次子大元帥耶律德光都從行。遼軍的進展十分順利，天顯元年（926）正月攻下渤海西部重鎮扶餘府（今吉林農安），殺其守將。遼太祖隨即命令耶律蘇、蕭阿古只率萬餘騎爲先鋒，沿途擊敗渤海老相所率的 3 萬軍隊。遼全軍進圍渤海首府忽汗城（上京龍泉府，在今黑龍江寧安），渤海王大諲譔出城投降。但是在遼太祖派近侍康末怛等 13 人入城索取兵器時，大諲譔卻將這 13 人殺死，又據城反叛。遼軍隨即攻陷上京，俘獲大諲譔等。至此，從 698 年大祚榮建國，歷經 15 個國王，存在了 229 年的渤海國被滅亡了。

　　由於渤海國素稱「海東盛國」，全面吸收中原王朝的文化與政治制度，因而其發展水平遠遠超過了契丹族，遼也不可能用治理本民族的方式來統治擁有五京、十五府、六十二州的廣闊地域的渤海故地。於是在天顯元年（926）二月「改渤海國爲東丹，忽汗城爲天福。冊皇太子倍爲人皇王以主之」〔註41〕。「仍賜天子冠服，建元甘露，稱制，置左、右、大、次四相及百官，一用漢法」〔註42〕。任命皇弟迭剌爲東丹國左大相，原渤海老相爲右大相，原渤海司徒大素賢爲左次相，耶律羽之爲右次相。東丹國是遼朝在原渤海國故地建立的管理東北邊疆地區的特殊行政建制，所謂東丹，也就是契丹東部之意，

〔註39〕 參見宋玉祥：《渤海與契丹「世仇」之淺見》，《北方文物》1995 年第 4 期。
〔註40〕 《遼史》卷 2《太祖紀下》。
〔註41〕 《遼史》卷 2《太祖紀下》。
〔註42〕 《遼史》卷 72《宗室・義宗傳》。

儘管它爲遼朝管轄，但是享有一定的獨立性，有自己的國號和年號，除了中央機構中臺省四相以外的官員可自行任命，對於遼所盡的義務不過是「歲貢布十五萬端、馬千匹」〔註43〕。東丹國還享有外交自主權，多次向中原的五代政權及日本等遣使〔註44〕。

在東丹國統治下的渤海遺民並未馬上忘記亡國之痛，而是接連掀起反抗活動。所謂「渤海既平，改東丹國。頃之，已降郡縣復叛，盜賊蜂起」〔註45〕。反叛的府、州相繼有長嶺府、安邊府、鄚頡府、定理府、南海府、鴨淥府、鐵州等，蕭阿古只在一次戰鬥中就斬首三千餘級，定理府、南海府曾兩次叛亂，可見渤海遺民反抗規模之大、程度之激烈。不但渤海遺民的反叛影響著契丹東部邊疆的安定，而且遼朝統治者內部的矛盾也影響著東丹國的局勢。

天顯元年（926）七月，遼太祖去世，其次子耶律德光在述律后的支持下繼承皇位，是爲太宗，身爲皇太子的耶律倍爭奪皇位失敗。太宗即位後，對其兄長耶律倍充滿了疑忌，惟恐他在東丹國發展勢力，對自己的皇權造成威脅，於是將他一直留在自己身邊，不讓他返回東丹國主政，在東丹國主持政務的是繼迭剌任左大相的耶律羽之。耶律羽之很會揣摩太宗的心思，他很快就上表說：「我大聖天皇始有東土，擇賢輔以撫斯民，不以臣愚而任之。國家利害，敢不以聞。渤海昔畏南朝，阻險自衛，居忽汗城。今去上京遼邈，既不爲用，又不罷戍，果何爲哉？先帝因彼離心，乘釁而動，故不戰而克。天授人與，彼一時也。遺種浸以蕃息，今居遠境，恐爲後患。梁水之地乃其故鄉，地衍土沃，有木鐵鹽魚之利。乘其微弱，徙還其民，萬世長策也。彼得故鄉，又獲木鐵鹽魚之饒，必安居樂業。然後選徒以翼吾左，突厥、党項、室韋夾輔吾右，可以坐制南邦，混一天下，成聖祖未集之功，貽後世無疆之福。」〔註46〕太宗採納了耶律羽之的建議，天顯三年（928）十二月，「時人皇王在皇都，詔遣耶律羽之遷東丹民以實東平。其民或亡入新羅、女直，因詔困乏不能遷者，許上國富民給贍而隸屬之。升東平郡爲南京」〔註47〕。南京在今遼寧省遼陽市，後改名爲東京，渤海的王族大多被遷到此地。遼上京

〔註43〕《遼史》卷72《宗室‧義宗傳》。
〔註44〕參見劉浦江：《遼代的渤海遺民——以東丹國和定安國爲中心》，《文史》2003年第1輯。
〔註45〕《遼史》卷73《蕭阿古只傳》。
〔註46〕《遼史》卷75《耶律羽之傳》。
〔註47〕《遼史》卷3《太宗紀上》。

道所轄的長泰縣、定霸縣、保和縣、易俗縣、渤海縣、宣化縣、長霸縣、咸寧縣、富義縣、長寧縣、義豐縣、永安縣、長樂縣、臨河縣、安民縣，東京道所轄的遼陽縣、仙鄉縣、鶴野縣、析木縣、紫蒙縣、興遼縣、蕭慎縣，中京道所轄的恩化縣、盛吉縣等都是因爲安置渤海遺民而設置的。太宗遷移渤海民眾的最主要目的就是徹底消除渤海遺民叛亂的隱患，使其分散居住，而且周圍都是契丹人，便於對其防範、監控。終遼一朝，雖然渤海人也有小的叛亂，但是並未對遼朝的統治造成威脅，可見移民政策是成功的。而且渤海遺民的遷入，也使遼上京地區的農業得以較大的發展，促進了上京地區經濟與文化的進步。渤海遺民除了被遷往上述地區外，還有的人逃往高麗、女眞和中原地區〔註48〕，尤以就近逃往高麗的爲多，這在《高麗史》中屢見不鮮，如高麗太祖十二年（929）六月「庚申，渤海人洪見等以船二十艘載人物來附」〔註49〕，九月「丙子，渤海正近等三百餘人來投」〔註50〕。

　　耶律倍於天顯五年（930）四月被太宗放回南京，統治東丹國，但是對他仍嚴加防範，「置衛士陰伺動靜」〔註51〕。耶律倍不得已出奔後唐。耶律倍出走後，耶律「羽之鎮撫國人，一切如故。以功加太傅，遷中臺省左相」〔註52〕。後來耶律倍之子繼承皇位，是爲世宗。他於天祿元年（947）九月，任命遼太祖弟安端主持東丹國，封爲明王。應曆二年（952），十二月，耶律安端死。直至聖宗統和十六年（998）二月，仍見有耶律喜羅任中臺省左相的記載。此後，東丹國的情況就不甚明晰了。但是可以肯定的是，隨著遼朝國力的發展，東丹國最終被廢除，其故地都納入東京道的管轄區域。另外，還有渤海遺民在鴨綠江流域建立定安國的記載〔註53〕，但由於史料零星，甚至難以勾勒出定安國的一個大致輪廓。

　　東丹國是遼朝在東部邊疆地區建立的一個特殊行政區域，基本上保存了原來渤海國的政治架構，使被征服地區有一個逐漸適應的過程，充分體現了遼朝「因俗而治」的治邊思想。但是，遼朝將大量渤海人都遷離故土，將東

〔註48〕參見楊保隆：《遼代渤海人的逃亡與遷徙》，《民族研究》1990年第4期。
〔註49〕《高麗史》卷1《太祖世家一》。
〔註50〕《高麗史》卷1《太祖世家一》。
〔註51〕《遼史》卷72《宗室・義宗傳》。
〔註52〕《遼史》卷75《耶律羽之傳》。
〔註53〕參見劉浦江：《遼代的渤海遺民——以東丹國和定安國爲中心》，《文史》2003年第1輯。

丹國行政區域南移，實際上又破壞了原來渤海國較爲發達的文化與社會生產力，這又不利於邊疆地區的安定與鞏固。最終爲遼朝末年女眞人與渤海人結盟，以至王朝覆滅打下了客觀的基礎。

（二）對高麗的戰與和

在高句麗被唐朝滅亡 200 餘年後，幾乎與遼朝建立的同時的 918 年，王建在朝鮮半島上又建立起了高麗政權。高麗先後滅亡了新羅和後百濟，統一了朝鮮半島。對高麗的和與戰，構成了遼朝東部邊政的重要內容。〔註 54〕

遼與高麗很早就建立了藩屬關係，太祖天贊三年（924），高麗就向遼進貢。儘管如此，高麗卻認爲自己繼承了中原正統文化，因而對遼持藐視態度，高麗太祖天授十四年（931），「詔有司曰：『北蕃之人人面獸心，饑來飽去，見利忘恥。今雖服事，向背無常。宜令所過州鎮築館城外待之。』」〔註 55〕而之後太祖王建在臨終時更是交代：「契丹是禽獸之國，風俗不同，言語亦異，衣冠制度，愼勿效焉。」〔註 56〕在渤海亡國之後，高麗大量接待渤海遺民，「其國人來奔者相繼」〔註 57〕。這些都引起了遼的強烈不滿，並最終引發了遼與高麗的戰爭。

遼與高麗的戰爭主要發生在聖宗朝，前後有三次。聖宗即位之初，就準備討伐高麗，但連續兩次都未成行。統和元年（983）十月「上將征高麗，親閱東京留守耶律末只所總兵馬」〔註 58〕。但是隨後即命宣徽使耶律普寧和林牙蕭肯德討伐女眞，準備用於征高麗的軍隊可能轉而討伐女眞，因此未成行。統和三年（985）七月，聖宗再次「詔諸道繕甲兵，以備東征高麗」〔註 59〕。但是又因連降大雨，道路泥濘，再次罷兵。統和十年（992）十二月，聖宗派東京留守蕭恒德等伐高麗。蕭恒德在向高麗將領徐熙解釋出兵原因時說：「汝國興新羅地。高句麗之地，我所有也，而汝侵蝕之。又與我連壤而越海事宋，故有今日之師。若割地以獻而修朝聘，可無事矣。」〔註 60〕這次戰爭的規模

〔註 54〕 參見武玉環：《論遼與高麗的關係及遼的東部邊疆政策》，《吉林大學社會科學學報》2001 年第 4 期。

〔註 55〕 《高麗史》卷 2《太祖世家二》。

〔註 56〕 《高麗史》卷 2《太祖世家二》。

〔註 57〕 《高麗史》卷 1《太祖世家一》。

〔註 58〕 《遼史》卷 10《聖宗紀一》。

〔註 59〕 《遼史》卷 10《聖宗紀一》。

〔註 60〕 《高麗史》卷 94《徐熙傳》。

不大，「時高麗未附，恒德受詔，率兵拔其邊城。王治懼，上表請降。」〔註61〕可見，戰爭只是在雙方邊境進行，範圍不大。次年正月，「高麗王治遣朴良柔奉表請罪，詔取女直鴨綠江東數百里地賜之」〔註62〕。統和十三年（995）十月，聖宗遣使冊封王治爲高麗國王，還將蕭恒德之女下嫁給王治，雙方開始友好往來。期間伴隨頻繁的使節往來，高麗進貢的物品有「金器二百兩、金抱肚一條五十兩、金鈔鑼五十兩、金鞍轡馬一匹五十兩、紫花綿紬一百匹、白綿紬五百匹、細布一千匹、麤布五千匹、銅器一千斤、法清酒醋共一百瓶、腦元茶十斤、藤造器物五十事、成形人參不定數、無灰木刀把十個、細紙墨不定數目。」〔註63〕遼回賜的物品有「犀玉腰帶二條、細衣二襲、金塗鞍轡馬二匹、素塗鞍轡馬五匹、散馬二十匹、弓箭器仗二副、細綿綺羅綾二百匹、衣著絹一千匹、羊二百口、酒果子不定數。」〔註64〕朝貢成爲雙方經濟、文化交往的主要形式。

統和二十八年（1010）五月，高麗西京留守康肇殺其主王誦，擅立王誦從兄王詢，作爲宗主國，遼不得不加以干預。十一月，聖宗「親馭六龍之駕，專征三韓之邦」〔註65〕，親自率四十萬大軍渡過鴨綠江，在銅州擊敗康肇，肇爲遼將耶律敵魯生擒，追擊潰兵數十里，繳獲大量物資，高麗的銅、霍、貴、寧等州都降。「詢上表請降，許之，禁軍士俘掠。以政事舍人馬保祐爲開京留守，安州團練使王八爲副留守。太子太師乙凜將騎兵一千，送保祐等赴京。守將卓思正殺我使者韓喜孫等十人，領兵出拒，保祐等復還。乙凜領兵擊之，思正遂奔西京。圍之五日，不克，駐蹕於城西佛寺。高麗禮部郎中渤海陀失來降。遣排押、盆奴攻開京，遇敵於京西，敗之。詢棄城遁走，遂焚開京。二十九年正月，班師，所降諸城復叛。至貴州南嶺谷，大雨連日，霽乃得渡，馬駝皆疲乏，甲仗多遺棄。」〔註66〕這次討伐高麗，雖然取得了一些戰果，但遼軍損失也頗大，尤其是在退兵時，幾乎潰不成軍。對此宋人出使遼的使臣李迪記敘道：「緣契丹國王親督兵伐高麗，以是久駐中京，其弟隆裕、丞相韓德謙相繼而死，高麗之戰，兵敗，多不還者。五月十六日邊臣言：

〔註61〕《遼史》卷 88《蕭恒德傳》。
〔註62〕《遼史》卷 13《聖宗紀四》。
〔註63〕《契丹國志》卷 21。
〔註64〕《契丹國志》卷 21。
〔註65〕《蕭僅墓誌》，向南編《遼代石刻文編》，河北教育出版社 1995 年，第 191 頁。
〔註66〕《遼史》卷 115《高麗傳》。

契丹征高麗，官屬多戰沒。力取幽薊間嘗干仕進及稍知書者，以補其缺。又遣使歸取介冑萬計，其弟隆慶不給，蓋相疑間也。」〔註67〕開泰元年（1012），王詢遣使求和，聖宗要求王詢親自來朝，但是王詢稱病推辭。此前，高麗在遼所賜的鴨綠江之東修建了興州、鐵州、通州、龍州、龜州、郭州六城。於是開泰二年，聖宗向高麗索要六州之地，高麗當然不肯。於是聖宗以此為藉口，對高麗展開了第三次討伐。戰前，聖宗還瞭解了高麗的交通情況，開泰二年十月「丙寅，詳穩張馬留獻女直人知高麗事者。上問之，曰：『臣三年前為高麗所虜，為郎官，故知之。自開京東馬行七日，有大砦，廣如開京，旁州所貢珍異，皆積於此。勝、羅等州之南，亦有二大砦，所積如之。若大軍行由前路，取曷蘇館女直北，直渡鴨綠江，並大河而上，至郭州與大路會，高麗可取而有也。』上納之。」〔註68〕

開泰三年（1014）夏，聖宗派國舅詳穩蕭敵烈、東京留守耶律團石率軍再次討伐高麗，在鴨綠江上架設浮橋，並在橋的東西兩岸各建城一座，保衛浮橋。由於高麗的激烈抵抗，遼軍未攻克六州之地，於次年四月退軍。聖宗隨即以樞密使耶律世良和殿前都點檢蕭虛列為統帥再次出兵高麗，五年正月抵達郭州城下，殺高麗軍數萬，繳獲輜重而歸。之後，又連年進攻高麗。開泰六年（1017），派樞密使蕭合卓、漢人行宮都部署王繼忠及蕭虛列為統帥進討，結果兵敗興化軍下而返。七年，又以東平郡王蕭排押、蕭虛列及東京留守耶律八哥為帥討伐，「十二月，蕭排押與戰於茶、陀二河之間，我軍不利，天雲、右皮室二軍沒溺者眾，天雲軍詳穩海里、遙輦帳詳穩阿果達、客省使酌古、渤海詳穩高清明等皆沒於陣。」〔註69〕遼軍再次敗退。開泰八年（1019）八月，「遣郎君曷不呂等率諸部兵會大軍討高麗。」王詢遣使進貢。至此，遼再無力發動對高麗的戰爭，而高麗則再次稱臣，雙方恢復了正常往來。之後，除了一些小的衝突外，終遼之世，雙方基本上保持了和平的局面。

六、對北部邊疆的管理

（一）對室韋諸部的治理

室韋最初以「失韋」之名見於北魏，其起源有多種說法，大致有鮮卑說、

〔註67〕《宋會要輯稿》蕃夷二之六。

〔註68〕《遼史》卷15《聖宗紀六》。

〔註69〕《遼史》卷115《高麗傳》。

肅慎說、丁零說、烏桓說以及自成一系之說。室韋諸部廣泛分佈於蒙古高原東部及大興安嶺一帶，在唐朝末年對契丹構成威脅的主要有黃頭室韋和黑車子室韋，黃頭室韋又分成大、小黃室韋二部。契丹的興起、建國始終伴隨著對周邊部族、部落的征討，對西邊室韋諸部的戰爭就成爲契丹建國前和建立之初的重要邊政。

在遼太祖耶律阿保機公元 9 世紀末剛登上政治舞臺，任「撻馬狨沙里，參預部族事」〔註70〕，首先就以降伏小黃室韋部而嶄露頭角，「時小黃室韋不附，太祖以計降之。」〔註71〕耶律曷魯起了重要作用，是他親自「領數騎召小黃室韋來附」〔註72〕。之後，唐天復元年（901），「痕德菫可汗立，以太祖爲本部夷離菫，專征討，連破室韋、于厥及奚帥轄剌哥，俘獲甚眾。」〔註73〕此室韋很可能就是大黃室韋。在契丹建國後，未歸附的黃頭室韋部眾仍乘機襲擾，「太祖嘗渡磧擊党項，黃頭、臭泊二室韋乘虛襲之」。〔註74〕結果被太祖應天皇后大敗之。之後，太祖將大、小黃室韋整編爲突呂不室韋部和涅剌拏古部，隸屬於東北路統軍司，分別「戍泰州東北」，「戍泰州東」。〔註75〕對黑車子室韋的征討則進行了多次並屢有反覆，唐天復四年（904）「九月，討黑車子室韋，唐盧龍軍節度使劉仁恭發兵數萬，遣養子趙霸來拒。霸至武州，太祖諜知之，伏勁兵桃山下。遣室韋人牟里詐稱其酋長所遣，約霸兵會平原。既至，四面伏發，擒霸，殲其眾，乘勝大破室韋。明年七月，復討黑車子室韋」〔註76〕。可見，此時的黑車子室韋的勢力已經發展到武州（今河北宣化）一帶，並與唐朝地方割據勢力幽州劉仁恭結盟而與契丹相對抗。對於患在肘腋之間，遼太祖當然不會坐視不管，因此對黑車子室韋屢屢討伐，又分別在即皇帝位的當年（907）二月、十月，次年五月，公元 908 年的十月先後四次征伐黑車子室韋，其中第一次征伐即降其八部，可見戰爭規模之大。歸附的室韋諸部很快被太祖用於內外戰爭，在平定諸弟叛亂和滅亡渤海的戰爭中，室韋諸部都出兵參加並立有戰功。在太宗時，黑車子室韋多次入貢，進貢白

〔註70〕　《遼史》卷 73《耶律曷魯傳》。
〔註71〕　《遼史》卷 1《太祖紀上》。
〔註72〕　《遼史》卷 73《耶律曷魯傳》。
〔註73〕　《遼史》卷 1《太祖紀上》。
〔註74〕　《遼史》卷 71《后妃傳‧太祖淳欽皇后述律氏傳》。
〔註75〕　《遼史》卷 33《營衛志下》。
〔註76〕　《遼史》卷 1《太祖紀上》。

麃、名馬。遼代的金屬冶煉，始自太祖時期，「坑冶，則自太祖始並室韋，其地產銅、鐵、金、銀，其人善作銅、鐵器。」〔註77〕征服室韋地區，使遼獲得了金屬礦藏，對於武器及生產工具、生活用具的製造提供了豐富的原材料。太宗會同元年（938），將管理黃頭室韋和黑車子室韋的官員名稱由閱林改爲僕射，「又名司空」〔註78〕。

遼和室韋諸部的和平局面維持了幾十年，但是，到了遼穆宗時，由於統治的殘酷，激起了黃頭室韋的反抗，應曆十四年（964），「九月，黃室韋叛。」〔註79〕次年三月，「丁丑，大黃室韋酋長寅尼吉叛。」〔註80〕四月，小黃室韋也反叛。穆宗命雅里斯、楚思等率軍討伐，爲室韋所敗。穆宗又改命禿里代替雅里斯爲都統，以女古爲監軍，率輕騎進討。同時命撻馬尋吉里攜帶詔書招撫室韋諸部，但是室韋諸部並不聽命。於是雅里斯率撻凜、蘇二群牧兵追擊至柴河（今內蒙古札蘭屯市西），與室韋發生戰鬥，遼軍不利，但是迫於遼軍的壓力，寅尼吉投奔敵烈部。此後直至遼末，室韋諸部未發生大的叛亂。在遼滅亡之後，耶律大石西走創建西遼的過程中，室韋諸部還成爲其深所倚靠的對象。

（二）對烏古、敵烈部的治理

烏古又稱烏骨里、于骨里、羽厥等，族源還未有定論，有的認爲來源於南北朝時的烏洛侯，唐時爲室韋中的烏羅護（烏羅渾）部。在遼代活動在今額爾古納河流域和呼倫貝爾以東地區。敵烈又稱迪烈、敵烈得等，在遼代活動在今蒙古國克魯倫河流域。烏古、敵烈經常連稱爲烏古敵烈，兩者應是同源民族，可能類似於契丹和奚族的關係。

對北方諸部的征服伴隨著耶律阿保機的整個建國過程，其中對烏古部的戰爭是重要的方面。早在唐天復元年（901），痕德菫可汗初立，阿保機被任命爲夷離菫之後，就開始了對烏古部的征討，當年連破室韋、羽厥（烏古）、奚族，「俘獲甚眾」〔註81〕。公元913年，阿保機將平叛諸弟之亂中的俘虜放還，但是「多爲于骨里所掠。上怒，引輕騎馳擊。復遣驍將分道追襲，盡獲

〔註77〕《遼史》卷60《食貨志下》。
〔註78〕《遼史》卷116《國語解》。
〔註79〕《遼史》卷7《穆宗紀下》。
〔註80〕《遼史》卷7《穆宗紀下》。
〔註81〕《遼史》卷1《太祖紀上》。

其眾並掠者」〔註82〕。公元 915 年，烏古部又發動叛亂，被討平。神冊四年（919），太祖耶律阿保機親征烏古部，「冬十月丙午，次烏古部，天大風雪，兵不能進，上禱於天，俄頃而霽。命皇太子將先鋒軍進擊，俘獲生口萬四千二百，牛馬、車乘、盧帳、器物二十餘萬。自是舉部來附。」〔註83〕但是，烏古部始終叛服不定，對遼邊疆的穩定構成威脅。天顯三年（928）五月，太宗命令林牙突呂不討伐烏古部，這次戰爭進行的時間很長，七月，突呂不已經告捷。九月，烏古部的俘虜被送到朝廷，太宗分賜群臣。但是到了次年六月，突呂不再次獻俘，可見戰爭持續了一年之久。到天顯五年（929）七月，烏古部才臣服入貢。此後歷太宗、世宗兩朝，烏古部不斷入貢，未再叛亂。但是，由於穆宗的暴政，烏古部於應曆十四年（964）十二月再次反叛，「掠民財畜。詳穩僧隱與戰，敗績，僧隱及乙實等死之」〔註84〕。第二年正月，穆宗以樞密使雅里斯為行軍都統，虎軍詳穩楚思為行軍都監，率領諸部軍以及三百突呂不部軍討伐烏古部。二月，烏古部首領窣離底被部下殺死，餘部投降，但不久又叛。烏古部這次叛亂是與室韋諸部同時進行的，因此聲勢浩大，給遼朝以極大威脅。七月，烏古部進至河德濼，穆宗派夷離堇畫里、夷離畢常思擊之。但是，未阻擋住烏古部的攻勢，不久，烏古部掠上京北榆林峪居民，穆宗又派林牙蕭幹討伐，隨後雅里斯在與烏古部的作戰中戰不利。直到十月，才由常思擊敗烏古部。

　　敵烈部於天顯五年（930）入貢，其後和遼基本維持著和平。景宗、聖宗時，敵烈部開始反叛，其中統和十五年（997）五月的一次規模較大，「是月，敵烈八部殺詳穩以叛，蕭撻凜追擊，獲部族之半」〔註85〕。開泰二年（1013）正月，敵烈部和烏古部聯合發動了一次大規模的叛亂，一直延續了兩年多。次年九月，八部敵烈殺詳穩稍瓦反叛，遼在派耶律世良平叛的同時還派耶律吾剌葛招撫。開泰四年（1015）四月，耶律世良在擊破烏古部之後，又與敵烈部開始了決戰。「世良討迪烈得至清泥堝。時于厥既平，朝廷議內徙其眾，于厥安土重遷，遂叛。世良懲創，既破迪烈得，輒殲其丁壯。勒兵渡曷剌河，進擊餘黨，斥候不謹，其將勃括聚兵稠林中，擊遼軍不備。遼軍小卻，結陣

〔註82〕《遼史》卷 1《太祖紀上》。
〔註83〕《遼史》卷 2《太祖紀下》。
〔註84〕《遼史》卷 7《穆宗紀下》。
〔註85〕《遼史》卷 13《聖宗紀四》。

河曲。勃括是夜來襲。翌日，遼後軍至，勃括誘于厥之眾皆遁，世良追之，軍至險厄。勃括方阻險少休，遼軍偵知其所，世良不亟掩之，勃括輕騎遁去。獲其輜重及所誘于厥之眾，並遷迪烈得所獲轄麥里部民，城臚朐河上以居之。」〔註86〕由於遼軍的殘酷屠殺政策，這次雖然將敵烈部的反叛平息，但是之後敵烈部始終叛服不定。

遼朝在對烏古、敵烈部進行征討的同時，設置了一系列職官對烏古、敵烈部進行管理〔註87〕，這些職官大致可分為三個系統，一是烏古和敵烈部各自所有的都監、詳穩、節度使，對所部進行管理，其中都監是節度使的下級，詳穩可能只在景宗朝之前設置，而在聖宗時改為節度使。《遼史》中任烏古部詳穩的只見耶律盆奴和上文的僧隱二人。耶律盆奴在「景宗時，為烏古部詳穩，政尚嚴急，民苦之。有司以聞，詔曰：『盆奴任方面寄，以細故究問，恐損威望』」〔註88〕。二是管理兩部事務的烏古敵烈部都監及烏古敵烈都詳穩。蕭圖玉的仕歷比較有代表性，他在聖宗初期任烏古部都監，後升任烏古部節度使，官至同政事令門下平章事，也就是俗稱的使相。後在開泰元年（1012）因其妻金鄉公主殺害奴婢受到牽連而被罷官，但「尋起為烏古敵烈部詳穩」〔註89〕。三是咸雍四年（1068）七月設置的烏古敵烈部都統軍司，其官員烏古敵烈統軍都監、同知烏古敵烈統軍、烏古敵烈統軍使，負責對烏古、敵烈部及所在地區的軍事行動。

（三）對阻卜等部族的征伐與管理

阻卜是遼朝對分佈在蒙古高原的眾多部族的統稱，也就是後來蒙古諸部的前身。按分佈地域又有西阻卜、東阻卜、北阻卜、西北阻卜等，廣泛分佈於遼朝的北部和西北邊疆一帶。「北至臚河，南至邊境，人多散居，無所統壹，

〔註86〕《遼史》卷15《聖宗紀六》。
〔註87〕王國維在《觀堂集林》卷15《金界壕考》中曾論及烏古、敵烈部的職官，筆者與其看法有所不同，他認為「是遼時烏古敵烈，各有國外、國內二種。國外者其本部，國內諸部則契丹所俘本部之戶口，別編置成部族者也。其部族各有節度使及詳穩，其上又有烏古敵烈部詳穩及烏古敵烈統軍司。二官頗有重複之嫌疑，都詳穩統國外諸部，統軍司則統國內諸部者也」。筆者認為烏古、敵烈部雖然有歸附和未歸附之區別，但並不能說其為國內、國外兩種，都詳穩和統軍司既有管理已歸附部分的權力，也有討伐未歸附部分的責任，只是都詳穩偏重於民政，而統軍司偏重於軍事而已。
〔註88〕《遼史》卷88《耶律盆奴傳》。
〔註89〕《遼史》卷93《蕭圖玉傳》。

惟往來抄掠。」〔註 90〕從太祖建國初期到道宗的將近二百年中，遼朝對阻卜屢次討伐，其中以太祖、聖宗和道宗時期的規模最大。但是在和平時期，阻卜諸部一直與遼朝保持著朝貢關係，《遼史》中記載的就將近 60 次，遼朝為了治理阻卜諸部，還在上京道專門建設了一些邊防城，西北路招討使的設置也主要針對阻卜諸部。另外，還在屬於遼朝屬國和屬部的阻卜諸部設置了大王府及節度使進行管理。

遼朝對阻卜諸部的征討始於天贊三年（924）六月，太祖親自率軍西征，「至於流沙，阻卜望風悉降，西域諸國皆願入貢。因遷種落，內置三部，以益吾國，不營城邑，不置戍兵，阻卜累世不敢為寇。」〔註 91〕之後，直至景宗時期的近半個世紀中，阻卜始終保持向遼朝進貢。但到了聖宗時期，雙方關係又漸趨惡化，阻卜發動了數次大規模的叛亂。聖宗剛即位的乾亨四年（982）十二月，就派耶律速撒討伐阻卜，這次戰爭斷斷續續持續了兩年，次年春正月，「速撒獻阻卜俘」〔註 92〕。統和二年（984）十一月，「速撒等討阻卜，殺其酋長撻剌干」〔註 93〕。之後，阻卜諸部陸續叛亂，到統和十二年（994），就爆發了大規模地對阻卜諸部的戰爭。聖宗命皇太妃（皇太后之姊、齊王罨撒葛妃）蕭胡輦率領烏古部兵及永興宮分軍討伐之，「（蕭）撻凜為阻卜都詳穩。凡軍中號令，太妃並委撻凜」〔註 94〕。這次戰爭持續時間很長，統和十四年（996），蕭撻凜誘斬叛亂的阻卜首領阿魯敦等 60 人。「十五年，敵烈部人殺詳穩而叛，遁於西北荒，撻凜將輕騎逐之，因討阻卜之未服者」〔註 95〕。統和十八年（1000）六月，叛亂首領鶻碾之弟鐵刺率部投降，鶻碾走投無路，也只能投降，但是隨即被殺。之後，阻卜諸部相繼歸附，統和二十一年（1003）六月，「阻卜鐵刺里率諸部來降」〔註 96〕。為了震懾諸部，蕭撻凜和皇太妃修建了鎮州、防州、維州三個邊防城，後以鎮州為西北路招討司駐地，對鞏固西北邊疆起到了關鍵作用。

聖宗後期開泰和太平年間，阻卜諸部又兩次叛亂。統和二十九年（1011）

〔註 90〕《遼史》卷 103《蕭韓家奴傳》。
〔註 91〕《遼史》卷 103《蕭韓家奴傳》。
〔註 92〕《遼史》卷 10《聖宗紀一》。
〔註 93〕《遼史》卷 10《聖宗紀一》。
〔註 94〕《遼史》卷 85《蕭撻凜傳》
〔註 95〕《遼史》卷 85《蕭撻凜傳》
〔註 96〕《遼史》卷 14《聖宗紀五》。

六月，聖宗命令西北路招討使蕭圖玉「安撫西鄙」〔註97〕，並設置了阻卜諸部節度使。設置節度使，引起了阻卜諸部首領的不滿。而遼朝規定阻卜每年貢馬1700匹、駱駝440匹、貂鼠皮10000張、青鼠皮25000張，這些無疑會轉嫁到部民身上，因而也引起了部民的不滿。開泰元年（1012）十一月，阻卜七部太師阿里底利用其部民之怨，殺本部節度使霸暗及其全家，雖然部分對遼朝效忠的首領將阿里底擒拿獻給遼朝，但是大部分阻卜部眾都起而反抗。叛亂的阻卜諸部將蕭圖玉圍困於鎮州，次年，在北院樞密使耶律化哥的支援下，圍困才得以解除，蕭圖玉又趁機誘降阻卜諸部。叛亂平息後，蕭圖玉請求增加西北路招討司的兵員，「詔讓之曰：『叛者既服，兵安用益？且前日之役，死傷甚眾，若從汝謀，邊事何時而息？』遂止。」〔註98〕太平六年（1026）五月，聖宗派西北路招討使蕭惠討伐甘州回鶻，蕭惠向諸部徵兵，「獨阻卜酋長直刺後期，立斬以徇」〔註99〕。這樣，引起了阻卜諸部的強烈不滿，而隨後遼軍又攻甘州不克，回師途中，阻卜又一次叛亂。「時直刺之子聚兵來襲，阻卜酋長烏八密以告，惠未之信。會西阻卜叛，襲三克軍，都監涅魯古、突舉部節度使諧理、阿不呂等將兵三千來救，遇敵於可敦城西南。諧理、阿不呂戰歿，士卒潰散。惠倉卒列陣，敵出不意攻我營。眾請乘時奮擊，惠以我軍疲敝，未可用，弗聽。烏八請以夜斫營，惠又不許。阻卜歸，惠乃設伏兵擊之。前鋒始交，敵敗走。」〔註100〕之後，聖宗又派惕隱耶律洪古和林牙耶律化哥增援，這次叛亂才得以平息。

阻卜最大的一次叛亂發生在道宗朝，大安八年（1092），阻卜部的一支耶睹刮叛亂入侵，西北路招討使耶律何魯掃古聯合遼朝任命的北阻卜諸部長磨古斯將其擊敗。但是在隨後的追討中，遼軍誤擊磨古斯部眾，引起了磨古斯的不滿，他殺害了金吾吐古斯，於十一月叛亂。次年三月，遼「二室韋與六院部、特滿群牧、宮分等軍俱陷於敵」〔註101〕。十月，磨古斯向當時的西北路招討使耶律撻不也偽降，「磨古斯之為酋長，由撻不也所薦，至是遣人誘致之。磨古斯紿降，撻不也逆於鎮州西南沙磧間，禁士卒無得妄動。敵至，褌

〔註97〕《遼史》卷15《聖宗紀六》。
〔註98〕《遼史》卷93《蕭圖玉傳》。
〔註99〕《遼史》卷93《蕭惠傳》。
〔註100〕《遼史》卷93《蕭惠傳》。
〔註101〕《遼史》卷94《耶律何魯掃古傳》。

將耶律縮斯、徐烈見其勢銳，不及戰而走，遂被害」〔註102〕。磨古斯又聯合烏古札、達里底、拔思母等部進攻倒塌嶺。之後，磨古斯等連續侵擾。大安十年（1093），道宗以知北院樞密使事耶律斡特剌爲都統、夷離畢耶律禿朵爲副統、龍虎衛上將軍耶律胡呂爲都監，率大軍討伐磨古斯。而協同的還有東北路統軍使耶律石柳所部、南京鄭家奴所部、烏古敵烈統軍使蕭朽哥所部等。遼軍先後擊敗達里底、拔思母等部，迫使一些附和磨古斯的部落投降，隨後耶律斡特剌率軍傾全力進擊磨古斯，「會天大雪，敗磨古斯四別部，斬首千餘級，拜西北路招討使」〔註103〕。之後，又經過長期的討伐，直至壽昌六年（1100）正月，耶律斡特剌才擒獲了磨古斯，隨即，「磔磨古斯於市」〔註104〕。磨古斯的這場叛亂給遼朝的西北邊疆造成了極大的動盪，遼朝西部的幾個群牧司也遭到極大的破壞，牧業損失慘重。

儘管遼朝和阻卜之間戰爭不斷，但也有和平交往的時期，朝貢也成爲雙方經濟往來的形式之一。上文已述，阻卜要向遼朝進貢大量的馬、駱駝等土特產品，而遼朝也給阻卜以大量的回賜。遼朝對於歸順的阻卜首領還予以封爵，如開泰三年（1014），「阻卜酋長烏八來朝，封爲王」〔註105〕。重熙十九年（1050），「阻卜等部長各進爵有差」〔註106〕。遼朝還用通婚結友來密切與阻卜的關係，統和二十二年（1004）八月，阻卜酋長鐵剌里來朝求婚，許之。大安二年（1028）六月，「阻卜酋長余古赧及愛的來朝，詔燕國王延禧相結爲友」〔註107〕。

遼代阻卜朝貢年表

時間	朝貢者	進獻物品	史料出處
太祖神冊三年（918）二月			《遼史》卷1《太祖紀上》
太宗會同二年（939）九月甲戌	阿离底		《遼史》卷4《太宗紀下》
太宗會同三年（940）八月庚子			同上
太宗會同三年（940）八月乙巳			同上

〔註102〕《遼史》卷96《耶律仁義傳附撻不也傳》。
〔註103〕《遼史》卷97《耶律斡特剌傳》。
〔註104〕《遼史》卷26《道宗紀六》。
〔註105〕《遼史》卷15《聖宗紀六》。
〔註106〕《遼史》卷20《興宗紀二》。
〔註107〕《遼史》卷24《道宗紀四》。

太宗會同三年（940）八月甲寅		同上
太宗會同四年（941）十一月庚午		同上
太宗會同五年（942）七月辛卯		同上
太宗會同五年（942）八月辛酉		同上
景宗乾亨元年（979）八月壬子	阻卜惕隱曷魯、夷離堇阿里睹	《遼史》卷9《景宗紀下》
聖宗統和四年（986）十月丙申朔		《遼史》卷11《聖宗紀二》
聖宗統和八年（990）十月己酉		《遼史》卷13《聖宗紀四》
聖宗統和十二年（994）九月癸酉		同上
聖宗統和二十一年（1003）七月庚戌		《遼史》卷14《聖宗紀五》
聖宗統和二十一年（1003）八月乙酉	鐵刺里	同上
聖宗統和二十二年（1004）八月庚申	阻卜酋鐵刺里	同上
聖宗統和二十三年（1005）六月甲午		同上
聖宗開泰三年（1014）正月乙丑	阻卜酋長烏八	《遼史》卷15《聖宗紀六》
聖宗開泰五年（1016）二月己卯	阻卜長	同上
聖宗太平元年（1021）七月乙亥		《遼史》卷16《聖宗紀七》
興宗重熙六年（1037）十一月己亥朔	阻卜酋長	《遼史》卷18《興宗紀一》
興宗重熙七年（1038）七月乙巳	阻卜酋長屯禿古斯	同上
興宗重熙十二年（1043）六月辛亥	阻卜大王屯禿古斯弟太尉撒葛里	《遼史》卷19《興宗紀二》

興宗重熙十二年（1043）八月甲子			同上
興宗重熙十三年（1044）六月甲午	酋長烏八之子		同上
興宗重熙十四年（1045）六月己卯	阻卜大王屯禿古斯率諸酋長		同上
興宗重熙十六年（1047）六月丁巳	阻卜大王屯禿古斯		《遼史》卷 20《興宗紀三》
興宗重熙十七年（1048）六月庚辰		獻馬、駝二萬	同上
興宗重熙十八年（1049）六月庚辰		貢馬、駝、珍玩。	同上
興宗重熙十九年（1050）七月乙未	阻卜長豁得剌弟斡得		同上
興宗重熙十九年（1050）八月丁卯	阻卜酋長喘只葛拔里斯		同上
興宗重熙十九年（1050）十一月甲午	阻卜酋長豁得剌遣使		同上
興宗重熙二十二年（1053）七月己酉	阻卜大王屯禿古斯率諸部長	獻馬、駝	同上
興宗重熙二十三年（1054）十一月乙丑	阻卜部長		同上
道宗清寧二年（1056）六月辛酉	阻卜酋長		《遼史》卷 21《道宗紀一》
道宗咸雍二年（1066）六月甲辰			《遼史》卷 22《道宗紀二》
道宗咸雍六年（1070）二月丙寅			同上
道宗咸雍六年（1070）六月辛巳			同上
道宗咸雍十年（1074）二月戊子			《遼史》卷 23《道宗紀三》
道宗大康四年（1078）六月甲寅	阻卜諸酋長	進良馬	同上

道宗大康五年（1079）六月辛亥		《遼史》卷 24《道宗紀四》
道宗大康七年（1081）六月丙寅	阻卜余古赧	同上
道宗大康八年（1082）六月乙丑	阻卜長	同上
道宗大康八年（1082）閏六月丁亥		同上
道宗大康十年（1084）五月乙丑		同上
道宗大安二年（1086）六月丙申		同上
道宗大安二年（1086）六月乙巳	阻卜酋長余古赧及愛的	同上
道宗大安八年（1092）四月乙卯	阻卜長	《遼史》卷 25《道宗紀五》
道宗壽隆元年（1095）六月癸巳	阻卜長禿里底及圖木葛	《遼史》卷 26《道宗紀六》
道宗壽隆二年（1096）七月甲午		同上
道宗壽隆三年（1097）閏二月丙午	阻卜長猛撒葛	同上
道宗壽隆五年（1099）六月戊戌		同上
道宗壽隆六年（1100）六月癸丑		同上
天祚帝乾統元年（1101）七月癸亥		《遼史》卷 27《天祚皇帝紀一》
天祚帝乾統六年（1106）七月癸巳		同上
天祚帝乾統六年（1110）六月甲午		同上
天祚帝天慶二年（1112）六月甲辰		同上

（四）邊防城的設置

遼朝爲了抗禦西北邊疆的阻卜（韃靼）、烏古、敵烈、女眞等族的侵擾，在西起招州，東至靜州一線，長達 1200 餘公里的區域內先後設置了 9 個邊防城。據《遼史・地理志》載：「遼國西北界防邊城，因屯戍而立，務據形勝，不資丁賦。」以這些地居險要的邊防城爲依託，對上述部族進可以攻，退可以守，是遼朝邊疆防禦體系的重要組成部分。這 9 個邊防城是靜州、鎭州、維州、防州、河董城、靜邊城、皮被河城、招州、塔懶主城。按照其防守區域和抵禦的部族，大致可分爲三組，西部有鎭州、維州、防州、招州四州，以鎭州爲中心，主要防禦阻卜；中部爲河董城、皮被河城、塔懶主城、靜邊城四城，以河董城爲中心，主要防禦烏古、敵烈等族；西部爲靜州，主要防禦女眞族。

位於土兀剌河（今蒙古國土拉河）流域的鎭州等四州是最早設置的邊防城，是爲了防禦阻卜（韃靼）而建。遼聖宗時，西北阻卜等部又相繼叛亂，統和十二年（994），聖宗「詔皇太妃領西北路烏古等部兵及永興宮分軍撫定西邊，以蕭撻凜督其軍事」〔註108〕。此皇太妃，是景宗皇后的妹妹，因爲嫁給齊王，又稱齊妃。「蕭氏二妹，長適齊王，僞稱太后，未曾封冊。王死，自稱齊妃，領兵三萬屯西鄙驢駒兒河，西捍達靼，盡降之。」〔註109〕在齊妃和時任西北路招討使的蕭撻凜的征伐下，「諸蕃歲貢方物充於國，自後往來若一家焉」〔註110〕。但是此話難免有誇張，而「撻凜以諸部叛服不常，上表乞建三城以絕邊患」〔註111〕。這三座城就是鎭（今蒙古國青托羅蓋）、防（今蒙古國哈達桑）、維（今蒙古國巴剌合思）三州，在統和二十二年（1004）建成。當年「六月戊午，以可敦城爲鎭州，軍曰建安」〔註112〕。鎭州建成後成爲西北路招討司的治所，聖宗派諸部族 2 萬騎兵戍守此地，征戰之餘則就地屯田。不管其他地方發生任何戰亂，也不得徵調這些兵馬。屯田取得了一定的成果，耶律唐古主持鎭州屯田期間，「凡十四稔，積粟數十萬斛，斗米數錢」〔註113〕。爲了增加三州的人口，還將七百餘戶被流放的渤海、漢族、女眞人分別安置

〔註108〕《遼史》卷 13《聖宗紀四》。
〔註109〕《宋會要輯稿》蕃夷一之二七，《續資治通鑑長編》卷 55 有類似記載。
〔註110〕《遼史》卷 85《蕭撻凜傳》。
〔註111〕《遼史》卷 85《蕭撻凜傳》。
〔註112〕《遼史》卷 14《聖宗紀五》。
〔註113〕《遼史》卷 91《耶律唐古傳》，又見《遼史》卷 59《食貨志上》。

在三州，犯罪的諸王大臣等也多被流放到鎮州，如衛王耶律貼不﹝註114﹞、耶律石柳﹝註115﹞、王鼎﹝註116﹞、耶律適魯﹝註117﹞等人都有此經歷。在呈三角形分佈的三州中，處於中間的鎮州最重要，級別也最高，為節度州，而鎮州之西的維州和鎮州之東的防州為刺史州。鎮州建成後，很快就經受了戰爭的考驗，開泰二年（1013）正月，「達旦國兵圍鎮州，州軍堅守，尋引去」﹝註118﹞。三月，北院樞密使耶律化哥「以西北路略平，留兵戍鎮州，赴行在」﹝註119﹞。但是不久，五月，耶律化哥再次出征西討，七月，擊敗阻卜酋長烏八部。開泰三年（1014）春，烏八朝貢，被封為王。為了加強三州的防禦力量，同年聖宗又派繼任耶律化哥為北院樞密使的耶律世良在維州之西建城，命名為招州（今蒙古國烏歸湖西），也是刺史州，軍號為綏遠軍，並將奧衍女真部遷居到此戍守，隸屬於西北路招討司。西部邊防州的設置——僅僅從四州的名字上就可以看出遼朝統治者對其在安輯邊疆上所寄予的厚望——使遼朝的西部疆域得以擴展和鞏固，但是興宗時的大臣蕭韓家奴卻對此有不同的看法，他說：「統和間，皇太妃出師西域，拓土既遠，降附亦眾。自後一部或叛，鄰部討之，使同力相制，正得馭遠人之道。及城可敦，開境數千里，西北之民，徭役日增，生業日殫。警急既不能救，叛服亦復不恒。空有廣地之名，而無得地之實。」﹝註120﹞曾在鎮州率軍屯田的耶律唐古的看法與蕭韓家奴相同，「先是，築可敦城以鎮西域。諸部縱民畜牧，反招寇掠。重熙四年，上疏曰：『自建可敦城已來，西蕃數為邊患，每煩遠戍。歲月既久，國力耗竭。不若復守故疆，省罷戍役。』」﹝註121﹞

在 9 個邊防城一線的中部臚朐河（今蒙古國克魯倫河）流域分佈著河董城、皮被河城、塔懶主城三城，在海勒水（今海拉爾河）流域有靜邊城，四城以河董城為中心，構成了防禦烏古、敵烈等部的防線。河董城「本回鶻可敦城，語訛為河董城。久廢，遼人完之以防邊患。高州界女直常為盜，劫掠

﹝註114﹞ 《遼史》卷 22《道宗紀二》。
﹝註115﹞ 《遼史》卷 99《耶律石柳傳》。
﹝註116﹞ 《遼史》卷 104《王鼎傳》。
﹝註117﹞ 《遼史》卷 107《列女傳・耶律氏常哥》。
﹝註118﹞ 《遼史》卷 15《聖宗紀六》。
﹝註119﹞ 《遼史》卷 15《聖宗紀六》。
﹝註120﹞ 《遼史》卷 103《蕭韓家奴傳》。
﹝註121﹞ 《遼史》卷 91《耶律唐古傳》。

行旅，遷其族於此」〔註122〕。皮被河城駐紮有士兵五百名，塔懶主城設置於道宗大康九年（1083）。靜邊城駐紮騎兵千人，防備烏古部的侵擾。耶律唐古也曾在臚朐河流域屯田，當年獲得大豐收。

靜州原為泰州的金山縣，在天祚帝天慶六年（1116）才升為州，是邊防城中設置最晚的，主要是為了對抗女真人，但此時完顏阿骨打已經起兵，靜州作為邊防城並未起到其應起的作用。

七、對西南邊疆的經略及與西夏的戰和

對境內党項部落的征討與管理是遼朝對西南邊疆經略的一項主要內容。在太祖、太宗時期時，就對党項部落屢加征討，其中神冊五年（920），「征党項，俘獲二千六百口」〔註123〕。臣屬於遼朝的党項部落則向遼朝貢。針對西南邊政及党項部落，於神冊元年（916）設置了西南面招討司進行征伐與管理。之後世宗、穆宗時期，党項部落少見於記載。景宗時，党項部落又時有叛亂，一般都由西南面招討司負責征討。如乾亨二年（980），「三月丁亥，西南面招討副使耶律王六、太尉化哥遣人獻党項俘」〔註124〕。

到聖宗時，由於党項及其後的西夏政權逐漸強盛（後文統稱西夏），遼朝境內的党項部落也經常投奔西夏或發動叛亂，這引起了遼朝的連年征討，也因之影響了遼朝與西夏的關係。統和元年（983）正月，党項十五部聯合叛亂，西南面招討使韓德威率兵擊破之。五月，韓德威派跋剌哥招降了很多党項部落。六月，「西南路招討使奏党項酋長執夷離董子限引等乞內附，詔撫納之，仍察其誠偽，謹邊備」〔註125〕。七月，韓德威派詳穩轄馬報告党項俘虜數字，並押送限引來獻，聖宗賞賜了西南面招討司有功將士。八月，韓德威又請求討伐再次叛亂的党項部落，聖宗同意，並派數千兵支持。直到次年二月，韓德威才班師回朝，可見這次党項部落叛亂規模之大。之後，党項部落一直向遼朝朝貢。統和十四年（996），党項部落再次叛亂，韓德威又受命征討。次年二月，韓德威將其擊敗。三月，河西党項請求內附。開泰二年（1013）七月「乙未，西南招討使、政事令斜軫奏党項諸部叛者皆遁黃河北模根山，其不叛者葛黨、烏迷兩部因據其地，今復西遷，詰之則曰逐水草。不早圖之，

〔註122〕《遼史》卷37《地理志一》。
〔註123〕《遼史》卷34《兵衛志上》。
〔註124〕《遼史》卷9《景宗紀下》。
〔註125〕《遼史》卷10《聖宗紀一》。

後恐爲患。又聞前後叛者多投西夏，西夏不納。詔遣使再問西遷之意，若歸
故地，則可就加撫諭。使不報，上怒，欲伐之。遂詔李德昭：『今党項叛，我
欲西伐，爾當東擊，毋失掎角之勢。』仍命諸軍各市肥馬」〔註126〕。聖宗一
方面對叛亂的党項部落進行征討，另一方面，對歸附的部落也加以撫恤和管
理。統和二十三年（1005）二月，賑濟党項部落。開泰九年（1020）十月，「西
南招討奏党項部有宋犀族輸貢不時，常有他意，宜以時遣使督之。詔曰：『邊
鄙小族，歲有常貢，邊臣驕縱，征斂無度，彼懷懼不能自達耳。第遣清愼官
將，示以恩信，無或侵漁，自然效順。』」〔註127〕太平六年（1026）二月，在
党項別部塌西設置契丹節度使進行管理。

遼與西夏的戰和，是遼朝西南邊政的又一項重要內容。遼聖宗時，党項
首領李繼遷爲了與宋朝相抗衡，決定倚賴遼朝爲後援，於是於統和四年（986）
投附遼朝。聖宗任命他定難軍節度使，銀、夏、綏、宥等州觀察使，特進，
檢校太師，都督夏州諸軍事。統和七年（989），又封王子帳節度使耶律襄之
女耶律汀爲義成公主，嫁給李繼遷，賜馬三千匹。次年又封其爲夏國王。統
和十五年（997），又封其爲西平王。統和二十二年（1004）李繼遷死，其子
李德明即位，遼仍封他爲西平王，後又封爲夏國王。遼與西夏基本上保持著
和平友好局面。興宗即位後，於景福元年（1031）將興平公主嫁給德明子元
昊，以元昊爲駙馬都尉。重熙元年（1032），德明死，李元昊即位，興宗冊封
其爲夏國王。

元昊上臺後，逐漸改變了聯遼抗宋的策略，與遼的關係漸趨緊張。元昊
與興平公主的關係不睦，重熙七年（1038），興平公主死，興宗爲此專門派耶
律庶成前來責問，這無疑使遼夏關係間產生了陰影。從重熙十一年（1142）起，
遼朝境內的党項部落相繼投奔西夏，興宗派耶律侯呬「巡西邊沿河要地，多
建城堡以鎮之」〔註128〕。次年八月，居住在夾山一帶的党項部落岱爾族叛亂，
興宗命令元昊配合遼軍討伐，戰後，興宗將戰利品都據爲己有，絲毫也沒有
給西夏。引起了元昊的強烈不滿，他一方面侵掠遼朝境內的党項部落，一方
面「潛誘山南党項諸部及呆兒族八百戶盡叛契丹，陰附於己」〔註129〕。重熙

〔註126〕《遼史》卷15《聖宗紀六》。
〔註127〕《遼史》卷16《聖宗紀七》。
〔註128〕《遼史》卷92《耶律侯呬傳》。
〔註129〕《西夏書事》卷17。

十三年（1144）四月，遼的山西部族節度使屈烈又以五部叛入西夏，西南面招討司發兵討伐，西南面招討使蕭「普達討之，中流矢，歿於陣」〔註130〕。四捷軍詳穩張佛奴同時陣亡。而元昊卻派兵援助屈烈，這樣就使興宗下決心討伐西夏，「詔征諸道兵會西南邊以討元昊」〔註131〕。九月，大軍結集於九十九泉（今內蒙古卓資縣北），興宗派皇太弟重元和北院樞密使蕭惠爲先鋒。十月，興宗親自率領騎兵十萬出金肅城（今內蒙古準格爾旗西北），以皇太弟重元率軍七千從南路出發，蕭惠率軍六萬從北路出發，三路大軍齊頭並進，渡過黃河，深入西夏境內四百里。遼軍主力進駐得勝寺南壁，而蕭惠所率北路軍則與元昊戰於賀蘭山北，西夏軍敗，元昊退守賀蘭山。無奈之下，元昊只能求和，「丁酉，李元昊上表謝罪。己亥，元昊遣使來奏，欲收叛黨以獻，從之。辛亥，元昊遣使來進方物，詔北院樞密副使蕭革迓之。壬子，軍於河曲。革言元昊親率党項三部來，詔革詰其納叛背盟，元昊伏罪，賜酒，許以自新，遣之」〔註132〕。但是，在其後的群臣議論中，大家普遍認爲既然大軍已來，就應加以討伐。尤其是主將蕭惠說：「元昊忘奕世恩，萌奸計，車駕親臨，不盡歸所掠。天誘其衷，使彼來迎。天與不圖，後悔何及？」〔註133〕於是，第二天早上遼軍發起進攻，初戰遼軍殺夏軍數千人，元昊敗走。但是突然刮起一陣大風，「飛沙眯目，軍亂，夏人乘之，踐踏而死者不可勝計」〔註134〕。遼軍慘敗，興宗單騎突圍，幾乎不能逃脫，而駙馬都尉蕭胡睹及近臣數十人被俘，史稱河曲之戰。戰後，元昊鑒於自己的力量還難以與遼朝相抗衡，於是不失時機地再次與遼議和，將被俘人員都放還遼朝，興宗也釋放了以前被扣押的西夏使節。但是，興宗並沒有忘記失敗之恥，在進行了幾年的備戰之後，於重熙十八年（1149）七月再次親征西夏，元昊已於前一年去世，其子諒祚即位。興宗再次兵分三路，自己統帥中路大軍，任命蕭惠爲河南道行軍都統、耶律敵魯古爲北道行軍都統。八月，興宗的中路大軍渡過黃河，西夏軍迴避，未與之正面交鋒，興宗回師。九月，蕭惠自河南進軍，戰艦糧船綿延數百里。進入夏境內後，蕭惠不注意偵察，鎧甲都裝載在車中，士兵不得騎馬。諸位將領都建議提高警惕，但是蕭惠妄自尊大，認爲「諒祚必自迎車駕，何暇及

〔註130〕《遼史》卷92《蕭普達傳》。
〔註131〕《遼史》卷19《興宗紀二》。
〔註132〕《遼史》卷19《興宗紀二》。
〔註133〕《遼史》卷93《蕭惠傳》。
〔註134〕《遼史》卷93《蕭惠傳》。

我？無故設施，徒自弊耳」〔註135〕。數日後，夏軍將領沒藏訛龐突襲蕭惠，蕭惠與麾下連盔甲都來不及穿而遭慘敗。十月，遼北路軍耶律敵魯古率阻卜諸軍進至賀蘭山，俘獲李元昊妻及其官僚家屬，並擊潰夏軍三千人，但是蕭惠之子、烏古敵烈部都詳穩蕭慈氏奴與南克耶律斡里也戰死。次年二月，夏將窪普、猥貨、乙靈紀進攻金肅城，南面林牙耶律高家奴將其擊敗，窪普重傷逃跑，猥貨、乙靈紀戰死。三月，殿前都點檢蕭迭里得又敗夏軍於三角川。隨後，興宗命令西南面招討使蕭蒲奴、北院大王宜新及林牙蕭撒抹率軍討伐西夏。五月，遼軍進圍西夏都城興慶府，夏軍不敢出戰，遼軍縱兵大掠而回。在遼軍的一連串打擊下，西夏只得於十月向遼請和。之後，終諒祚一朝，西夏都對遼朝委曲求全。

遼道宗咸雍三年（1067），諒祚死，秉常即位，是為惠宗，從此之後到遼亡的近 60 年間，遼夏又恢復了盟好關係。西夏惠宗時，正是宋神宗致力於富國強兵，大興變法的時期。宋朝對西夏展開了強大的攻勢，為了保持三國的戰略均衡，道宗對西夏采取支持但又不積極援助的態度。對秉常和其後的乾順，遼朝都冊封其為夏國王。在天祚帝時，還將族女南仙封為成安公主嫁給乾順。在天祚帝逃避金軍的追捕時，乾順一方面出兵救援，一方面請求天祚帝到西夏避難。為了表示感謝，天祚帝冊封乾順為夏國皇帝，但隨即天祚帝就被金軍俘虜，遼亡。遼夏的交往也隨之終結。

八、對東北邊疆女眞族的治策

（一）對女真族的民族歧視與壓迫政策

遼朝將分佈在東北的女眞族分成兩部分加以管理，「居混同江之南者謂之熟女眞，以其服屬契丹也。江之北為生女眞，亦臣於契丹。」〔註136〕熟女眞又稱係遼女眞，生女眞又稱不係遼女眞。熟女眞一般納入屬國體系，按照地域建立有女直國順化王府、北女直國大王府、南女直國大王府、曷蘇館路女直國大王府、長白山女直國大王府、鴨綠江女直大王府、瀕海女直國大王府、回跋部大王府、黃龍府女直部大王府等進行管理。生女眞則納入部族體系，任命部族節度使進行管理。

對於作為自己屬國與屬部的女眞族，遼統治者一直採取歧視、壓迫政策，

〔註135〕《遼史》卷 93《蕭惠傳》。
〔註136〕《松漠紀聞》卷上。

尤其是遼末代皇帝天祚帝耶律延禧更是如此。史載：「天祚嗣位，立未久，當中國崇寧之間，漫用奢侈，宮禁競尚北珠。北珠者，皆北中來榷場相貿易，天祚知之，始欲禁絕，其下謂中國傾府庫以市無用之物，此爲我利，而中國可以困，恣聽之。而天祚亦驕汰，遂從而慕尚焉。北珠美者，大如彈子，而小者若桐子，皆出遼東海汊中。每八月望，月色如晝，則必大熟，乃以十月方採取珠蚌。而北方沍寒，九十月則堅冰厚已盈尺矣。鑿冰沒水而捕之，人以病焉。又有天鵝能食蚌，則珠藏其嗉。又有俊鶻號『海東青』者，能擊天鵝。人既以俊鶻而得天鵝，則於其嗉得珠焉。『海東青』者出五國，五國之東接大海，自海而來者謂之『海東青』，小而俊健，爪白者，尤以爲異。必求之女眞，每歲外，鷹坊子弟趣女眞，發甲馬千餘人入五國界，即『海東』巢穴取之，與五國戰鬥而後得。女眞不勝其擾，加之沿邊諸將東京留守、黃龍府尹等，每到關，各管女眞部族依例科敷，拜奉禮物各有等差，所司弊倖百出。又有使者號『天使』，佩銀牌，每至其國，必欲薦枕者，其國舊輪中下戶作止宿處，以未出室女待之。後使者絡繹，恃大國使命，惟擇美好婦人，不問其有夫及閥閱者。女眞浸忿，由是諸部皆怨叛，潛附阿骨打，咸欲稱兵以挹之。」〔註137〕壓迫必然招致反抗。

遼在寧江州設有與女眞族進行交易的榷場，女眞人以北珠、人參、生金、松子、白附子、蜜蠟、麻布等土特產品與遼人交易，但是往往被低估其值，而且人身安全也得不到保障，「謂之『打女眞』」〔註138〕。壓迫必然招致反抗，遼朝的種種倒行逆施促使女眞族走上了武裝鬥爭之路。

（二）女真族的崛起與遼王朝的覆滅

遼道宗後期，「群邪並興，讒巧競進，賊及骨肉，皇基寢危。眾正淪胥，諸部反側，甲兵之用無寧歲矣！一歲而飯僧三十六萬，一日而祝髮三千。」〔註139〕階級矛盾和民族矛盾已十分尖銳，國家已呈現敗亡之象。道宗之孫天祚帝即位後，雖也曾想勵精圖治，但不久就唯務遊獵，不理國政，政治愈來愈腐朽，天祚帝奢侈享樂，官吏貪污腐化。遼朝已經處於內外交困，風雨飄搖之中。

生女眞節度使完顏阿骨打借助女眞民族對遼的仇恨情緒，於天慶四年

〔註137〕《三朝北盟會編》卷3。

〔註138〕《契丹國志》卷10。

〔註139〕《遼史》卷26《道宗紀六》。

（1114）九月在來流水邊誓師，很快攻陷了寧江州，接著在出河店之戰大敗遼軍。於天慶五年（1115）元旦登基，建立金朝（女眞族崛起及建國的過程詳見後文「金朝的建立」一節）。

阿骨打建國的目的就是爲了推翻遼朝的統治，因此立國後，隨即對遼展開了一系列攻勢。當年九月，攻陷了遼的東北重鎮黃龍府（今吉林農安）。黃龍府是遼朝東北防禦的中心地帶，設有兵馬都部署司，專門負責征討女眞等部。黃龍府的失陷，使天祚帝深受震撼，他下令親征。就在此時，遼軍都監耶律章奴謀叛亂，企圖立魏王耶律淳，耶律淳猶豫不決。天祚帝一方面派人到廣平澱保護后妃，一方面派人去爭取耶律淳。耶律淳將耶律章奴的使者斬首，然後親自向天祚帝請罪，天祚帝未制裁他。耶律章奴率部下掠慶、饒、懷、祖等州，後兵敗，在逃奔女眞途中被抓獲，隨即被處死。穩定了後方後，十一月，天祚帝「遣駙馬蕭特末、林牙蕭察刺等將步騎五萬、步卒四十萬、親軍七十萬至駝門」〔註140〕。十二月，遼軍與金軍決戰於護步答崗，這時，金軍僅二萬，完顏阿骨打指揮說：「彼眾我寡，兵不可分。視其中軍最堅，遼主必在焉。敗其中軍，可以得志。」〔註141〕在金軍的衝擊下，「天祚御旗向西南出，眾軍從而敗潰。天祚一日夜走三百里，退保長春州」〔註142〕。護步答崗之戰是遼金之間的一次戰略決戰，此役之後，天祚帝再無勇氣與金軍正面交鋒，而是在金軍的進攻下，不斷逃亡。

天慶六年（1116）正月，渤海人高永昌殺東京留守蕭保先，自稱大渤海皇帝，建元隆基，遼東五十餘州很快失陷。天祚帝派南府宰相張琳征討，經過三十餘戰，迫使高永昌退守東京。高永昌向金朝求援，金軍在擊敗遼軍的同時，對高永昌發動進攻，將其俘獲後殺死，金軍佔領東京。天慶七年，金軍又攻佔長春州、泰州等地。天祚帝被迫向金朝求和，之後，遼金雙方開始了長達兩年餘的議和，伴隨著頻繁的使節和文書往來，而同時金朝也在與北宋進行史稱之爲「海上之盟」的談判活動。最終金與宋達成了聯合滅遼的協議，遼金之間的議和自然破裂。

天慶十年（1120）五月，完顏阿骨打親自率兵攻下遼上京。保大元年（1121）五月，遼南軍都統耶律余覩在宮廷傾軋之下被迫投降金朝。金朝得到了耶律

〔註140〕《遼史》卷28《天祚帝紀二》。
〔註141〕《金史》卷2《太祖紀》。
〔註142〕《三朝北盟會編》卷21引《亡遼錄》。

余覩之後，如虎添翼，七月，阿骨打下詔：「自余覩來，灼見遼國事宜，已決
議親征，其治軍以俟師期」〔註143〕。保大二年正月，金軍攻陷中京。天祚帝
自南京出奔，先後逃往鴛鴦泊和西京，金軍緊追不捨，天祚帝再次西逃，隨
後，三月金軍佔領西京。同月，南京留守耶律淳在大臣的擁戴下登基稱帝，
史稱北遼。北宋為了履行宋金「海上之盟」的協議，派宦官童貫率大軍向北
遼進攻，但是被遼軍擊潰。與此同時，金軍在阿骨打的率領下進軍南京。此
前耶律淳已病故，其妻蕭后出奔，留守的大臣開門迎降，南京陷落。

面對亡國的威脅，天祚帝毫無抵抗的勇氣，而只是一味狂奔，他甚至認
為：「若女眞必來，吾有日行三百五十里馬若干，又與宋朝為兄弟，夏國舅甥，
皆可以歸，亦不失一生富貴。」〔註144〕保大五年（1125）二月，天祚帝在應
州（今山西應縣）東的余睹谷被金將完顏婁室俘獲，遼亡。

九、邊疆地區的開發

（一）邊疆地區的城鎮建設

遼代統治者在邊疆草原地區建城的最初目的是為了安置所俘的漢人。其
邊疆城鎮的建設有兩大特點，一是在原來是游牧地區的草原首次出現了上
京、中京這樣兩個大城市；二是在草原地區出現了大批頭下軍州城，改變了
單一游牧經濟的局面，出現了游牧、農耕交錯的現象，促進了邊疆地區的開
發與經濟發展。

遼上京始建於太祖神冊三年（918）二月，「城皇都，以禮部尚書康默記
充版築使。」〔註145〕這裡的地理條件優越，史稱「上京，太祖創業之地。
負山抱海，天險足以為固。地沃宜耕植，水草便畜牧」〔註146〕。經過一年
半的建設，到神冊五年（918）七月，皇都落成。太宗天顯十三年（938），
改皇都名為上京。上京「城高二丈，不設敵樓，幅員二十七里。門，東曰迎
春，曰雁兒；南曰順陽，曰南福；西曰金鳳，曰西雁兒。其北謂之皇城，高
三丈，有樓櫓。門，東曰安東，南曰大順，西曰乾德，北曰拱辰。中有大內。
內南門曰承天，有樓閣；東門曰東華，西曰西華。此通內出入之所。正南街

〔註143〕《金史》卷2《太祖紀》。
〔註144〕《契丹國志》卷10《天祚皇帝上》。
〔註145〕《遼史》卷1《太祖紀》。
〔註146〕《遼史》卷37《地理志一》。

東，留守司衛，次鹽鐵司，次南門，龍寺街。南曰臨潢府，其側臨潢縣。縣西南崇孝寺，承天皇后建。寺西長泰縣，又西天長觀。西南國子監，臨北孔子廟，廟東節義寺。又西北安國寺，太宗所建。寺東齊天皇后故宅，宅東有元妃宅，即法天皇后所建也。其南貝聖尼寺，綾錦院、內省司、麴院、贍國、省司二倉，皆在大內西南，八作司與天雄專對。南城謂之漢城，南當橫街，各有樓對峙，下列井肆。東門之北潞縣，又東南興仁縣。南門之東回鶻營，回鶻商販留居上京，置營居之。西南同文驛，諸國信使居之。驛西南臨潢驛，以待夏國使。驛西福先寺。寺西宣化縣，西南定霸縣，縣西保和縣。西門之北易俗縣，縣東遷遼縣。〔註147〕據今考古調查，遼上京位於今內蒙古自治區巴林左旗林東鎮南，主要由皇城和漢城組成，東北向，大致呈長方形。皇城在北側，大致呈六角形，東、西、北三面城牆共長 4718.63 米。城牆由夯土版築而成，主體部分基寬 15 米，殘高 8.5 米，主牆外側築有馬面，馬面之間的距離大約為 110 米。皇城的四門除了南面的大順門被河水沖毀外，其餘 3 門的遺址依然保存，建制相同，都是一個門道，寬 5.5 米左右，且都築有甕城。經鑽探，在皇城內發現街道 9 條，東西向 4 條，南北向 5 條。在皇城內還發現有大量包括宮殿在內的建築遺存。漢城在皇城之南，其北牆即皇城的南牆，略呈方形，東、西、南三面城牆共長 4120 米，面積 210 萬平方米，無馬面、甕城，殘留有西門遺址，其餘各門不見。皇漢兩城周長共計 8838.63米。〔註148〕另外據有的學者研究，「在上京城外圍，還有一道圍牆或壕塹，即郭郭。」〔註149〕上京城是契丹文化和漢文化交匯之地，這從城分為皇城和漢城兩部分即可看出。城市建築形式都是漢族傳統，而主要宮殿卻保留東向的契丹習俗，另外在皇城內還有「氈廬皆東向」〔註150〕，無疑是為了適合契丹人的游牧居住習慣。遼上京是遼代草原首次建成的大城市，是遼五京之一，成為上京道地區的政治、經濟、文化中心。其建成，大大促進了邊疆地區的經濟、文化發展。

〔註147〕《遼史》卷 37《地理志一》。

〔註148〕參見內蒙古文物考古研究所：《遼上京城址勘查報告》，《內蒙古文物考古文集》，中國大百科全書出版社 1994 年版。

〔註149〕張郁：《遼上京城址勘查瑣議》，《內蒙古文物考古文集》（第二輯），中國大百科全書出版社 1997 年版。

〔註150〕（宋）薛映《遼中境界》，見賈敬顏：《五代宋金元人邊疆行記十三種疏證稿》，中華書局 2004 年版，第 108 頁。

　　遼中京始建於遼聖宗時期，「聖宗嘗過七金山土河之濱，南望雲氣，有郛郭樓闕之狀，因議建都。擇良工於燕、薊，董役二歲，邦郭、宮掖、樓閣、府庫、市肆、廊廡，擬神都之制。統和二十四年，五帳院进故奚王牙帳地。二十五年，城之，實以漢戶，號曰中京，府曰大定。皇城中有祖廟，景宗、承天皇后御容殿。城池湫濕，多鑿井泄之，人以爲便。大同驛以待宋使，朝天館待新羅使，來賓館待夏使。」〔註151〕中京遺址位於內蒙古自治區寧城縣。據今考古發掘，中京城址呈長方形，東西寬 4200 米，南北長 3500 米。由外城、內城、宮城三部分組成，城牆夯土版築而成，殘高約 4 米。外城南牆正中有門及甕城，城牆無馬面，四角有角樓。在外城南部，至今仍有一座八角十三層密簷式磚塔，塔高 74 米，爲中京城內感聖寺的舍利塔，俗稱大明塔，是中國古塔中體量最大的一座，充分體現了遼代的建築水平。內城在外城中央偏北，平面呈長方形，東西寬 2000 米，南北長 1500 米。宮城位於內城北部中央，呈正方形，邊長 1000 米，內有大型宮殿遺址。〔註152〕遼中京建於遼代全盛時期，其規制仿北宋汴京，體現了漢族建築的特點，較之上京，城市功能更加完備，城內有漢族居民居住的坊，說明了民族之間的交融進一步發展。

　　遼代邊疆城鎮建設的另一大特點是出現了很多頭下（也寫作投下）軍州城。「頭下軍州，皆諸王、外戚、大臣及諸部從征俘掠，或置生口，各團集建州縣以居之。橫帳諸王、國舅、公主許創立州城，自餘不得建城郭。朝廷賜州縣額。其節度使朝廷命之，刺史以下皆以本主部曲充焉。官位九品之下及井邑商賈之家，徵稅各歸頭下；唯酒稅課納上京鹽鐵司。」〔註153〕頭下軍州本來是落後的掠奪經濟的產物，頭下戶要向其領主交納賦役，有較強的人身依附關係。但是頭下軍州城的建設，卻改變了草原的單一游牧經濟方式，在頭下軍州城的周圍，出現了很多以頭下戶爲勞動力的農田。正如陳述先生所說：「頭下城的初起，是草原建城或建立據點的先驅，也就是縮小游牧移動性的開始。草原城市和它周圍的關係，有一定特點。新興聚落，會形成簡單市集，從而也推進了經濟聯繫。」〔註154〕

〔註151〕《遼史》卷 39《地理志三》。

〔註152〕參見遼中京發掘委員會：《遼中京城址發掘的重要收穫》，《文物》1961 年第 9
　　　　期。

〔註153〕《遼史》卷 37《地理志一》。

〔註154〕陳述：《契丹社會經濟史稿》，生活・讀書・新知三聯書店 1978 年版，第 23 頁。

頭下軍州城主要分佈在上京道、中京道及東京道地區，其規模一般都不大，如胡嶠「過衛州，有居人三十餘家。蓋契丹所擄中國衛州人築城而居也。」〔註155〕沈括出使經過的澄州，「州有土垣，崇六、七尺，廣度一里，其中半空，有民家一、二百，屋多泥墁，間有瓦覆者，舊曰豐州。」〔註156〕據考古調查，位於內蒙古自治區巴林右旗益和諾爾蘇木的布敦花城址應該是遼頭下州松山州，該城由內外兩城組成，外城東西長 520 米，南北長 590 米，內城東西長 178 米，南北長 160 米，城牆夯土版築。〔註157〕

遼代頭下軍州一覽表〔註158〕

州名	軍號	建立時間	人口來源	戶數
	豪刺軍	神冊初年	俘掠漢民	不詳
榆州	高平軍下刺史	天顯初年	俘掠漢民	不詳
豪州	刺史	天顯八年	俘掠漢民	6000
白川州	長寧軍中節度	會同三年	俘掠漢民	不詳
遂州	刺史	約太宗朝	俘掠漢民	500
順州	不詳	約太宗朝	俘掠漢民	1000
貴德州	寧遠軍下節度	太宗朝	俘掠漢民	不詳
雙州	保安軍下節度	太宗朝	俘掠漢民	不詳
衛州	不詳	世宗以前	俘掠漢民	不詳
原州	不詳	約太宗朝	俘掠漢民	500
福州	不詳	約太宗朝	俘掠漢民	300
烏州	靜安軍刺史	約太宗朝	俘掠漢民	1000
暉州	不詳	約景宗朝	俘掠漢民	不詳
祿州	不詳	約景宗朝	俘掠漢民	不詳
穆州	不詳	約景宗朝	俘掠漢民	不詳
全州	不詳	統和九年	俘掠漢民	不詳
宗州	下刺史	聖宗朝	俘掠漢民	不詳

〔註155〕《新五代史》卷73《四夷附錄》引胡嶠《陷虜記》。
〔註156〕（宋）沈括：《熙寧使虜圖抄》，見賈敬顏：《五代宋金元人邊疆行記十三種疏證稿》，中華書局 2004 年版，第 160 頁。
〔註157〕參見韓仁信：《遼代城址探源》，遠方出版社 2003 年版，第 9～10 頁。
〔註158〕此表據劉浦江：《遼朝的頭下制度與頭下軍州》，《中國史研究》2000 年第 3 期所載表改制。

豐（澄）州	刺史	統和十三年	俘掠漢民	500
撫州	不詳	約聖宗朝	媵臣	不詳
徽州	宣德軍節度	聖宗朝	媵臣	10000
成州	長慶軍節度	聖宗朝	媵臣	4000
懿州	廣順軍節度	太平三年	媵臣	4000
渭州	高陽軍節度	聖宗朝	媵臣	1000
橫州	不詳	約聖宗朝	部下牧人	200
肅州	信陵軍刺史	興宗以前	不詳	不詳
義州	不詳	道宗以前	不詳	不詳
驪州	不詳	道宗以前	不詳	不詳
松山州	不詳	不詳	不詳	500
豫州	不詳	不詳	不詳	500
寧州	不詳	不詳	不詳	300
閭州	不詳	不詳	不詳	1000
鳳州	不詳	不詳	不詳	4000
榮州	不詳	不詳	不詳	不詳
河州	德化軍	不詳	不詳	不詳
麓州	下刺史	不詳	不詳	不詳
唐（康）州	不詳	不詳	不詳	不詳
隨州	不詳	不詳	不詳	不詳
遂昌州	不詳	不詳	不詳	不詳
圓（員）州	不詳	不詳	不詳	不詳
黑（裏）州	不詳	不詳	不詳	不詳
茂州	不詳	不詳	不詳	不詳
荊州	刺史	不詳	不詳	不詳
和州	不詳	不詳	不詳	不詳

（二）邊疆地區農業的發展

遼代農業發達的地區主要分佈在南京道、西京道、東京道等原漢地和渤海地區，上京道、中京道等邊疆地區的農業也有一定程度的發展。遼代統治者在邊疆地區發展農業，其最初目的是爲了滿足俘掠來的漢人及渤海人之需。另一方面，也是爲了調劑單一的游牧經濟。

契丹本土農業起源很早，「初，皇祖勻德實爲大迭烈府離菫，喜稼穡，善

畜牧，相地利以教民耕。仲父述瀾爲于越，飭國人樹桑麻，習組織。太祖平諸弟之亂，弭兵輕賦，專意於農。」〔註159〕太宗時，「詔有司勸農桑，教紡績。以烏古之地水草豐美，使甌昆石烈居之，益以海勒水之善地爲農田。三年。詔以諧里河、臚朐河近地，賜南院歐董突呂、乙斯勃、北院溫納河剌三石烈人，以事耕種。」〔註160〕除了上述記載中從事農業的少數契丹人外，在上京道、中京道地區從事農業生產的大多數爲漢人、渤海人和奚人。如上京道的臨潢縣，「太祖天贊初南攻燕、薊，以所俘大戶散居潢水之北，縣臨潢水，故以名。地宜種植。戶三千五百。」〔註161〕易俗縣，「本遼東渤海之民，太平九年，大延琳結構遼東夷叛，圍守經年，乃降，盡遷於京北，置縣居之。是年，又徙渤海叛人家屬置焉。戶一千。」〔註162〕至今，在上京周圍，還有遼代的農田遺跡，「在今巴林左旗境內的花如拉嘎、豐水山、碧流臺、白音烏拉、楊家營子等鄉鎮的山坡上仍殘留著遼代的梯田、臺田遺跡，俗稱地影子。」〔註163〕在對白音烏拉蘇木的烏蘭白其南山的一處梯田遺址進行考古調查時發現，該梯田坐落在坡度約爲25度的緩坡中部，共分五層，每層梯田的寬度自上而下分別是20米、40米、39米、46米、47米，最長的一層梯田長260米。即使是山地都得到了開墾，可見上京周圍農耕規模之大，農田面積之廣。中京道的奚族地區農業也得到發展，從事農業生產的有奚人，也有租佃奚田的漢人，這在宋人使遼詩中有鮮明的體現。如蘇頌在《和過打造部落》一詩中寫道：「奚夷居落瞰重林，背依蒼崖面曲潯。澗水逢春猶積凍，山雲無雨也常陰。田塍開墾隨高下，樵路攀緣極險深。漢節經過人競看，忻忻如有慕華心。」〔註164〕打造部落是奚族聚居地區，位於今河北省隆化縣。從詩中可看出，即使是難以開墾的山地也被奚人改造成農田，而且很可能是有灌溉設施的梯田。他在另一首《牛山道中》寫道：「農人耕鑿遍奚疆，部落連山復枕岡。種粟一收饒地力，開門東向雜夷方。田疇高下如棋布，牛馬縱橫似谷量。賦役百端閒日少，可憐生事甚茫茫。」〔註165〕詩題下自注說：「耕種甚廣，牛羊遍

〔註159〕《遼史》卷59《食貨志上》。
〔註160〕《遼史》卷59《食貨志上》。
〔註161〕《遼史》卷37《地理志一》。
〔註162〕《遼史》卷37《地理志一》。
〔註163〕政協巴林左旗委員會編：《臨潢史蹟》，內蒙古人民出版社1999年版，第133頁。
〔註164〕《蘇魏公文集》卷13。
〔註165〕《蘇魏公文集》卷13。

谷，問之皆漢人佃奚土，甚苦輸役之重。」牛山在今河北省承德縣，由詩可見，此地是農牧業交錯地帶，農田都是由漢人向奚人租佃來耕種，農業和牧業都得到了較好的開發。

在上京、中京地區，農業的發展不僅體現在農耕範圍的擴大，而且也體現在農作物品種的多樣化和農具的進步。除糧食作物外，果品也得到了廣泛栽種，如在遼朝皇帝送給宋朝皇帝的生日禮物中，就有不少果品，有「蜜晒山菓十束櫃梡，蜜漬山菓十束櫃，疋列山梨柿四束櫃，榛栗、松子、郁李子、黑郁李子、麨棗、楞梨、堂梨二十箱。」〔註166〕這些果品應該有產自上京、中京地區的，這樣能凸顯契丹特色，而有別於南京、東京地區出產的同宋朝相似的果品。在巴林右旗烏圖山發現的遼代殘碑中，有「果園寨」、「柿作務」等地名。〔註167〕也說明了上京地區存在著果園。另外西瓜的種植是上京果品的一大特色，西瓜是由回紇傳入契丹本土的，「契丹破回紇得此種，以牛糞覆棚而種，大如中國冬瓜而味甘。」〔註168〕在上京地區的遼墓壁畫中，也有西瓜出現。〔註169〕在上京地區出土了大批農具，「有鐵犁鏵、鐵鋤板、鋤勾、鐵鏟、鐵手鋤、鐵鍘刀、鐵鎬、鐵斧頭、鐵鐮刀，這些農具的形制都與宋代出土農具相近似，也與當今仍在使用的犁鏵、鋤、鐮等形制相差無幾。」〔註170〕這說明了當時上京農耕技術已達到一定水平。

（三）群牧司的設置與邊疆地區牧業的發展

畜牧業是遼代的主要經濟部門之一，上京道、西京道和東京道是牧場的主要分佈區。由於契丹族是游牧民族，認為「畜牧者，富國之本」〔註171〕，因而對畜牧業相當重視，在邊疆地區設置了諸多群牧司負責畜牧業生產。

據《遼史》卷46《百官志二》，掌管牧業的機構及官員有：

群牧職名總目：

某路群牧使司。

〔註166〕《契丹國志》卷21。

〔註167〕參見《黑山崇善碑題名》，載向南編《遼代石刻文編》，河北教育出版社1995年版。

〔註168〕《新五代史》卷73《四夷附錄》引胡嶠《陷虜記》。

〔註169〕邵國田：《敖漢旗羊山1—3號遼墓清理簡報》，《內蒙古文物考古》1999年第1期。

〔註170〕政協巴林左旗委員會編：《臨潢史蹟》，內蒙古人民出版社1999年版，第133頁。

〔註171〕《遼史》卷104《耶律昭傳》。

某群太保。

某群侍中。

某群敞史。

總典群牧使司。

總典群牧部籍使

群牧都林牙。

某群牧司。

群牧使。

群牧副使。

西路群牧使司。

倒塌嶺西路群牧使司。

渾河北馬群司。

漠南馬群司。

漠北滑水馬群司。

牛群司。

已上群牧官。

眾所周知，《遼史》的撰著粗疏簡陋，頗多錯訛之處，上述記載也多錯誤和覆文。某路群牧使司和某群牧司應為同一機構，其官員有群牧使、副使、太保等。並不存在總典群牧使司這一機構，總典群牧部籍使、群牧都林牙應是同一官職，據《遼史》卷116《國語解》：「林牙：掌文翰官，時稱為學士。其群牧所設，止管簿書。」可見群牧都林牙就是掌管群牧文書、賬冊的官員，也就是總典群牧部籍使，只不過一個是契丹語官名，一個是同一官名的漢語而已。另外上述記載中具體的群牧司也有重複和漏記的，西路群牧使司應該就是倒塌嶺西路群牧使司，也就是倒塌嶺一帶諸多群牧司的統稱。據前人研究，《遼史·百官志》的很多官名都是抄撮自本紀和列傳的記載，同樣，西路群牧使司出自卷25《道宗紀五》，大安九年（1093）十月「丙辰，有司奏阻卜長轄底掠西路群牧」。大安十年（1094）七月，「阻卜等寇倒塌嶺，盡掠西路群牧馬去，東北路統軍使耶律石柳以兵追及，盡獲所掠而還。」另外漠南馬群司、牛群司可能也是群牧司的通稱而不是具體的某個群牧司，只有渾河北馬群司、漠北滑水馬群司可能是兩處具體的群牧司。當然，由於遼代史料的匱乏，上述論述還多為猜測，缺乏具體的史料依據。

渾河北馬群司位於東京道，漠北滑（猾）水馬群司位於上京道，耶律引吉曾先後任群牧林牙和漠北猾水馬群太保。〔註172〕見於《遼史》記載的群牧司還有撻凜群牧司、蘇群牧司和特滿群牧司，〔註173〕具體位置不詳。另外據《金史・兵志》載：「天德間，置迪河斡朵、斡里保（保亦作本）、蒲速斡、燕恩、兀者五群牧所，皆仍遼舊名，各設官以治之。」可見，這五個金代的群牧所就是沿襲自遼代同名的五個群牧司。另外，金世宗時期設置的特滿群牧所可能也沿襲自遼代同名的群牧司。群牧司的設置對遼代的畜牧業發展有很大的作用，史載「群牧滋繁，數至百有餘萬，諸司牧官以次進階。自太祖及興宗垂二百年，群牧之盛如一日。天祚初年，馬猶有數萬群，每群不下千疋。」〔註174〕歷代皇帝對群牧司發展都很重視，太宗曾「閱群牧於近郊」〔註175〕，還曾「詔侍衛蕭素撒閱群牧於北陘」〔註176〕。道宗「以牧馬蕃息多至百萬，賞群牧官」〔註177〕。群牧官員中也有熟識業務，對畜牧業發展做出貢獻者，如蕭陶隗「咸雍初，任馬群太保。素知群牧名存實亡，悉閱舊籍，除其羸病，錄其實數，牧人畏服。陶隗上書曰：『群牧以少為多，以無為有。上下相蒙，積弊成風。不若括見真數，著為定籍，公私兩濟。』從之。畜產歲以蕃息。」〔註178〕

在出使遼朝的宋朝官員筆下，對契丹的牧業盛況有著生動的描述。蘇頌在《後使遼詩》中有兩首詩分別描寫了牧羊和牧馬的情景。《胡人牧》一詩寫道：「牧羊山下動成群，齧草眠沙淺水濱。自免觸藩羸角困，應無挾冊讀書人。氈裘多獵千皮富，湩酪朝中百品珍。生計不贏衣食足，土風猶似茹毛純。」〔註179〕題下自注說：「羊以千百為群，縱其自就水草，無復欄柵，而生息極繁。」另一首《契丹馬》寫道：「邊城養馬逐蒿萊，棧皂都無出入勞。用力已過東野稷，相形不待九方皋。人知良御鄉評貴，家有材駒事力豪。略問滋繁有何術？風寒霜雪任蹄毛。」〔註180〕題下自注說：「契丹馬群動以千數，每群牧者才三

〔註172〕《遼史》卷97《耶律引吉傳》。
〔註173〕《遼史》卷7《穆宗紀下》、卷25《道宗紀五》。
〔註174〕《遼史》卷60《食貨志下》。
〔註175〕《遼史》卷3《太宗紀上》。
〔註176〕《遼史》卷4《太宗紀下》。
〔註177〕《遼史》卷24《道宗紀四》。
〔註178〕《遼史》卷90《蕭陶隗傳》。
〔註179〕《蘇魏公文集》卷13。
〔註180〕《蘇魏公文集》卷13。

二人而已。縱其逐水草，不復羈縶。有役則驅策而用，終日馳驟而力不困乏。彼諺云：『一分喂，十分騎。』番漢人戶亦以牧養多少爲高下。視馬之形，皆不中相法。蹄馬俱不剪剔，云馬遂性則滋生益繁，此養馬法也。」可見，遼代牧業的經營是粗放型的，注重的是使牲畜保持自然天性，而儘量少加人爲干預。因而其畜群都十分龐大，動輒以千計。

（四）邊疆地區文化的發展

契丹文字的創制與使用，不僅是遼朝政治、文化上的一件大事，也是邊疆地區文化發展的一件大事。契丹文字是參照漢字的形制結構所創制，用來記錄契丹語，分爲契丹大字和契丹小字兩種文字。契丹大字是遼太祖主持創制的，神冊五年（920）「春正月乙丑，始制契丹大字……（九月）壬寅，大字成，詔頒行之。」〔註181〕太祖在頒行大字時，可能同時頒行了字典。「始太祖制契丹大字，取諸部鄉里之名，續作一篇，著於卷末。」〔註182〕契丹小字是遼太祖之弟耶律迭剌創制的。契丹大字和契丹小字創制後，都得到了實際的應用，遼朝統治者將大量的漢文典籍文獻翻譯成契丹文，蕭韓家奴就譯過《通曆》、《貞觀政要》、《五代史》等書。〔註183〕很多契丹貴族都通習契丹文和漢文，如耶律蒲魯「幼聰悟好學，甫七歲，能誦契丹大字。習漢文，未十年，博通經籍」。〔註184〕蕭韓家奴「少好學，弱冠入南山讀書，博覽經史，通遼、漢文字」。〔註185〕蕭樂音奴「貌偉言辨，通遼、漢文字，善騎射擊鞠，所交皆一時名士」。〔註186〕耶律庶成「善遼、漢文字，於詩尤工。」〔註187〕契丹文字主要是在北疆的契丹貴族中使用，漢人很少使用，這也是遼代蕃漢分治的政治體制在文化中的反映。至今已出土的契丹大、小字墓誌也證明了這一點，如契丹小字中的耶律仁先墓誌出土於遼寧省北票縣，耶律宗教墓誌出土於遼寧省北鎮縣，耶律迪烈墓誌、耶律弘辨墓誌出土於內蒙古扎魯特旗，耶律永寧郎君墓誌出土於內蒙古喀喇沁旗。契丹大字中的耶律習涅墓誌、永寧郡公主墓誌出土於內蒙古巴林左旗，蕭袍魯墓誌出土於遼寧省法庫縣，耶

〔註181〕《遼史》卷1《太祖紀》。
〔註182〕《遼史》卷89《耶律庶箴傳》。
〔註183〕《遼史》卷103《蕭韓家奴傳》。
〔註184〕《遼史》卷89《耶律蒲魯傳》。
〔註185〕《遼史》卷103《蕭韓家奴傳》。
〔註186〕《遼史》卷96《蕭樂音奴傳》。
〔註187〕《遼史》卷89《耶律庶成傳》。

律祺墓誌出土於內蒙古赤峰市阿魯科爾沁旗。〔註188〕上述地區都屬於遼代的上京道和中京道，而在遼代文化較爲發達的南京道轄內尚未發現契丹文墓誌，由此可見契丹文字的使用也有一定的地域界限。契丹文字的創制，大大促進了遼代北疆地區的文化發展，並在金朝前期仍舊通用，只是在金章宗明昌二年（1191）才被禁止使用。

　　在談到遼代邊疆文化的發展時，不能不提到耶律倍。耶律倍是遼太祖的長子，神冊元年（916）被封爲皇太子，他具有較高的儒家文化修養。在遼太祖剛稱帝時，與群臣商議祭祀問題，群臣都回答應該首先崇佛。但是，「太祖曰：『佛非中國教。』倍曰：『孔子大聖，萬世所尊，宜先。』太祖大悅，即建孔子廟，詔皇太子春秋釋奠。」〔註189〕正是因爲有著這種思想基礎，耶律倍對典籍文獻的搜求也就非常經心。「倍初市書至萬卷，藏於醫巫閭絕頂之望海堂。」〔註190〕由於有這麼多藏書的薰陶，耶律倍的文化素養很高，「通陰陽，知音律，精醫藥、砭炳之術。工遼、漢文章，嘗譯《陰符經》。善畫本國人物，如《射騎》、《獵雪騎》、《千鹿圖》，皆入宋秘府。」〔註191〕後來耶律倍由於與其弟耶律德光爭奪帝位失敗，被遷徙到東平，改名南京（今遼寧遼陽），幽禁居住。耶律倍又在南京的西宮建起了一座藏書樓，藏書的來源可能大部分是移自望海堂，另一部分爲新購置的。後耶律倍逃亡後唐，但他的藏書仍爲後世所利用。如耶律良就曾「讀書醫巫閭山」〔註192〕。耶律倍在遼代邊疆文化發展上的作用可見一斑。有些貴族女性對遼代邊疆文化的發展也頗有建樹，秦晉國妃蕭氏就是其中的突出代表。蕭氏的父親是樞密使、北宰相、駙馬都尉蕭曷寧，母親是魏國公主長壽奴（遼景宗之女，聖宗之妹），可謂身世顯赫。蕭氏先後嫁給了其舅秦晉國王耶律隆慶、隆慶長子魏王耶律宗政及魯國公劉二玄，咸雍五年（1069年）卒，享年69歲。蕭氏是契丹族貴族女性中罕有的具有較高文化素養的突出人物，據其墓誌記載：「妃幼而聰警，明晤若神。博覽經史，聚書數千卷。能於文詞，其歌詩賦詠，落筆則傳誦朝野，膾炙人口。性不好音律，不修容飾，頗習騎射。嘗在獵圍，料其能中則發，發即應弦而倒。雅善飛白，尤工丹青。所居屏扇，多其筆也。輕財重義，延納群彥。士

〔註188〕參見劉浦江：《近20年出土契丹大小字石刻綜錄》，《文獻》2003年第3期。
〔註189〕《遼史》卷72《義宗倍傳》。
〔註190〕《遼史》卷72《義宗倍傳》。
〔註191〕《遼史》卷72《義宗倍傳》。
〔註192〕《遼史》卷96《耶律良傳》。

之寒素者賑給之，士之才俊者升薦之。故內外顯僚，多出其門。座客常滿，日無虛席。每商榷古今，談論興亡，坐者聳聽。又好品藻人物，月且雌黃，鑒別臧否，言亦屢中。治家嚴肅，僮僕側目。僻嗜書傳，晚節尤甚。歷觀載籍，雖古之名妃賢御，校其梗概，則未有學識該恰，襟量宏廓如斯之比也。然無子嗣續。惜哉！撰《見志集》若干卷，行於代。妃□讀書至蕭曹房杜傳，則慨然興歎。自爲有匡國致君之術，恨非其人也。」〔註193〕可見，蕭氏不但擁有數千卷的豐富藏書，而且其文化素養極高，詩詞歌賦、書法繪畫都較爲精通，並有著作《見志集》若干卷。而且蕭氏對於貧寒、有才幹的士子也是積極提攜，爲遼代的邊疆文化建設也做出了一定的貢獻。

由於遼代統治者對佛教十分崇奉，因而遼代邊疆地區的寺院也星羅棋佈。上京及其周圍可考的寺院就有 20 多座，有天雄寺、弘法寺、開教寺、弘福寺、開化寺、開龍寺、寶積寺、開悟寺、雲門寺、眞寂寺、崇孝寺、節義寺、安國寺、貝聖尼寺、福先寺等等。〔註194〕早在耶律阿保機即位的第六年（912），「以所獲僧崇文等五十人歸西樓，建天雄寺以居之，以示天助雄武」。〔註195〕寺址至今在遼上京遺址（今內蒙古巴林左旗林東鎮）皇城東南隅仍可見，並遺留有一尊高大的石刻觀音像，成爲遼上京遺址的顯著景觀。在上京的南北還各有佛塔一座，南塔在城南 7 公里的土龍山上，爲八角七層密簷式磚塔，高 25 米餘，應是遼代開悟寺內的佛舍利塔。北塔在城北 2 公里的山頭上，爲六角五層密簷式磚塔，高 15 米。應爲遼代寶積寺內的佛舍利塔。眞寂寺位於遼上京遺址南 20 公里的桃石山，仍保有遼代開鑿的石窟，石窟分南、北、中三室，中室規模最大，面闊 6.5 米，進深 5 米，高 3 米，窟內開鑿有釋迦牟尼涅槃像。

遼中京地區有感聖寺、靜安寺、報恩寺、鎭國寺、三學寺、七金山寺、靈感寺、開泰寺、知足院禪寂寺、靈峰院、天慶寺、廣濟寺、雲接寺、嘉福寺、奉國寺等。〔註196〕奉國寺位於宜州（今遼寧義縣），始建於開泰九年

〔註193〕《秦晉國妃墓誌》，向南編：《遼代石刻文編》，河北教育出版社 1995 年，第341～342 頁。

〔註194〕參見項春松：《遼代歷史與考古》，內蒙古人民出版社 1996 年版，第306～308頁。

〔註195〕《遼史》卷1《太祖紀上》。

〔註196〕參見項春松：《遼代歷史與考古》，內蒙古人民出版社 1996 年版，第310～312頁。

（1020），是遼聖宗爲其母親太后蕭綽所建。奉國寺至今仍保存有中國寺院中最古老、規模最大的一座遼代大雄寶殿，這也是全國僅存的幾座遼代木構建築之一。大雄寶殿單簷廡殿頂，建在磚砌高臺上，面闊 9 間，通長 55 米，進深 5 間，通寬 33 米，高 24 米，建築面積 1800 多平方米，極爲壯麗，給人以強烈的視覺衝擊。殿內梁枋、斗拱及梁架底面上，至今保留著遼代的飛天、荷花、牡丹等彩繪數十幅。這些彩繪筆法細膩、形象生動。殿內的石柱礎四周雕有牡丹、蓮花等圖案，這些圖案，雕工遒勁、線條分明。大雄寶殿內有七尊遼代彩塑佛像，即七世佛。正中的爲毗婆尸佛，連同座高 9.5 米，其東依次爲尸棄佛、拘留孫佛、迦葉佛。其西依次爲毗舍婆佛、拘那含佛、釋迦牟尼佛。高各爲 6.75 米，仰蓮須彌座高 2.06 米。七尊大佛都法相莊嚴，具有非常高的藝術價值。在七尊大佛前各有脅侍塑像一對，高 2.5 米。佛像的東西兩端，各有彩塑天王一尊。佛像前還一共有 21 套石雕供器。奉國寺大雄寶殿集遼代建築、繪畫、雕塑等各項藝術於一身，堪稱是一座遼代的藝術寶庫。

第三編　宋朝邊政

一、宋朝的建立與疆域

（一）宋朝的建立

宋朝是在五代十國紛亂割據的基礎上建立起來的一個局部統一的封建王朝。

宋朝的創建者趙匡胤後唐天成二年（927）出生於洛陽，祖籍涿郡（今河北涿州）。其父趙弘殷，曾是後梁成德軍節度使王鎔的部將，後唐時任禁軍將領，後漢時任護聖軍都指揮使，後周時先後任鐵騎第一軍都指揮使、右廂都指揮，後與匡胤共同統領禁軍。後漢時，時爲樞密使的郭威徵兵討伐李守貞，趙匡胤應募從軍，成爲郭威的部屬。趙匡胤與同爲郭威部下的一批年輕將領結拜義社兄弟，有楊光義、李繼勳、石守信、王審琦、劉守忠、劉慶義、劉廷讓、韓重贇、王政中等，稱爲義社十兄弟，這些人在趙匡胤篡奪後周政權的過程中起了重要作用。

後周建立後，趙匡胤任東西班行首，是禁軍的低級軍官。後任滑州副指揮、開封府馬直軍使。顯德元年（954），後周世宗即位後，趙匡胤逐漸嶄露頭角。在與北漢的戰爭中，他奮不顧身，在主將樊愛能逃跑的情況下，率部下衝鋒陷陣，左臂中箭，因此得到世宗的信任。戰後，官拜殿前都虞候，領嚴州刺史。顯德三年（956）春，在征伐南唐的戰爭中，趙匡胤又立下戰功，升任殿前都指揮使，尋拜定國軍節度使。其義社兄弟中也有多人在禁軍中任職，這爲趙匡胤發動兵變打下了基礎。顯德四年，在再次征伐南唐的戰爭中，趙匡胤戰功第一，升忠武軍節度使。顯德六年，周世宗試圖收復燕雲失地，

對遼發動了戰爭，趙匡胤「爲水陸都部署。及莫州，先至瓦橋關，降其守將姚內斌，戰卻數千騎，關南平」〔註1〕。在這次出征中，有傳言「點檢作天子」，世宗在病重退軍後，隨即撤掉殿前都點檢張永德，改任趙匡胤。後周恭帝即位後，趙匡胤被任命爲歸德軍節度使、檢校太尉。

後周恭帝即位時年僅七歲，趙匡胤就利用「主少國疑」的時機製造了陳橋兵變，一舉黃袍加身，取代了後周。顯德七年（960）正月，趙匡胤製造契丹與北漢入侵的假情報，他受命出征，正月初三晚，到達陳橋驛（今河南封丘南），趙匡胤製造了近乎鬧劇的兵變，「夜五鼓，軍士集驛門，宣言策點檢爲天子，或止之，眾不聽。遲明，逼寢所，太宗入白，太祖起。諸校露刃列於庭，曰：『諸軍無主，願策太尉爲天子。』未及對，有以黃衣加太祖身，眾皆羅拜，呼萬歲，即披太祖乘馬。太祖攬轡謂諸將曰：『我有號令，爾能從乎？』皆下馬曰：『唯命。』太祖曰：『太后、主上，吾皆北面事之，汝輩不得驚犯；大臣皆我比肩，不得侵凌；朝廷府庫、士庶之家，不得侵掠。用令有重賞，違即孥戮汝。』諸將皆載拜，肅隊以入」〔註2〕。正月初五日，趙匡胤正式登基，是爲宋太祖，建國號爲宋，史稱北宋，建元建隆，仍以東京開封府爲首都。

宋朝建立後，經過太祖、太宗的不斷征伐，終於消滅了南、北十國的割據勢力，又一次局部統一了中國，社會經濟、文化都得到空前的發展，達到了中國古代社會的又一個顛峰時期。但是政治上卻出現積貧積弱的局面，在與周邊政權的戰爭中屢遭失敗，國力遠弱於唐朝。北宋、南宋自960年建國，1279年被元朝所滅，共存在了319年。

（二）宋朝的疆域與周邊形勢

宋朝剛立國時，其領土完全繼承後周，擁有111州、638縣、96萬多戶。隨著對南北方十國割據勢力的征伐，宋朝的疆域也不斷擴大。建隆四年（963），取荊南，得江陵府、歸、峽二州十七縣，14萬多戶。平湖南，得16州、監，66縣，9萬多戶。乾德三年（965），滅後蜀，得46府、州，198縣，53萬多戶。開寶四年（971），滅南漢，得60州、214縣、17萬多戶。平南唐，得22州、軍，108縣，65萬多戶。太宗太平興國三年（978），陳洪進獻地，

〔註1〕《宋史》卷1《太祖紀一》。
〔註2〕《宋史》卷1《太祖紀一》。

得漳、泉二州，14 縣，15 萬多戶。錢俶入朝，得 14 州、軍，86 縣，55 萬多戶。太平興國四年，滅北漢，得 11 州、軍，40 縣，3 萬多戶。至此，基本奠定了北宋的疆域版圖。「至道三年，分天下爲十五路，天聖析爲十八，元豐又析爲二十三：曰京東東、西，曰京西南、北，曰河北東、西，曰永興，曰秦鳳，曰河東，曰淮南東、西，曰兩浙，曰江南東、西，曰荆湖南、北，曰成都，曰梓、利、夔、曰福建，曰廣南東、西。東南際海，西盡巴僰，北極三關，東西六千四百八十五里，南北萬一千六百二十里。」〔註3〕北宋的疆域東、南臨海，北隔今天津海河、河北白溝、山西雁門關一線與遼接壤，北宋末期曾短暫佔有燕山府（今北京）一帶。西夏建國後，宋朝的西北界大致穩定在今甘肅蘭州、靖遠、寧夏同心及陝西北部的橫山一線。西面在成都府路以西與吐蕃諸部交界。西南與大理（據今雲南及附近地區）和交趾（今越南）爲鄰。西北的再外圍還有喀剌汗朝、西州回鶻、西遼等政權。複雜的周邊形勢，致使宋朝邊政呈現艱巨性。

　　與北宋相比，南宋的西部、南部和西南邊界並沒有什麼變化，但北界卻因金朝的南下而大大南移了，基本上西至大散關（今陝西寶雞市西南）及今秦嶺以南，東至淮河一線，西北與西夏不再交界。宋朝的疆域內生活著眾多的民族，以漢族爲主體，西北、西面有党項、吐蕃諸部，南方、西南有南僚諸部，包括左右江鳥武僚（今壯族）、西南番諸部（今布依族）、撫水俚僚（今水、侗、仡佬、毛南等族）、誠徽州仡僚（今侗族）。湖南及附近還有溪州蠻（今土家族及苗族）、思州、播州蠻（今苗族、土家族）、傜人諸部（今瑤族）。在東南福建等地有畬民（今畬族），在海南島等地有黎人（今黎族）等。

二、守內虛外的治邊思想

　　守內虛外政策是宋朝的一項基本國策，這項基本國策也體現在宋朝的治邊思想上。宋朝是在五代十國紛亂動盪的政局基礎上建立起來的，作爲宋朝近代史的唐末藩鎮割據、五代十國政權交替無疑給宋朝統治者以深刻的印象，而這一時期的政權更替、王朝興衰大都是由於內亂造成的。就是宋朝的建立，也是趙匡胤利用掌握後周禁軍之便而一舉奪取政權的。因此鑒於近代

〔註3〕　《宋史》卷85《地理志一》。

的歷史教訓，內憂就超過外患成為統治者首要關注的問題。宋太宗趙光義就曾說：「國家若無外憂，必有內患。外憂不過邊事，皆可預防。惟奸邪無狀，若為內患，深可懼也。帝王有心，常須謹此」〔註4〕。

對於宋初的統治者來說，內憂主要有兩個方面的內容，一是掌握軍權的將領的叛亂，二是農民起義。對於前者，宋太祖登基之初，就著力解決此問題，他與宰相趙普曾有一段對話，充分體現了兩人對此事的關注與默契。趙匡胤「一日召趙普問曰：『天下自唐季以來，數十年間帝王凡易八姓，戰鬥不息，生民塗地，其故何也？吾欲息天下之兵，為國家長久計，其道何如？』普曰：『陛下之言及此，天地人神之福也。此非他故，方鎮太重，君弱臣強而已。今之所以治之，亦無他奇巧，惟稍奪其權，制其錢穀，收其精兵，則天下自安矣。』語未畢，上曰：『卿無復言，吾已喻矣。』」〔註5〕隨即宋太祖通過「杯酒釋兵權」，解除了身邊及藩鎮高級將領的兵權，而代之以資歷淺者，將兵權集中在皇帝手中。經濟上，「申命諸州，度之經費外，凡金帛以助軍實，悉送都下，無得占留」〔註6〕。這樣，將經濟大權也收歸中央。按照「收其精兵」的方針，「數遣使者分詣諸道，選擇精兵。凡其才力技藝有過人者，皆收補禁軍，聚之京師，以備宿衛。厚其賜糧，居常躬自按閱訓練，皆一以當百。諸鎮皆自知兵力精銳非京師之敵，莫敢有異心者」〔註7〕。這樣，大大加強了中央集權，也就形成了以後「守內」的局面。出於對武將的防範，經常調換軍隊的將領，使兵不知將，將不知兵，而且經常任用文臣為統帥，這些都削弱了軍隊的戰鬥力。宋初的階級矛盾激烈，由於五代以來幾十年間的動盪戰亂，使農民得不到休養生息，致使農民起義此起彼伏，到宋太宗淳化年間，較大的農民起義就有十餘次，尤以淳化四年（993）爆發的四川王小波、李順起義規模巨大，起義農民發展到數十萬人，佔領了四川大部分地區，建立了自己的政權，前後堅持兩年之久。這些起義給新興的宋朝以嚴重的打擊，也給統治者以強烈的震撼。因此認為，內亂的威脅要遠遠大於外患。以上就是宋初統治者制定守內虛外國策以及確定同樣的治邊思想的客觀現實基礎。

〔註4〕 《續資治通鑒長編》卷32淳化二年八月丁亥條。
〔註5〕 《續資治通鑒長編》卷2建隆二年七月戊辰條。
〔註6〕 《續資治通鑒長編》卷6乾德三年三月乙未條。
〔註7〕 《涑水紀聞》卷1。

宋朝守內虛外治邊思想的最主要體現在於軍隊的駐防與使用上。太祖時，京師及其附近駐軍數超過全國部隊數量的一半。宋仁宗時，全國禁軍共1927 個指揮，開封府就屯駐 684 個指揮，而沿邊的河北路、河東路、陝西路屯兵分別是 254、160、329 個指揮。可見，抵禦遼和西夏的軍隊僅比駐守京師的軍隊略多，因此可見宋朝邊防之虛弱。治邊戰略上，宋朝也是很少主動出擊，除了太宗時的收復幽州的兩次北伐及神宗時期積極開拓西北疆土，其餘時間多爲被動、消極的防禦。

宋朝守內虛外的治邊思想造成的後果，一方面是除了宋初幾次規模較大的農民起義之外，終宋之世，始終沒有出現過全國規模的農民起義。另一方面，削弱了抵禦外敵的力量，在對外戰爭中屢戰屢敗，最終只能簽訂不平等的和約來保持邊疆的穩定，而北宋和南宋又都是滅亡於外敵的入侵。儘管宋朝不像很多封建王朝被農民起義所推翻，其「守內」的一面功不可沒。但是「虛外」卻始終使宋朝外憂不斷，外憂並沒有如宋太宗所說的僅僅限於邊事，而是最終使宋朝滅亡的原因。

三、宋代的治邊機構

（一）中央治邊機構

宋代中央機構中並無專門的治邊機構，但是一些機構中有治邊的職能。這些機構有禮部、兵部、鴻臚寺、客省、引進司等。

禮部有一部分職能涉及邊政，禮部所屬的主客司「掌以賓禮待四夷之朝貢。凡郊勞、授館、宴設、賜予，辨其等而以式頒之。至則圖其衣冠，書其山川風俗。有封爵禮命，則承詔頒付。」〔註8〕也就是管理邊疆少數民族的朝貢事宜，在有郊勞、授館、宴設、賜予等儀式時，由主客司分別使者的等級，掌握儀式的進行。並且對使者突出其服裝進行畫像，記錄其地理風俗。皇帝對使者或其主人進行封爵，由主客司承辦頒發。主客司的官員有郎中、員外郎。

兵部有一部分掌管土軍、蕃軍及「四夷官封承襲之事」〔註9〕的職能，其所屬職方司負責「四夷歸附，則分隸諸州，度田屋錢糧之數以給之」〔註10〕。

〔註 8〕　《宋史》卷 163《職官志三》。
〔註 9〕　《宋史》卷 163《職官志三》。
〔註 10〕　《宋史》卷 163《職官志三》。

　　鴻臚寺「掌四夷朝貢、宴勞、給賜、送迎之事」〔註11〕，其官員有卿、少卿、丞、主簿各一人。凡是邊疆少數民族首領、使者朝見。負責分辨其等級，以賓禮待之。安排其住宿之所併教習見辭、賜予、宴設的禮儀及引見給皇帝。將貢品的名稱、數量報四方館備案。鴻臚寺下屬的有治邊職能的機構有「往來國信所，掌大遼使介交聘之事。都亭西驛及管幹所，掌河西蕃部貢奉之事。禮賓院，掌回鶻、吐蕃、党項、女眞等國朝貢館設，及互市譯語之事。懷遠驛，掌南蕃交州，西蕃龜茲、大食、于闐、甘、沙、宗哥等國貢奉之事……同文館及管勾所，掌高麗使命。」〔註12〕建炎三年（1129），鴻臚寺被廢置，其職能併入禮部。

　　客省「掌國信使見辭宴賜及四方進奉、四夷朝覲貢獻之儀，受其幣而賓禮之，掌其饗餼欽食」〔註13〕。其治邊的職能就是負責外國及邊疆少數民族的朝覲，接受其禮物並負責其飲食、賞賜等接待事宜。如「乾道中，安南入貢，客省承詔具其風俗及貢物名數」〔註14〕。客省設客省使、客省副使各二人，但是並無實際職掌，而只是武官階，另以判客省事、管勾客省公事等官主管客省事務。

　　引進司「掌臣僚、蕃國進奉禮物之事」〔註15〕，設引進使、引進副使各二人，但是並無實際職掌，而只是武官階，另以知引進事主管引進司事務。

　　綜上所述，宋代的中央治邊機構的主要職能是負責接待外國及邊疆少數民族的使者，而且各機構的職能多有重疊之處。

（二）地方治邊機構

　　宋代的地方治邊機構主要有邊疆地區的經略安撫司，經略安撫司長官為經略安撫使，「掌一路兵民之事」〔註16〕，而「帥臣任河東、陝西、嶺南路，職在綏禦戎夷，則為經略安撫使兼都總管以統制軍旅，有屬官典領要密文書，奏達機事」〔註17〕。位於河東、陝西、嶺南地區的有河東路經略安撫司、環

〔註11〕　《宋史》卷165《職官志五》。
〔註12〕　《宋史》卷165《職官志五》。
〔註13〕　《宋史》卷166《職官志六》。
〔註14〕　《宋史》卷204《藝文志三》。
〔註15〕　《宋史》卷166《職官志六》。
〔註16〕　《宋史》卷167《職官志七》。
〔註17〕　《宋史》卷167《職官志七》。

慶路經略安撫司、秦鳳路經略安撫司、涇原路經略安撫司、鄜延路經略安撫司、永興軍路經略安撫司、熙河路經略安撫司、廣南西路經略安撫司、廣東路經略安撫司。

宋神宗時期，隨著熙河開邊的進行，爲了籌措經費，而設置了經制邊防財用司，「掌經畫錢帛、芻糧以供邊費，凡榷易貨物、根括耕地及邊部弓箭手等事，皆奏而行之。熙寧末，以熙、河連歲用兵，仰給支度，費用不貲，始置是司」〔註18〕。這一機構只設置在熙河路，又稱之爲經制熙河路邊防財用司。據統計，該機構在元豐元年（1078）獲利四十一萬四千六百二十六緡、石，次年獲利六十八萬四千九十九緡、石。〔註19〕元祐初年，經制熙河路邊防財用司被廢除，只存在了短短的近 10 年時間。

四、西北邊疆地區的部族管理體制

（一）蕃官制度

宋朝西北邊疆地區與夏交界及與吐蕃諸部統治區域交界的地區，居住著很多党項、吐蕃部落，宋朝將這些部落統稱爲蕃部。爲了對這些部落進行有效管轄，宋朝往往授予這些部落的首領以各種各樣的官職，都隸屬於所在的州縣。

宋朝授予、升遷蕃部首領官職主要基於以下一些緣由：第一種是有戰功者。熙寧三年（1070）十一月，西夏入侵延州大順城，被都監燕達率兵擊退，「第其功爲三等，詔優等遷一資，仍減磨勘，漢官二年，蕃官五年。第一等蕃官至長行各遷一資，仍並與支賜，其勇敢、效用人等各賜絹，候再立功酬賞。第二等減磨勘，漢官使臣三年，已係七年磨勘者，減四年，蕃官殿侍十年。第三等減磨勘，漢官二年，蕃官五年，蕃官諸司使加賜銀絹。又一等，蕃部至諸軍長行二十七人各遷一資，仍更與支賜。捉拿、都軍主賜俸錢，勇敢、效用人各賜絹，並候再立功酬賞。本路都監，第一等遷使額五資，第二等減磨勘三年」〔註20〕。第二種是投附宋朝者。熙寧五年（1072），王韶開邊，「招納沿邊蕃部，自洮、河、武勝軍以西，至蘭州、馬銜山、洮、岷、宕、疊等州，凡補蕃官、首領九百三十二人，首領給飧錢、蕃官給奉者四百七十

〔註18〕　《宋史》卷 167《職官志七》。

〔註19〕　《宋史》卷 186《食貨志下》。

〔註20〕　《續資治通鑑長編》卷 217 熙寧三年十一月甲辰條。

二人」〔註21〕。第三種是守邊有功者。慶曆七年（1047）四月，「壬申，賜環慶路蕃官新州刺史思順、慕恩、趙明各一子官，以其扞邊有勞也」〔註22〕。第四種是蕃官陣亡或病故，子孫可繼承。宋朝政府還曾專門作出規定，亡故蕃官的子孫弟侄，「舊制須年及十七，本族及二千戶者，方得承襲職名，仍降一等」。〔註23〕

宋朝授予蕃部首領的官職名稱有三班借職、三班奉職、左班殿直、右班殿直、閤門祗候、左右侍禁、內殿崇班、內殿承制、東西染院使、洛苑副使、東西頭供奉官、內藏庫副使、內藏庫使、西京左藏庫副使、團練使、團練副使、節度觀察使、節度觀察留後、知州、刺史、防禦使、押蕃落使、檢校司徒、檢校司空、檢校太傅、太保、檢校太子賓客、太子左清道率府率、太子右內率府副率、左右監門衛將軍、右領軍、左右千牛衛將軍、莊宅使、國子祭酒、兼監察御史、武騎尉、郡公、郡王、銀青光祿大夫、金紫光祿大夫、都虞候、都巡檢、巡檢、正副軍主、正副都軍主、正副都指揮使、正副指揮使、都監、鈐轄、歸德將軍、懷化將軍、歸德郎將、歸德大將軍、安化郎將、都巡檢使、安遠大將軍、都大巡檢使等等〔註24〕。這些官職，在宋代的職官系統中分屬不同的系統，有文散官、武散官、勳、爵、檢校官、兼官等等。

宋朝實行蕃官制度，對鞏固邊疆有著積極意義。一方面，授予蕃部首領官職，表明宋朝政府承認他們對部族的統治權利，給予他們一定的榮譽。另一方面，他們代表政府行使管理本部族，有維持本部族與地區安定的義務。這項制度的實施，對安撫內附部族，穩定邊疆局勢都有進步意義。

（二）任用大族首領為地方官，鞏固西北邊防

北宋河東路的北部有府、豐二州，此二州與遼、西夏接壤，分佈著眾多的部族。該地在宋朝建立之前就由大族控制著，因而宋朝建立之後，儘管此地由中央直接管轄，但是限於當地的民族情況和複雜的周邊局勢，朝廷並不派遣官員任職，而是任命當地的大族為地方官並且世代相襲，這是宋代的一項特殊邊政，在鞏固邊防方面起到了積極的作用。

〔註21〕《宋史》卷190《兵志五‧鄉兵二》。
〔註22〕《續資治通鑑長編》卷160慶曆七年四月壬申條。
〔註23〕《續資治通鑑長編》卷184嘉祐元年九月丁未條。
〔註24〕參見顧吉辰：《宋代蕃官制度考述》，《中國史研究》1987年第4期。

　　豐州（今陝西府谷縣西北）藏才族王氏原爲遼所轄，宋太祖開寶二年（969）
十月戊戌，「易州言契丹右千牛衛將軍王甲以豐州來降，即命其子承美爲豐州
衙內指揮使。」〔註25〕開寶四年（971），王承美被任命爲知豐州事，從此直
至慶曆元年（1041）豐州被西夏攻陷，王氏在豐州統治了70餘年。其後雖然
豐州又重建，但是只有一位王氏成員短期任職，因被認爲非守邊之才而免職。
王氏爲首的豐州藏才族有十餘萬戶，「所部蕃族甚眾，有永安、來遠、保寧三
寨，皆以蕃族守之」。〔註26〕在宋對遼與西夏的鬥爭中起到了重要作用，如王
承美在太平興國五年（980）爲宋購買戰馬1700餘匹，太平興國八年（983）
三月，王承美「上言破契丹萬餘眾，斬首二千級，追奔逐北百餘里至青冢，
降者三千帳，獲鎧甲數萬，羊馬萬計」〔註27〕。儘管數字可能有所誇大，但
是王氏所起的屏障作用有著積極意義。

　　府州（今陝西府谷縣）折氏則更有其特殊性，「折氏遠有世序，茅土相紹，
垂三百年，代不乏賢豪。」〔註28〕折氏爲党項族，從唐末開始佔據府州一帶，
五代時，其地位得以鞏固，折德扆在後周世宗與北漢和遼的戰爭中支持後周，
因戰功被任命爲府州永安軍節度使。折德扆地位的提高，使當時任定難軍節
度使的党項首領李彝興深爲不滿，因而阻斷了府州與中原的交通。後雖經周
世宗的責難，交通得以恢復，但是折氏家族與西夏因此結下了仇怨，也使折
氏始終忠於宋朝。宋朝一建立，折氏立即歸附於宋。建隆二年（961），折德
扆朝見宋太祖，深受禮待，官職仍舊。折德扆死後，其子孫或父子相繼，或
兄弟相承，終北宋一代，始終任知府州，並在對遼、西夏的兩條戰線上爲宋
奮力，爲鞏固邊陲起到了重要作用。

　　宋太宗收復燕雲十六州的努力失敗後，宋遼戰事不斷，折氏家族積極參
戰，在主要戰線的側翼不斷給遼以打擊和襲擾，以支持宋軍的正面戰場。太
平興國七年（981）五月，遼三萬騎分三路分別進攻高陽關、雁門關和府州，
「折御卿擊破之新澤寨，斬首七百級，擒酋長百餘人，獲兵器羊馬萬計」。〔註
29〕至道元年（995）正月，遼大將韓德威率萬餘騎入侵，折御卿率兵在子河汊

〔註25〕《續資治通鑒長編》卷10開寶二年十月戊戌條。
〔註26〕《續資治通鑒長編》卷197嘉祐六年十二月丁亥條。
〔註27〕《宋會要輯稿》方域二一之九。
〔註28〕《折可存墓誌》，載戴應新編著《折氏家族史略》，三秦出版社1989年版。
〔註29〕《續資治通鑒長編》卷23太平興國七年五月條。

迎擊，「斬首五百級，獲馬千匹，虜將號突厥太尉、司徒、舍利死者二十餘人，生擒吐渾首領一人，大將韓德威僅以身免。」〔註30〕為此，宋太宗對折御卿大加賞賜。咸平二年（999）十一月，知府州折惟昌與宋思恭、劉文質等發兵渡黃河，「破契丹界言泥族，拔黃太尉寨，焚器甲、車帳數萬計，斬千餘級，獲所虜生口三百餘。」〔註31〕景德元年（1004）閏九月，遼軍大舉伐宋。十月，折惟昌率部自火山軍攻入遼朔州界，攻佔大狼水寨，殺戮甚多，生擒四百餘人，獲馬、牛、羊、鎧甲數以萬計，這時圍攻岢嵐軍的遼軍因此急忙撤軍。宋真宗賞賜折惟昌錦袍金帶。之後，隨著遼宋議和，折氏家族與遼的衝突也隨之結束。

折氏與西夏矛盾已久，在西夏建國前，就屢有衝突，西夏建國後，隨著宋夏戰爭的頻繁進行，折氏也義無返顧地成為宋朝抵禦西夏的重要力量。慶曆元年（1041）春，元昊大舉進攻宋朝，宋以任福為統帥，率軍迎擊，結果在好水川（今寧夏隆德縣西北好水）一戰全軍覆沒。元昊又進攻宋河東路北部麟府一帶，在圍攻麟州不克的情況下，轉而圍攻府州。這時，折繼閔任知府州，他積極組織抵抗。「城險且堅，東南有水門，厓壁峭絕，阻河。賊緣厓腹微徑魚貫而前，城中矢石亂下，賊轉攻城北，士卒復力戰，賊死傷甚眾，遂引去，圍豐州，豐州遂陷。」〔註32〕折繼閔也因戰功而得到升遷。不久，折繼閔受命護送麟州守兵的多裝，結果被西夏伏兵擊敗，盡掠護送的物資，繼閔僅以身免。在與西夏的戰爭中，折繼閔前後招徠流民三千餘戶。折繼閔之弟繼任知府州後，在與西夏的戰爭中，也曾「為先鋒，深入敵帳，降部落戶八百」〔註33〕。元豐二年（1079），折繼閔之子折克行出任知府州。元豐四年，西夏內亂，宋乘機出兵從三個方向分五路進攻西夏，克行也隨軍出征。「大酋咩保吳良以萬騎來躡，克行為後拒，度賊半度隘，縱擊大破之，殺咩保吳良……王中正出塞，克行先拔宥州，每出必勝，夏人畏之，益左廂兵，專以當折氏。」〔註34〕折克行任知府州將近30年，在與西夏的戰爭中屢立戰功，「羌人呼為『折家父』」〔註35〕。

〔註30〕 《宋會要輯稿》方域二一之二。
〔註31〕 《宋會要輯稿》方域二一之四。
〔註32〕 《宋史》卷253《折德扆傳》。
〔註33〕 《宋史》卷253《折德扆傳》。
〔註34〕 《宋史》卷253《折德扆傳附折克行傳》。
〔註35〕 《宋史》卷253《折德扆傳附折克行傳》。

北宋知府州折氏任職表〔註36〕

姓名	任職時間	親屬關係
折德扆	太祖建隆元年正月至乾德二年九月在任	
折御勳	太祖乾德二年九月至開寶九年七月在任	折德扆之子
折御卿	太祖開寶九年七月至太宗至道元年十二月在任	折御勳之弟
折惟正	太宗至道元年十二月至三年八月在任	折御卿之子
折惟昌	眞宗至道三年八月至大中祥符七年五月在任	折惟正之弟
折惟忠	眞宗大中祥符七年五月至仁宗明道二年十一月在任	折惟昌之弟
折繼宣	仁宗明道二年十一月至寶元二年九月在任	折惟忠之子
折繼閔	仁宗寶元二年九月至皇祐二年四月在任	折繼宣之弟
折繼祖	仁宗皇祐二年四月至神宗熙寧四年九月在任	折繼閔之弟
折克柔	神宗熙寧四年九月至元豐二年正月在任	折繼祖兄之子
折克行	神宗元豐二年正月至徽宗大觀二年十二月在任	折克柔之弟
折可大	徽宗大觀二年十二月至政和六年在任	折克行之子
折可求	政和六年至建炎二年十二月在任	折可大之弟

五、宋代對西南邊疆地區的管理

（一）羈縻州的設置與分佈

　　宋朝沿襲唐朝政策，在一些少數民族地區設置羈縻州、縣、峒，任命當地的少數民族首領爲世襲的知州、知縣、知峒，對本地區進行統治，具有較強的獨立性。宋朝實行羈縻制的主要原因是還難以對這些邊遠的少數民族地區實行直接管理，當地落後的經濟、文化面貌是設置正式州、縣的主要障礙。而這些邊地有較長的近似獨立的狀態，如果改變這種狀態，難免要發動戰爭，反而會得不償失。因此羈縻制是成本較低的將這些地區納入中央政府管轄之下的一種制度。有唐朝長期間實行的羈縻制經驗，當然宋朝不會放棄這種行之有效的制度，而是很大程度上沿用。雖然宋朝有很多羈縻州縣就是原來唐朝的羈縻州縣，但是宋朝實行羈縻制的地區較唐朝大爲縮小。宋朝設置羈縻州的地區主要分佈在西南的成都府路、潼川府路、夔州路、廣南西路，另外在南方的荊湖路的北江、南江地區也有一些羈縻州。

〔註36〕此表據李之亮：《北宋麟府豐三州守臣索隱》，《延安大學學報》2001 年第 1 期所載資料制作。

宋代羈縻州一覽表〔註37〕

路	府、州、地區	所轄羈縻州、縣
成都府路	黎州	領羈縻州五十四。羅岩州、索古州、秦上州、合欽州、劇川州、輙榮州、蓬口州、柏坡州、博盧州、明川州、胣胈州、蓬矢州、大渡州、米川州、木屬州、河東州、諾笮州、甫嵐州、昌化州、歸化州、粟川州、叢夏州、和良州、和都州、附木州、東川州、上貴州、滑川州、北川州、吉川州、甫萼州、北地州、蒼榮州、野川州、邛陳州、貴林州、護川州、牒琮州、浪彌州、郎郭州、上欽州、時蓬州、儼馬州、橄查州、邛川州、護邛州、腳川州、開望州、上蓬州、北蓬州、剝重州、久護州、瑤劍州、明昌州
	雅州	領羈縻州四十四。當馬州、三井州、來鋒州、名配州、鉗泰州、隸恭州、畫重州、羅林州、籠羊州、林波州、林燒州、龍蓬州、敢川州、驚川州、禍眉州、木燭州、百坡州、當品州、嚴城州、中川州、鉗矣州、昌磊州、鉗并州、百頗州、會野州、富仁州、推梅州、作重州、禍林州、金林州、諾笮州、三恭州、布嵐州、欠馬州、羅蓬州、論川州、讓川州、遠南州、卑盧州、夔龍州、輝川州、金川州、東嘉梁州、西嘉梁州
	茂州	領羈縻州十。瑭州、直州、時州、塗州、遠州、飛州、乾州、可州、向州、居州。
	威州	領羈縻州二。保州、霸州。
潼川府路	敍州	羈縻州三十。建州、照州、獻州、南州、洛州、盈州、德州、爲州、移州、扶德州、播浪州、筠州、武昌州、志州，已上皆在南廣溪洞；商州、馴州、浪川州、騁州，已上皆在馬湖江；協州、切騎州、靖州、曲江州、哥陵州、品州、珂邆州、碾衛州、鎬州、從州、播陵州、鉗州，已上皆在石門路。
	瀘州	領羈縻州十八。納州、薛州、晏州、鞏州、奉州、悅州、思峨州、長寧州、能州、淯州、浙州、定州、宋州、順州、藍州、溱州、高州、姚州。
夔州路	紹慶府	羈縻州四十九。南寧州、遠州、犍州、清州、蔣州、知州、蠻州、襲州、峨州、邦州、鶴州、勞州、義州、福州、儒州、令州、郝州、普寧州、緣州、那州、鸑州、絲州、邛州、敷州、晃州、侯州、焚州、添州、瑤州、雙城州、訓州、鄉州、茂龍州、整州、樂善州、撫水州、思元州、逸州、思州、南平州、勳州、姜州、棱州、鴻州、和武州、暉州、亳州、鼓州、懸州。南渡後，羈縻州五十六。

〔註37〕本表據《宋史‧地理志》、《宋史‧蠻夷傳》及《元豐九域志》所載史料制作。

	重慶府	羈縻州一。溱州，領榮懿、扶歡二縣。以酋首領之，後隸南平軍。
廣南西路	邕州	羈縻州四十四，縣五，洞十一。忠州、凍州、江州、萬丞州、思陵州、左州、思誠州、譚州、渡州、龍州、七源州、思明州、西平州、上思州、祿州、石西州、思浪州、思同州、安平州、員州、廣源州、勤州、南源州、西農州、萬崖州、覆利州、溫弄州及五黎縣、羅陽、陀陵縣、永康縣，武盈洞、古甑洞、憑祥洞、鐏峒、卓峒、龍英洞、龍葺洞、徊洞、武德洞、古佛洞、八洞：並屬左江道。思恩州、鶼州、思城州、勘州、歸樂州、武峨州、倫州、萬德州、蕃州、昆明州、婪鳳州、侯唐州、歸恩州、田州、功饒州、歸城州、武籠州及龍川縣：並屬右江道。初，安平州曰波州，皇祐元年改。元祐三年，又改懷化洞為州。
	融州	羈縻州一：樂善州。
	慶遠府	羈縻州十，軍一，監二。溫泉州、環州、鎮寧州，領縣二。蕃州、金城州、文州、蘭州，領縣三。安化州，領縣四。迷昆州、智州，領縣五。懷遠軍，領縣一。又有富仁、富安二監。舊領思順、歸化二州，慶曆四年，併入柳州馬平縣。
荊湖路	北江	上溪州、中溪州、下溪州、龍賜州、天賜州、忠順州、保靜州、感化州、永順州、懿州、安州、遠州、新州、給州、富州、來州、寧州、南州、順州、高州、忠彭州、來化州、謂州、溪寧州、溶州、犬夷州、溪藍州、新府州、古州、萬州、費州、奉州、襄州、許賜州、越州、寧化州、向化州、歸明州、新定州、歸信州、保安州、順現州、保富州、安永州、永州、新化州、遠富州、新賜州
	南江	敘州、峽州、中勝州、元州、獎州、錦州、懿州、晃州、富州、鶴州、保順州、天賜州、古州、綿州、黔州、衡州、顯州、嬴州、繡州、允州、雲州、洽州、俄州、波州、宜州

（二）對羈縻州的管理

任命少數民族首領為世襲長官，對羈縻州縣進行管理，這是從宋初就開始的一貫政策。如建隆四年（963），「知溪州彭允林、前溪州刺史田洪贇等列狀歸順，詔以允林為溪州刺史，洪贇為萬州刺史。允林卒，以其子師皎代為刺史。」〔註38〕對於各個民族區域，按照其大小而設置不同的行政單位，如在邕州所屬地區，「分析其種落，大者為州，小者為縣，又小者為洞」〔註39〕。其官職也因地區及大小而不同，「有知州、權州、監州、知縣、知峒，

〔註38〕《宋史》卷493《蠻夷傳一》。
〔註39〕《桂海虞衡志·志蠻》。

其次有同發遣、權發遣之屬。」〔註40〕羈縻州長官的承襲，一般由本族近親中推選，並報地方政府，逐級上報至中央，由皇帝頒發敕書、印章，這樣才有法律效力。如荊湖路的北江地區，「總二十州，置刺史。而以下溪州刺史兼都誓主，十九州皆隸焉，謂之誓下。州將承襲，都誓主率群酋合議，子孫若弟、侄、親黨之當立者，具州名移辰州為保證，申鈐轄司以聞，乃賜敕告、印符，受命者隔江北望拜謝。」〔註41〕為了避免因繼承權而產生的爭端，父死子繼是羈縻州長官承襲制度的一項重要原則。如宋真宗就曾說：「夷落中父亡子繼，朝廷舊制也，蓋絕其僥倖，使知有定分。今易此制，必貽後患。」〔註42〕

朝貢是中央政府與羈縻州維持政治與經濟聯繫的重要手段，一方面，通過朝貢，使中央政府對羈縻州的管轄權得以確立。如雍熙二年（985）九月，「蕃王龍漢璿自稱權南寧州事兼蕃落使，遣牂牁諸州都甲頭趙文橋率種落百餘人來，獻馬八十五匹、朱砂、蒟醬各四十斛、草豆蔻三萬顆，並上偽蜀孟氏所給符印。請降真命，以安遠俗。詔授漢璿歸德將軍、南寧州刺史，刻印賜之。」〔註43〕一方面，通過朝貢，使羈縻州在經濟上得到好處，也密切了雙方的關係。如乾道七年（968），「前知辰州章才邵上言：『辰之諸蠻與羈縻保靜、南渭、永順三州接壤，其蠻酋歲貢溪布，利於回賜，頗覺馴伏。』」〔註44〕

宋朝還將有條件的羈縻州升格為正式州、軍，由中央政府直接統治。如長寧軍原是羈縻州，熙寧八年（1075），夷人得簡祥獻長寧、奉、高等十個羈縻州，於是設置了隸屬於瀘州的淯井監，後在政和四年（1114），改為長寧軍。又如誠州地區（今湖南靖州縣及渠水流域一帶）在唐朝時為羈縻州播、敘二州所轄。五代後周時當地少數民族首領「楊正岩以十洞稱徽、誠二州」〔註45〕太平興國四年（979），首領楊蘊歸附宋朝。五年，楊通寶進貢，被任命為誠州刺史，從此，誠州正式成為宋朝的羈縻州。神宗熙寧八年（1075），誠州地

〔註40〕《桂海虞衡志·志蠻》。
〔註41〕《宋史》卷493《蠻夷傳一》。
〔註42〕《續資治通鑒長編》卷74大中祥符三年七月癸巳條。
〔註43〕《宋會要輯稿》蕃夷五之一一。
〔註44〕《宋史》卷494《蠻夷傳二》。
〔註45〕《文獻通考》卷319。

區的少數民族首領楊光富率 23 州峒歸附，其後楊昌衙等也相繼歸附。楊光僭起初雖不聽命，但是，很快就由於宋朝的軍事壓力而被迫屈服，被任命爲誠州刺史，未及正式履任而卒。元豐三年（1080），知邵州關杞請求在徽、誠州融嶺鎮修建城寨駐兵，以防邊患，得到了荊湖南路官員的支持。元豐四年（1181）四月，正式設置了作爲朝廷正州的誠州，轄於荊湖北路，而原來的羈縻徽州則改爲蒔竹縣，隸荊湖南路邵州。九月，謝麟被任命爲知誠州。元豐五年（1182）正月，應謝麟的要求，以原屬沅州貫保寨爲治所，設置渠陽縣，隸屬於誠州，沅州的另外三個堡寨託口、小由、豐山也轄於渠陽縣。同時改命謝麟知沅州，任命周士隆知誠州。元豐六年（1183），小由、託口兩寨又歸屬沅州。次年小由寨又回歸誠州。隨著哲宗的登基，神宗的政策多被更張。元祐二年（1087）七月將誠州降爲渠陽軍。次年十月，又將渠陽軍降爲渠陽寨，隸屬於沅州。同時，「其湖北所開道路，創置多星、收溪、天村、羅蒙、大由等堡寨並廢」〔註46〕。這一過程中，伴隨著當地社會的動盪，楊氏諸族不時與宋朝發生衝突。元祐五年（1090）十二月，將渠陽寨又改爲羈縻州誠州，宋朝任命楊光僭之子楊昌達爲刺史。徽宗登基後，又重恢復了神宗開拓的態勢。崇寧二年（1103），楊晟臻以知州歸附獻土，宋朝將誠州改爲靖州，重新爲中央直接管轄。

六、邊疆土軍建制

（一）西北邊疆地區的蕃兵

蕃兵是宋朝爲了對西夏的戰爭的需要而設置的少數民族地方軍，其民族成分主要是吐蕃諸部，另外也有一些党項部落和其他民族。「蕃兵者，具籍塞下內屬諸部落，團結以爲藩籬之兵也」〔註47〕。在太宗時期，蕃兵已經出現，淳化三年（992），在對夏戰爭中，曹璨「出蕃兵邀繼遷，俘馘甚眾」〔註48〕。但這時的蕃兵還只是個別、零星地使用，並沒有正式成軍。宋眞宗時，任涇原路都鈐轄的曹瑋首先建立了蕃部軍官除授辦法，仁宗時期正式定制，「其大首領爲都軍主，百帳以上爲軍主，其次爲副軍主、都虞候、指揮使、副兵馬

〔註46〕《續資治通鑒長編》卷 415 元祐三年十月丙戌。
〔註47〕《宋史》卷 191《兵志五・蕃兵》。
〔註48〕《宋史》卷 258《曹彬傳》。

使，以功次補者為刺史、諸衛將軍、諸司使、副使、承制、崇班供奉官至殿侍。其充本族巡檢者，奉同正員，月添支錢十五千，米麵傔馬有差。刺史、諸衛將軍請給，同蕃官例。首領補軍職者，月奉錢自三千至三百，又歲給冬服綿袍凡七種，紫綾三種。十將而下皆給田土」〔註49〕。這樣，蕃兵作為宋朝的一個軍種正式成軍。

蕃兵主要分佈在陝西的秦鳳、涇原、環慶、鄜延四路以及神宗開邊後所設置的熙河路，河東路的石、隰、麟、府等州。到慶曆年間，陝西四路的熟戶兵力已達到很大規模，其中涇原路熟戶蕃兵 177 族，13341 人，馬 5500 匹；秦鳳路 147 族，35600 人，馬 22470 匹；環慶路 247 族，44000 人，馬 4330 匹；鄜延路 9 大族，12700 人，馬 1490 匹。〔註50〕英宗治平二年（1065），派王昭明等人對陝西蕃兵進行整編，「王昭明等至，召蕃部酋領，稱詔犒勞，賞以銀帛。籍城寨兵馬，計族望大小，分隊伍，給旗幟，使各繕保壘，人置器甲，以備調發。仍約令如下，不集押隊，首領以軍法從事。」〔註51〕經過整編，秦鳳路有 13 寨、強人 41194 人、壯馬 7991 匹；鄜延路有軍城堡寨 10 座、蕃兵 14595 人、官馬 2382 匹、強人 6548 人、壯馬 810 匹；涇原路有鎮寨城堡 21 座、強人 12466 人、壯馬 4586 匹，編為 110 甲、505 隊；環慶路有鎮寨 28 座、強人 31723 人、壯馬 3495 匹，編為 1182 隊。蕃兵總計達到 10 萬餘人。

熙寧八年（1075），宋朝制定了《蕃兵法》在陝西路實行，規定：「選陝西蕃兵丁壯戶，九丁以上取五，六取四，五取三，三取二，二取一，並年二十以上，涅手背，毋過五丁。每十人置十將一，五十人置副兵馬使一，百人置軍使一、副兵馬使一，二百人置軍使一、副兵馬使三，四百人加軍使一、副兵馬使一，五百人又加指揮使一、副兵馬使一，過五百人，每百人加軍使一、副兵馬使一，即一族三十人已上亦置副兵馬使，不及二十人止置十將。月受俸，仍增給錢，指揮使一千五百至十將有差。」〔註52〕該法包括了蕃兵年齡、蕃兵選拔規則、蕃兵與蕃官的比例及蕃官俸祿四個方面。

〔註49〕《宋史》卷 191《兵志五・蕃兵》。
〔註50〕《武經總要》前集卷 18。
〔註51〕《續資治通鑑長編》卷 203 治平元年十二月戊申條。
〔註52〕《宋史》卷 191《兵志五・蕃兵》。

蕃兵編製表〔註53〕

兵員	將官級額				
	指揮使	副指揮使	軍使	副兵馬使	十將
10					1
50				1	5
100			1	1	10
200			1	3	20
300		1	2	3	30
400		1	3	4	40
500	1	1	3	5	50

　　蕃兵的成軍，對宋朝西北邊防的鞏固起到了重要作用。在宋朝歷次對西夏的戰爭中，蕃兵都衝鋒陷陣，配合正兵作戰。並且由於蕃兵都是當地土著，慣於騎射，其身體素質和軍事素質，往往優於正兵。「以戰若守，一可以當正兵之十」〔註 54〕。蕃兵不僅用於西北邊防作戰，而且往往被作爲勁旅調往別處平定叛亂和抵抗侵略。在狄青平定儂智高起義的最後決戰──崑崙關之戰中，蕃部騎兵的突然攻擊使儂智高措不及防，對戰爭的勝利起到了重要作用。宋朝有的大臣就認爲，平定儂智高起決定作用的，不過「蕃落數百騎爾」〔註 55〕。雖然有些言過其辭，但蕃兵的戰鬥力可見一斑。在反擊交趾的入侵過程中，蕃兵也起到了重要作用。爲此，戰後，宋朝政府予以優恤，熙寧十年（10077）三月，神宗指示安南行營，「鄜延路應募非食祿蕃兵及首領去家萬里，以瘴死者情尤可憫，加賜絹有差，內番官自來陣亡，有例承襲者，即具合補職名聞奏。餘但離陜西界，雖未過嶺，並依例支給」〔註 56〕。

（二）西南邊疆地區的義軍與土丁

　　在宋朝西南邊疆少數民族地區，有名爲義軍或土丁的少數民族武裝（其中也有漢族成分，但以少數民族爲主）。其設置的原因是，「蓋溪洞諸蠻，保據岩險，叛服不常，其控制須土人，故置是軍。皆選自戶籍，蠲免徭賦，番

〔註53〕 此表引自安國樓：《論宋代「蕃兵」制》，《鄭州大學學報》（哲學社會科學版）1997 年第 1 期。
〔註54〕 《續資治通鑒長編》卷 238 熙寧五年九月壬申條。
〔註55〕 《續資治通鑒長編》卷 177 至和元年十月己亥條。
〔註56〕 《續資治通鑒長編》卷 281 熙寧十年三月辛亥條。

成砦柵。大率安其風土，則罕嬰瘴毒。知其區落，則可制狡獪。」〔註57〕分佈的區域主要有川峽路、荊湖路及夔州路。

川峽路的土丁主要分佈在瀘州、敘州及長寧軍的沿邊諸堡寨，又稱爲瀘南夷義軍，每郡的人數達四、五千人。熙寧七年（1074），熊本任經制瀘州夷事，招募了土丁五千人，以此爲主要兵力，「入夷界捕戮水路大小四十六村，蕩平其地二百四十里，募民墾耕，聯其夷屬以爲保甲」〔註58〕。川峽路的土丁一般都是遇事臨時招集，平時務農，沒有薪俸。元祐二年，瀘南沿邊安撫使司就此向朝廷請示：「請應瀘人因邊事補授班行，自備土丁子弟在本家地分防拓之人，更無廩給酬賞。若遇賊，臨時取旨。其敢邀功生事，重置於法」〔註59〕。此後得以制度化。

荊湖路義軍土丁起初在荊湖北路的辰、澧二州，南路的全、邵、道、永四州設置，後來逐漸推廣到荊南、歸、陝、鼎、郴、衡、桂陽等地。荊湖路義軍土丁有嚴密的組織系統，其長官從上到下有都指揮使、副都指揮使、指揮使、副指揮使、都頭、副都頭、軍頭、頭首、探斫招安頭首、十將、節級等，都頭以上的都有俸祿。到慶曆二年（1142），荊湖北路有土丁19400人，南路5150人，按年、季、月輪流戍守邊砦，在戍守期間由朝廷供給口糧，立功者授予、升遷官職，平時務農。

夔州路義軍土丁由「州縣籍稅戶」和「自溪洞投歸」人組成〔註60〕。分別隸屬於各個邊寨，遇到少數民族侵擾，則出兵討伐，而官軍只是據險策應，這主要由於土丁熟悉當地的地理狀況。施、黔、思三州的義軍土丁隸屬於都巡檢司。施州義軍首領的官職有西路巡防殿侍兼義軍都指揮使、指揮使、都頭、十將、押番、把截將、砦將等，共有土丁1281人、壯丁669人。黔州義軍首領的官職有義軍正副指揮使、兵馬使、都頭、砦將、把截將等，共有壯丁1625人。思州義軍首領的官職有義軍指揮使、巡檢將、砦將、科理、旁頭、把截、部轄將等，共有壯丁1422人。

（三）廣南西路的洞丁

洞丁（峒丁）是宋朝在廣南西路編練的少數民族武裝，兵員主要來自邕、

〔註57〕《宋史》卷191《兵志五》。
〔註58〕《宋史》卷191《兵志五》。
〔註59〕《宋史》卷191《兵志五》。
〔註60〕《宋史》卷191《兵志五》。

欽州所屬羈縻州的溪洞洞民。這一武裝形式的最初實踐是在仁宗皇祐四年
（1052）夏，「廣南經略使司以邕州進士石鑒借昭州軍事推官，挈輕兵入三十
六峒，以朝廷威德曉諭峒之壯丁，以類攻討，殺僚蜑頗眾。」〔註61〕

經過儂智高之亂後，宋朝廷認識到在廣南西路編練洞丁的重要性，一方
面可以削弱反抗力量，另一方面可以寓兵於民，節省經費。洞丁在英宗治平
二年（1065）正式編練成軍，來源於左、右兩江四十五個溪洞知州、洞將所
屬洞民，以三十人為一甲，由一名節級統領，五甲由一名都頭統領，十甲設
置一名指揮使，五十甲設置一名都指揮使。洞丁總額定編為四萬四千五百人。
自備服裝、兵械，遇有戰亂，則召集之。二年集中檢閱一次，檢查其裝備是
否完好。有年老、疾病及死亡的，要選年輕強壯者填補空缺，三年上報一次
花名冊。〔註62〕

神宗熙寧十年（1077）六月，又針對洞丁的訓練問題做出了具體規定，
由廣西經略司選「才武廉幹」的人為都司巡檢等，負責洞丁的訓練。「仍令五
人附近者結一保，五保相附近者結一隊，每案閱保隊，各相依附。至於戰鬥，
互相救助。勇怯分為三等，有戰功或武藝出眾為上等，免差役；人才矯捷為
中等，免科配。餘為下等，常日不妨農作，習學武藝。遇提舉官案閱，即聚
一村案試，毋得預集邊境。有盜賊，令首領相關報。」〔註63〕神宗雖然重視
峒丁的訓練，但是卻於元豐元年（1078）三月下詔書嚴格禁止峒丁練習騎兵
戰術，「峒丁止令習溪峒所長武藝，勿教馬戰」〔註64〕。由此可見，儂智高之
亂的教訓使宋朝政府仍心有餘悸，惟恐掌握了騎兵戰術的峒丁萬一反叛而難
以遏制。

到元豐二年（1079），廣西經略司共編練成峒丁175指揮，每指揮500人，
內有武藝上等者13607人。〔註65〕之後用峒丁代替三分之一駐守在邕州的禁
軍，三個月一輪換，頒發和禁軍相同待遇的糧餉。這樣節約了禁軍的使用，
使國家減少了禁軍來往的費用，也減輕了因不習水土而引起的減員。到大觀
二年（1108），峒丁的總額達到了30餘萬眾。

〔註61〕《宋會要》兵四之三二。
〔註62〕《宋史》卷191《兵志五》。
〔註63〕《續資治通鑑長編》卷283熙寧十年六月辛丑條。
〔註64〕《續資治通鑑長編》卷288元豐元年三月癸未條。
〔註65〕《宋會要》兵四之三四。

七、邊疆經濟、文化政策

（一）朝貢加強了宋朝與周邊政權的關係

宋朝在中國封建社會中經濟發展達到了一個較高的階段，這不僅體現在宋朝本身經濟的繁榮，而且也體現在與周邊國家和地區所進行的朝貢貿易上，向宋朝朝貢的國家、朝貢的規模都有空前的發展。一方面，朝貢國通過朝貢來換取更多的經濟利益，另一方面，宋朝則利用額外的賞賜來維繫對朝貢國的宗主國地位。實際上就是宋朝以經濟利益來換取政治利益，因而，通過朝貢，密切了宋朝與周邊政權的關係。

向宋朝朝貢的國家和地區主要有西方的大食、于闐、龜茲等，東方的高麗、日本，而最多的則是今東南亞一帶的交趾、占城、三佛齊、眞臘、渤泥、闍婆以及今南亞的注輦等。對於朝貢國國王及貢使，宋朝往往予以冊封及賜予官爵，如冊封占城國王爲檢校太傅，建炎三年（1129），冊封眞臘國王爲檢校司徒，「遂定爲常制」〔註66〕。對闍婆國王悉里地茶蘭固野的封號爲「懷遠軍節度、琳州管內觀察處置等使、金紫光祿大夫、檢校司空、使持節琳州諸軍事、琳州刺史、兼御史大夫、上柱國、闍婆國王」〔註67〕。對於貢使，賜予保順慕化大將軍、寧遠將軍、懷遠將軍、奉化郎將、安化郎將、保順郎將、郎將等虛職。貢使抵達宋朝後，當地的官員要負責接待，然後從抵達地到首都汴京與臨安往返全程有專門的接伴送伴官（北宋）、引伴押伴官（南宋）陪同，對於侵犯貢使利益的陪同人員嚴懲不貸。政和年間，蔡蒙休陪同大食貢使入京，「沿道故滯留，強市其香藥不償直。事聞，詔提點刑獄置獄推治，因詔自今蕃夷入貢，並選承務郎以上清幹官押伴，按程而行，無故不得過一日，乞取賈市者論以自盜云」〔註68〕。西北的吐蕃、回鶻諸部也經常向中央朝貢，建隆三年（962）12 月，「甘州回鶻可汗遣使孫夜落與沙州、瓜州同入貢馬千匹、駝五百、玉五百餘團、琥珀五百斤、碙砂四十斤，珊瑚八枝、毛褐千匹、玉帶、玉鞍等。」〔註69〕可見其規模之大。

向宋朝朝貢國家進貢的物品主要以土特產品、奢侈品爲主，如太宗淳化三年（992）八月，闍婆朝貢進獻的物品有「象牙十株、眞珠二斤半、雜色絲

〔註66〕《宋史》卷 489《外國傳五》。
〔註67〕《宋會要輯稿》蕃夷四之九七。
〔註68〕《宋史》卷 490《外國傳六》。
〔註69〕《宋會要輯稿》蕃夷四之二。

絞三十六段、吉貝織雜色絞五十六段、檀香四千四百二十三斤、玳瑁檳榔盤二面、犀牙金銀裝霸劍十二口、藤織花簟席四十領、白鸚鵡一、雜色繡銷金絲絞八段、七寶檀香亭子一……又進大玳瑁六十七斤、藤織花簟席二十領、丁香十斤、白龍腦五斤」〔註70〕。天禧二年九月，占城國王遣使入貢，進獻「象牙七十二株、犀角八十六株、玳瑁千片、乳香五十斤、丁香花八十斤、豆蔻六十五斤、沉香百斤、箋香二百斤、別箋一劑六十八斤、茴香百斤、檳榔千五百斤」〔註71〕，為此，宋朝回賜銀四萬七千兩以及器杖、鞍馬等。宋朝回賜的價值超過進貢物品的價值，並且往往對朝貢國王及貢使有額外的賞賜。宋朝的回賜主要有金銀、銅錢、絲織品、衣物、金束帶、茶葉、銀器、錦袍、瓷器，另外應朝貢者之要求，還有書籍與大藏經（分金字、墨本等）等文化產品。由於巨額的經濟利益的驅使，朝貢者趨之若鶩，宋朝曾對朝貢次數進行限制，「于闐、大食、拂菻等國貢奉，般次踵至，有司憚於供賚，抑留邊方，限二歲一進」〔註72〕。由於朝貢的利潤巨大，因而往往有商人冒充官方貢使前來朝貢。

　　為了規範朝貢，宋朝曾制定了一些措施，大中祥符九年（1016年）七月，知廣州陳世卿上書建議：「海外蕃國貢方物至廣州者，自今犀象珠貝揀香異寶聽齎持赴闕，其餘輦載重物，望令悉納州帑估價聞奏，非貢物悉收稅算。每國使、副、判官各一人，其防援官大食、注輦、三佛齊、闍婆等國勿過二十人，占城、丹流眉、渤泥、古邏摩迦等國勿過十人，並來往給券料。廣州蕃客有冒代者罪之。緣賜與所得貿市雜物則免稅算，自餘私物不在此例」〔註73〕。其建議得到了批准，使得對朝貢管理有章可循。其內容大致包括對進貢物品的管理、對貢使的限制與管理、稅收的徵集及違法者的處置四個方面。

　　由於朝貢能夠帶來巨大的經濟利益，如前述對占城國的一次回賜就達白銀四萬五千兩，這對於一個小國的經濟的重要性可想而知。伴隨著巨大的經濟利益的同時，朝貢者還能得到一定的政治榮譽。因此，有宋一帶，朝貢者絡繹於途，儘管宋朝經濟上失要大於得，但通過朝貢，大大加強了宋朝與周邊國家的關係，使宋朝能夠有一個良好的國際環境。朝貢表面上是一種經濟貿易形式，其實則是一種政治手段。

〔註70〕《宋會要輯稿》蕃夷四之九七。
〔註71〕《宋會要輯稿》蕃夷四之六九。
〔註72〕《宋史》卷490《外國傳六》。
〔註73〕《宋會要輯稿》蕃夷七之二〇。

（二）茶馬貿易促進了宋與邊疆的經濟交流

宋朝除了在與遼、西夏、金的交界處開設榷場以從事貿易活動外，還在西北及西南等地區與各少數民族與部族進行互市貿易，由於貿易雙方的主要商品是茶和馬，因此又稱之爲茶馬互市。

宋朝由於經常與周邊的遼、西夏、金等政權發生戰爭，而以步兵爲主的宋軍往往難於抵禦對方強大的騎兵。因此建立強大的騎兵部隊，是宋朝的國防之需。但是由於內地都爲農業區域，馬匹的產量少且素質差，難以滿足戰爭之需，因而向周邊的少數民族購買馬匹，就成爲宋朝最主要的進口商品。邊疆少數民族，多以畜牧爲生，且多食肉飲酪，能夠消食解膩的茶葉也就成爲日常生活中不可缺少的必須品。而茶葉，則必須從南方出產地輸入。因此茶和馬成爲宋朝與少數民族貿易的最主要商品。

宋代市馬，主要有西北陝西路、河東路以及西南的川峽地區和廣西地區，「凡市馬之處，河東則府州苛嵐軍，陝西則秦、渭、涇、原、儀、環、慶、階、文州，鎮戎軍，川峽則益、黎、茂、雅、夔州，永康軍，皆置務遣官以主之」〔註74〕。宋初，在陝西設置提舉買馬監牧司，每年用銀四兩、絹七萬五千匹買馬。熙寧八年（1075），又在熙河路設置六處買馬場，每年在西北購陝馬一萬八千匹。賣馬的少數民族有「吐蕃、回紇、党項、藏牙族、白馬、鼻家、保家、名市族諸蕃」〔註75〕。買馬的方式有兩種，一種是由政府在沿邊馬場直接購買，然後送往內地。另一種稱爲「券馬」，其方法是「每歲皆給以空名敕書，委沿邊長吏，擇牙吏入蕃招募，給券，詣京師」〔註76〕。這種方法一般每十匹或百匹爲一券，由賣馬的少數民族押送到內地，其中至於邊境馬場每匹馬支付路費錢一千，從馬場到內地的人畜供應由宋朝政府供應。這樣，雖然開銷較前一種要高，但是保證了馬匹的存活率。宋眞宗時，專門在東京設置了評估馬匹價格的估馬司，馬價自「三十五千至八千，凡二十三等」〔註77〕。熙寧七年（1072），經略使王韶上奏：「西人頗以善馬至邊，其所嗜唯茶，而乏茶與之爲市，請趣買茶司買之。」〔註78〕神宗因此派李杞、蒲宗閔等人到成都開設買茶司，其職責是「經畫收買茶貨，專充秦鳳、熙河

〔註74〕《文獻通考》卷160《兵考・馬政》。
〔註75〕《宋史》卷198《兵志十二》。
〔註76〕《文獻通考》卷160《兵考・馬政》。
〔註77〕《宋會要輯稿》兵二四之二。
〔註78〕《宋史》卷167《職官志七》。

路博馬，更不相度市易」〔註79〕。李杞任提舉成都府利州路買茶公事，蒲宗閔任同提舉。之後，李杞提出買茶與買馬是同一件事，要求買茶司與買馬司合併。此後，此二司分合不一，合則稱川陝都大提舉買茶買馬司。規定專門以雅州名山茶、油麻壩茶及洋州茶買馬，共計六萬馱，每馱一百斤，總計六百萬斤。

　　川馬貿易主要分佈在益州、黎州、茂州、雅州、永康軍等地，川馬的數量與質量都遠不及陝馬，只能「給本處兵及充鋪馬」〔註80〕，也就是只能供當地廂兵及驛站使用，不能充當戰馬。即使如此，川馬的價格還相當高，有的要比陝馬高出四倍，而且不分優劣，一律收購，一般每年要購買 2000 匹。「羈縻馬，產西南諸蠻，短小不及格，今黎、敘等五州所產是也。羈縻馬每綱五十，其間良者不過三五，中等十數，餘皆下等，不可服乘。守貳貪賞格，以多為貴。經涉險遠，且綱卒盜其芻粟，道斃者相望。」〔註81〕宋朝政府之所以花費如此代價購買不堪使用的川馬，其目的就是為了籠絡當地的少數民族，使其從茶馬互市中得到利益，從而保障邊疆的穩定。因此，川馬也被稱之為「羈縻馬」。宋朝開創了與邊疆少數民族茶馬貿易的先河，對後世尤其是明代的茶馬貿易影響甚大。

　　廣馬貿易主要是在廣西邕州橫山寨及宜州進行，北宋時，已在廣西買馬，但只是作為陝馬的補充，數量甚微。南宋時，其西北的馬源幾乎斷絕，因此，廣馬成為茶馬貿易的重點。高宗紹興三年（1133），於邕州設買馬司，在賓州、宜州、黃州也有設置。廣西本地所產馬品種較為矮小，不能用作戰馬。廣馬貿易的馬匹主要來自大理，由邊疆少數民族轉賣所致。

　　以茶易馬，不但使宋朝得到了急需的戰馬，也使西北少數民族得到了日常必須的茶葉及其他日用品，增強了邊疆少數民族的向心力，促進了宋朝與邊疆少數民族的經濟交流，使雙方都獲益匪淺。

（三）邊疆屯田、營田制度

　　「屯田因兵屯得名，則固以兵耕。營田募民耕之，而分里築室以居，其人略如晁錯田塞制，故以營名，其實用民而非兵也。」〔註82〕也就是屯田用

〔註79〕　《宋會要輯稿》職官四三之四七。
〔註80〕　《宋會要輯稿》兵二四之三。
〔註81〕　《宋史》卷 198《兵志十二》。
〔註82〕　《文獻通考》卷 7《田賦考・屯田》。

兵而營田則以百姓為勞動力，但是屯田以民，營田以兵的情況也廣泛存在，宋代「屯田、營田實同名異」〔註83〕，以下行文中統稱屯田。

　　宋代屯田的區域主要分佈在西北及北方沿邊，另外內地有一些地方採用屯田的方式來安輯流民。本節所要探討的主要是涉及邊政的西北地區屯田情況。由於宋朝西北沿邊與西夏為鄰，而北宋一帶與西夏的戰爭頻繁進行，因而陝西路地區的眾多駐軍需要耗費大量的糧食等物資，從內地千里轉輸糧草無疑要耗費大量的人力、物力。「伏見西事以來，應付邊備，天下被其勞，凡百賦率至增數倍。」〔註84〕因而在沿邊地帶屯田，以便就近解決糧食供應問題，會給困難的財政局面以一定程度的緩解。於是，當時朝野一致認為解決糧草轉輸所引發的財政困難局面，「莫不以屯營田為急」〔註85〕。沿邊屯田，還可使一些荒廢的土地得以開墾，減輕百姓的勞役負擔，使「諸軍佈在邊郡，緩急有以為用」〔註86〕。

　　宋朝西北屯田區域主要分佈在當時的陝西秦鳳、涇原、環慶、鄜延四路以及後來新開闢的熙河路地區〔註87〕，今天主要分佈在寧夏、陝西、甘肅、青海四省區。在今寧夏的主要有賀蘭山山麓、靈州、鎮戎軍及籠干城等處。在今銀川西北，賀蘭山之東至黃河之西，有田數千頃，可引黃河水灌溉，歷代在此都曾屯田。至道元年（995），陝西轉運使鄭文寶在「賀蘭山下，見唐室營田舊制，建議興復，可得秔稻萬餘斛，減歲運之費。」〔註88〕靈州（今寧夏靈武縣西南）屯田是在李繼遷奪取該地之前，靈州「地方千里，表裏山河，水深而土厚，草木茂盛，真牧放耕戰之地」〔註89〕，是屯田的理想地域。咸平二年（999），真宗派何亮、陳緯等人「同往靈州經度屯田」〔註90〕。次年，裴濟任知靈州，開始屯田，「至州二年，謀緝八鎮，興屯田之利，民甚賴之」〔註91〕。咸平五年，靈州被李繼遷攻陷，裴濟戰死，屯田也就終

〔註83〕《文獻通考》卷7《田賦考‧屯田》。

〔註84〕《續資治通鑑長編》卷135慶曆二年四月戊寅條。

〔註85〕《宋會要輯稿》食貨六三之一三一。

〔註86〕《宋會要輯稿》食貨六三之五九。

〔註87〕參見李蔚：《試論宋代西北的屯田》，《西夏史研究》，寧夏人民出版社1989年版。

〔註88〕《宋史》卷277《鄭文寶傳》。

〔註89〕《續資治通鑑長編》卷44咸平二年六月戊午條。

〔註90〕《續資治通鑑長編》卷44咸平二年六月戊午條。

〔註91〕《宋史》卷308《裴濟傳》。

止。鎮戎軍（今寧夏固原縣）屯田出於陝西轉運使劉綜的建議，他於咸平四年考察該地的情況後提出，「臣請於軍城四面置一屯田務，開田五百頃，置下軍二千人，牛八百頭以耕種之。又於軍北及木峽口、軍城前後，各置堡寨，使其分居，無寇則耕，寇來則戰。仍請就命知軍李繼和爲屯田制置使，令繼和擇使臣充四寨主管，五百人即充屯戍。則每歲所費可出於茲，行之累年，必有成績矣」〔註92〕。熙寧元年（1068），知渭州蔡挺在鎮戎軍北葫蘆河川的上游建熙寧砦，「開地二千頃，募卒三千人耕守之」〔註93〕。涇原路鈐轄曹緯於大中祥符四年（1101）建籠竿城（今寧夏隆德），並「募弓箭手給田，使耕戰自守」〔註94〕。

　　陝西屯田主要在今陝北地區，有青澗城、木瓜原等地。康定元年（1040），鄜州判官種世衡「建言，延安東北二百里有故宥州，請因其廢壘而興之，以當寇衝，右可固延安之勢，左可致河東之粟，北可圖銀、夏之舊。朝廷從之，命董其役。夏人屢出爭，世衡且戰且城之。然處險無泉，議不可守。鑿地百五十尺，始至於石，石工辭不可穿，世衡命屑石一畚酬百錢，卒得泉。城成，賜名青澗城。遷內殿崇班、知城事」〔註95〕。隨即在城周圍開營田二千頃。元豐年間，知太原府呂惠卿上《營田疏》：「今葭蘆、米脂裏外良田，不啻一二萬頃，夏人名爲『眞珠山』、『七寶山』，言其多出禾粟也。若耕其半，則兩路新砦兵費，已不盡資內地，況能盡辟之乎？前此所不敢進耕者，外無捍衛也。今於葭蘆、米脂相去一百二十里間，各建一砦，又其間置小堡鋪相望，則延州之義合、白草與石州之吳堡、克明以南諸城砦，千里邊面皆爲內地，而河外三州荒閒之地，皆可墾闢以贍軍用。凡昔爲夏人所侵及蘇安靖棄之以爲兩不耕者，皆可爲法耕之。於是就糴河外，而使河內之民被支移者，量出腳乘之直，革百年遠輸貴糴，以免困公之弊。財力稍豐，又通葭蘆之道於麟州之神木，其通堡砦亦如葭蘆、米脂之法，而橫山膏腴之地，皆爲我有矣」〔註96〕。元豐七年（1084），呂惠卿雇五縣耕牛，開墾葭蘆（今陝西佳縣）、吳堡（今陝西吳堡縣）之間號稱木瓜原的肥沃土地五百餘頃，麟、府、豐州地730頃，弓箭手與百姓無力耕作及宋夏之間兩不耕地960頃。總計2190餘頃。呂

〔註92〕　《續資治通鑑長編》卷50咸平四年十二月壬戌條。
〔註93〕　《宋史》卷328《蔡挺傳》。
〔註94〕　《續資治通鑑長編》139慶曆三年正月丙子條。
〔註95〕　《宋史》卷335《種世衡傳》。
〔註96〕　《宋史》卷176《食貨志上》。

惠卿自認為獲利甚豐，請求在整個陝西地區推廣。

　　甘肅屯田主要有清遠軍、渭州、秦州、河州等地。清遠軍（今甘肅環縣甜水堡附近）是出於陝西轉運使鄭文寶的建議於至道三年（997）所建立，建城的同時，也在此處屯田。「清遠據積石嶺，在旱海中，去靈、環皆三四百里，素無水泉。文寶發民負水數百里外，留屯數千人，又募民以榆槐雜樹及貓狗鴉烏至者，厚給其直。地焉鹵，樹皆立枯。西民甚苦其役，而城之不能守，卒為山水所壞」。英宗時知渭州（今甘肅平涼市）王素利用屬羌所獻土地，招募弓箭手屯田耕種。同時，知秦州（今甘肅天水市）李參平定蕃部叛亂，得良田五百頃，也招募弓箭手屯田耕種。熙寧五年（1072）知熙州王韶建議在河州（今天甘肅臨夏市）屯田，「乞以河州蕃部近城川地招弓箭手，又以山坡地招蕃兵弓箭手，每寨五指揮，以二百五十人為額，每人給地一頃，蕃官兩頃，大蕃官三頃。熙河多美田，朝廷委提點秦鳳刑獄鄭民憲興民田，奏辟官屬，以集其事」〔註97〕。元豐九年（1086）「知河州鮮于師中乞以未募弓箭手地百頃為屯田，從之」〔註98〕。

　　青海屯田主要是在徽宗時期收復的西寧、湟、廓等州。政和年間，提舉熙河蘭湟弓箭手何灌建議修復該地的漢唐故渠，招募弓箭手屯田。「甫半歲，得善田二萬六千頃，募士七千四百人，為他路最」〔註99〕。

　　宋朝西北屯田儘管個別地區取得了一定的成效，如裴濟的靈州屯田、種世衡的清澗城營田。但是大部分地區收效甚微，甚至得不償失，如呂惠卿的木瓜原屯田，在第二年的元豐八年（1085），「樞密院奏：『去年耕種木瓜原，凡用將兵萬八千餘人，馬二千餘匹，費錢七千餘緡，穀近九千石，糗糒近五萬斤，草萬四千餘束；又保甲守禦費緡錢千三百，米石三千二百，役耕民千五百，雇牛千具，皆強民為之；所收禾粟、蕎麥萬八千石，草十萬二千，不償所費。又借轉運司錢穀以為子種，至今未償，增入人馬防拓之費，仍在年計之外。慮經略司來年再欲耕種，乞早約束。』詔諭惠卿毋蹈前失」〔註100〕。

　　宋朝屯田效果不佳的原因一是由於勞動者身份低下，勞動積極性不高；

〔註97〕《文獻通考》卷7《田賦考・屯田》。
〔註98〕《文獻通考》卷7《田賦考・屯田》。
〔註99〕《宋史》卷357《何灌傳》。
〔註100〕《宋史》卷176《食貨志上四》。

二是由於主管官員的消極應付與不盡職。〔註101〕此外，宋代的西北屯田還造成了消極的生態後果，屯田的區域大部分位於黃土高原，在缺水的黃土高原進行大面積的土地開發，必然造成嚴重的水土流失。「同時，軍隊的屯駐地點往往隨著戰爭起落而游移不定，從事墾殖的士兵又屬雇傭性質，因而他們無意珍惜和涵養地力，往往採取粗放的掠奪耕作方式，至於各種農田基本建設及水利工程設施就更無從談起了。這樣經營土地，必然加劇水土流失，使環境迅速惡化。」〔註102〕

（四）入中制度

所謂入中就是商人將政府所需物資運送到指定地點，獲得憑證，然後再到指定地點獲得政府的現錢或實物補償。「北宋的入中按地區可劃分爲京師入中、沿邊入中和內地入中，尤以西北沿邊的入中規模最大、影響最深，也最爲重要。它事關沿邊軍需供給、邊境穩定、乃至朝運的維繫。」〔註103〕本節所探討的入中即是西北沿邊的入中。

由於北宋與西夏戰爭的頻繁進行，西北邊區需要大量的糧草等軍需供應，「自西事以來，三路並仰給三司逐路歲入糧草，支榷貨務現錢銀絹茶等約數千貫」〔註104〕。運輸大量的軍需物品，必然要耗費大量的經費。熙寧年間，涇原路經略使王廣淵彙報，「自渭州至熙州運米，都錢四百三十，草圍錢六百五十。諸處闕廂軍，若倩義勇之類，騷費尤甚，必大失生業」〔註105〕。從同在今甘肅省的渭州（今甘肅平涼市）到熙州（今甘肅臨洮市）尙要花費如此巨額的運費，那麼從遙遠的內地到西北邊區的運費就可想而知了。並且運輸所需要的大量人力如果由政府來組織，難免會造成百姓不堪其擾的情況。由於宋朝商品經濟的大爲發展，以經濟手段解決長途運輸困難的入中制度也就應運而生了。

入中最主要的物資是軍糧，至和三年（1056），河北提舉糴便糧草薛向說：「並邊十七州軍，歲計粟百八十萬石，爲錢百六十萬緡，豆六十五萬石，芻

〔註101〕參見史繼剛：《宋代屯田、營田問題新探》，《中國社會經濟史研究》1999年第2期。
〔註102〕韓茂莉：《宋代農業地理》，山西古籍出版社1993年版，第67頁。
〔註103〕黃純豔：《北宋西北沿邊的入中》，《廈門大學學報（哲社版）》1998年第1期。
〔註104〕《續資治通鑒長編》卷167皇祐元年十月壬戌條。
〔註105〕《續資治通鑒長編》卷251熙寧七年三月庚子條。

三百七十萬圍，並邊租賦歲可得粟、豆、芻五十萬，其餘皆商人入中」〔註106〕。
由此可見入中糧食規模之大。鹽也是入中的主要物資之一，慶曆年間，爲了
打擊西夏，削弱其經濟，故嚴禁西夏的青白鹽進口。陝西沿邊的延、環、慶、
渭、原、保安、鎮戎、德順八州軍所需的鹽則以內地鹽入中來解決，「乃募人
入中池鹽，予券優其估，還，以池鹽償之；以所入鹽官自出鬻，禁人私售，
峻青白鹽之禁」〔註107〕。此外入中的物資還有錢幣、茶葉、布帛、鐵、木等
等，「入中他貨，予券償以池鹽。緜是羽毛、筋角、膠膝、鐵炭、瓦木之類，
一切以鹽易之」〔註108〕。

　　折中也就是政府償還商人的物品主是茶、鹽、現錢及香藥、礬等等。「乾
興以來，西北兵費不足，募商人入中芻粟如雍熙法給券，以茶償之。後又益
以東南緡錢、香藥、犀齒，謂之三說」〔註109〕。由於入中能使商人得到豐厚
的利潤，故而往往趨之若鶩。

　　雖然入中制度同其他制度一樣，必然有其弊端，如以豐厚的利潤吸引商
人加重了政府財政負擔等。但是其實施，畢竟保障了西北邊防所需糧草物資
的供應，免除了百姓的勞役之苦，也就一定程度上保障了西北邊疆的穩定，
還是有其進步意義的。

（五）邊疆地區教育的發展

　　隨著宋神宗時期對邊疆的開拓，爲了鞏固對新區的統治，宋朝採取了一
系列的政治、經濟、文化措施。其中建立招收少數民族學生的學校是其中重
要的一條。在西北熙河路地區，專門建立了招收吐蕃諸部貴族子弟的蕃學。
蕃學建立的確切時間不詳，但在熙寧五年（1072）王安石與宋神宗的一次談
話中曾談到種世衡在環州（今甘肅環縣）建學的情況。「王安石曰：『種世衡
在環州建學，令蕃官子弟入學。監司疑其事，遣官體量。世衡以爲非欲得蕃
官子弟爲門人，但欲與之親狎。又平居無事時，家家如有質子在州。』上曰：
『世衡事事輒有計謀，其建學非苟然也。』」〔註110〕可見，種世衡在環州所建
之學校至遲不晚於熙寧五年，儘管其學校沒有明確的蕃學之稱，但其招生對

〔註106〕《宋史》卷184《食貨志下六》。
〔註107〕《宋史》卷181《食貨志下三》。
〔註108〕《宋史》卷181《食貨志下三》。
〔註109〕《宋史》卷181《食貨志下五》。
〔註110〕《續資治通鑒長編》卷233熙寧五年五月乙未條。

象都是蕃官子弟，其目的一方面是籠絡蕃部上層酋豪，另一方面也是變相將學生作爲人質，使其父兄不敢輕舉妄動。同年，有詔命令「陝西置蕃學」，〔註111〕這是蕃學名字的首次出現。隨後，蕃學在西北邊疆逐漸興建。熙寧五年五月，宋朝將奪取的古渭寨建爲通遠軍（今甘肅隴西縣）。同月，秦鳳路緣邊安撫司就請求「通遠軍宜建學」〔註112〕。朝廷予以許可，通遠軍所建學校，應該是模仿種世衡所爲，招生對象也主要是蕃官子弟。熙寧六年（1073）十二月，熙河路經略司上報說：「熙州（今甘肅臨洮——筆者注）西羅城已置蕃學，曉諭蕃官子弟入學。」〔註113〕熙寧八年（1075）三月，「知河州鮮于師中乞置蕃學，教蕃酋子弟。賜地十頃，歲給錢千緡，增解進士爲五人額。從之。」〔註114〕可見，河州蕃學不但被賜予十頃學田，而且每年給予固定的辦學經費，增加參加進士考試的考生名額。這充分說明了宋朝政府對蕃學的重視以及學校的正規化程度。之後，宋徽宗於崇寧四年（1105）再次下詔，重申建置蕃學的意義。「陝西新造之郡猶用蕃字，可置蕃學，選通蕃語、識文字人爲之教授。訓以經典，譯以文字，或因其所尙，令誦佛書，漸變其俗。」〔註115〕

對於南方荊湖開邊後的新區，宋朝政府並未像西北一樣設立專門的蕃學，而是設立同內地一樣的州、縣學，招收新附的洞民子弟。熙寧七年（1074），在荊湖路新設置的新化縣（今湖南新化縣）設置縣學，爲此撥給 200 畝水田作爲學田。熙寧八年（1075），新建的沅州（今湖南芷江）上奏：「比建州學，今聽讀者已多，乞賜國子監書，庶幾一變舊俗，皆爲禮義之民。」〔註116〕誠州（今湖南靖州縣）的學校的建立更是早在羈縻州時期，尚未建成朝廷的正州就一直存在。「熙寧八年，有楊光富者，率其族姓二十三州峒歸附……獨光僭頗負固不從命，詔湖南轉運使朱初平羈縻之，未幾亦降，乃與其子日儼請於其側建學舍，求名士教子孫。詔潭州長史朴成爲徽、誠等州教授。」〔註117〕。元豐四年（1181）四月，正式設置了作爲朝廷正州的誠州，轄於荊湖北路。之後，誠州改名靖州，學校也一直興辦，並賜有學田。「方爲誠州，已嘗建學立

〔註111〕《群書考索後集》卷30《蕃學》。
〔註112〕《續資治通鑑長編》卷233熙寧五年五月乙未條。
〔註113〕《續資治通鑑長編》卷248熙寧六年十二月壬午條。
〔註114〕《續資治通鑑長編》卷261熙寧八年三月戊戌條。
〔註115〕《宋會要輯稿·崇儒》二之一一。
〔註116〕《續資治通鑑長編》卷261熙寧八年三月丙辰條。
〔註117〕《宋史》卷494《蠻夷傳二》。

師，首命長沙朴成爲之。逮大觀二年，又改作於州之北，賜田賜書，教養咸備。」〔註118〕南宋紹興十四年（1144）「詔靖州置新民學，學生三十人爲額，令附州學教養，仍令教授兼行訓導。」〔註119〕可見，誠州學校從創建起，就始終培養溪洞首領子弟。到南宋時期，在州學下，又專門設置了培養溪洞首領子弟的新民學。

宋朝少數民族地區專門學校的設置，不但培養了少數民族的知識分子，促進了少數民族地區的文化發展。更重要的是維護了當地的社會穩定，增強了少數民族對中央政權的向心力。是中國教育史上的一個創舉。

八、對西夏的關係

（一）對西夏政策的演變

宋朝對西夏政策的演變基本上可以西夏建國爲界限劃分爲前後兩個階段，前一階段，宋朝竭力對西夏進行招撫，而輔之以武力進攻。後一階段則以戰爭爲主，間或和平。宋夏之間的戰爭規模、傷亡人數都遠遠超過了同時期的宋遼戰爭、宋金戰爭。可以說，宋和西夏之間，戰爭成爲主旋律，而和平則是局部的和暫時的。後一階段，宋朝對西夏的政策，又可以神宗爲界，神宗之前，對於西夏的進攻是被動的抵抗、防禦。而神宗登基之後，則力圖改變對夏戰爭的屢敗局面，由戰略防禦轉爲戰略進攻，其熙河開邊的目的也是爲了最終制服西夏。以下分階段論述。

宋朝建立後，李彝殷及其後繼者光睿、繼筠都與宋朝保持了良好的關係，由於此時的党項統治者尚無建國的企圖，只是滿足於接受宋朝的冊封，名義上是宋朝的地方政權。宋朝也由於致力於平定十國割據政權以及與遼朝相抗衡，尚不及將夏州政權完全納入宋朝的版圖，因之對其一貫採取招撫的政策。可是隨著南方割據政權的相繼削平，而夏州政權內部也出現了內訌。於是，宋太宗在李繼捧入朝後，出兵佔據了夏、銀、綏、宥四州，夏州政權一度中斷。隨後，李繼遷依靠遼朝爲後援，開始了西夏建國的歷程。雖然與宋朝多次發生衝突，但是李繼遷清醒地認識到自己的力量尚不足以與宋朝抗衡，完成建國大業，因而在繼遷後期與德明時期，都與宋朝保持和平關係。而此時宋朝的力量也不足以徹底消滅西夏，因此也就維持與西夏的不穩定和平局

〔註118〕魏了翁《鶴山集》卷49《靖州教授廳題名壁記》，四庫全書本。
〔註119〕《宋會要輯稿‧崇儒》二之三六。

面，其對西夏政策不是主動制定，而是隨時被西夏所左右。對於西夏，只是安於西夏能夠不時入貢，對其進行冊封，不致侵擾邊疆。

元昊建國後，對於宋朝採取主動出擊，迫使其承認自己政治上的獨立性，相繼在三川口、好水川和定川砦三戰中大敗宋軍。宋朝的主導思想是儘量消弭戰爭，不與西夏爭一時之短長，戰略上以消極防禦爲主。儘管宋軍屢次失敗，但是宋朝基本上保持了邊界線的穩定，雖然喪失大量有生力量，但是疆土得以保全。由於宋朝的國力遠勝於西夏，西夏並不能在戰爭中得到較多的好處，只好轉而名義上臣服於宋朝，而實際上得到宋朝所賜予的歲幣的好處。神宗登基後，隨著變法圖強的進行，國家的經濟得以有較大的發展，有充分的物力作爲戰爭保障，因而對西夏的政策爲之一變，變被動的戰略防禦爲主動的戰略進攻，雖然在囉兀城、永樂城和靈州之戰中仍遭敗北，但是在開拓熙河、進佔蘭州以及奪取陝西四寨的戰爭中取得了勝利，從而使得宋朝逐漸掌握了對西夏戰爭的主動權。隨後在徽宗時，確立了對西夏的絕對優勢，從而保障了終北宋一朝，西夏只是對宋朝的邊疆以一定的威脅，而並不能給宋朝以根本的損害。可見，由於西夏和宋朝國力的差距懸殊，宋朝的對夏政策不管是消極的還是積極的，對於宋朝的大局都影響不大。同時，由於要利用西夏與遼朝相抗衡，最終形成了北宋、西夏與遼相鼎峙的局面，形成了當時政治上的均勢，三方都無力消滅敵對的任何一方。

（二）宋夏戰爭對邊疆形勢的影響

宋夏之間的不斷戰爭給宋朝邊疆以極大的震盪，也給當地人民的生產、生活造成極大的損失。

首先，宋夏戰爭改變了宋朝的疆界，使宋朝喪失了部分領土。靈州（今寧夏靈武）是宋朝的西北重鎮，其地「北控河、朔，南引慶、涼，據諸路上游，扼西陲要害，若繕城濬濠，練兵積粟，一旦縱橫四出，關中莫知所備。」〔註120〕地理位置十分重要。但是有的宋朝大臣卻不以爲然，力主放棄。如眞宗時楊憶就上書說：「議者又謂其土田沃饒，有漢陂之利，恐賊遷因而播殖，益以富強。況戎人但以攻剽爲生，罔知耕稼之事。河隴之外，棄地甚多，延袤百城，提封萬井。西漢屯田之所，疆畔猶存，倘事力耕，可以積穀，何必獨耕靈武，乃能足食？若靈武於賊有大利，即是必爭之地，豈至於今？皆爲

〔註120〕《西夏書事》卷 7。

孟浪之談，殊非經久之計。況又歲有調發，動致擾攘，借寇兵資盜糧，竭民力而耗國用，爲患之大，無出於斯。雖庸人孺子，亦知其可棄也。」〔註121〕但是，楊憶話出口僅數年，李繼遷就於咸平五年（1002）攻陷靈州。第二年，繼遷遷居此地，並改名爲西平府。佔據了此地，爲西夏的建國打下了基礎。另外元昊時期，在鄜延路接連攻陷栲栳、承平、南安、金明等宋朝緣邊城寨，使西夏疆界大大南移。

宋夏之間的戰爭，給宋朝造成極大的人力損失，神宗「熙寧用兵以來，凡得葭蘆、吳保、義合、米脂、浮圖、塞門六堡，而靈州、永樂之役，官軍、熟羌、義保死者六十萬人，錢、粟、銀、絹以萬數者不可勝計」。〔註122〕沿邊人民的生命財產損失更爲嚴重，「自元昊陷金明、承平、塞門、安邊、栲栳寨，破五龍川，邊民焚掠殆盡」〔註123〕。宋夏沿邊的党項羌熟戶，經過多次戰爭的燒殺劫掠，也死亡逃散大半。戰爭還給沿邊的人民以極大的經濟負擔，「自關陝興兵以來，修完城壁，饋運芻粟、科配百端，悉出州郡」〔註124〕。致使民不聊生，百業凋敝。

（三）宋夏的經濟、文化交流促進了西北邊疆地區的發展

儘管宋夏之間戰爭不斷，但是並未阻斷雙方之間的經濟、文化交流，而這種交流不但給宋朝提供了一些不能出產的土特產品，更重要的是促進了西夏所在的西北邊疆地區的經濟與文化的發展，有其積極意義。

宋夏之間的經濟交流主要有貢使貿易、榷場貿易和民間貿易等幾種形式。貢使貿易就是西夏使臣攜帶大量貨物利用出使之便，在宋朝境內進行交易。也有的在宋朝大量採購商品，再回國販賣。正所謂「從德明納款後，來使蕃漢之人入京師買販，憧憧道路。百貨所歸，獲中國之利，充於窟穴」〔註125〕。因爲宋朝給予西夏使臣攜帶的貨物免徵商稅的優待，因而貢使在往來貿易中獲取了巨額利潤。「每一使賜予貿易，無慮得絹五萬餘匹，歸鬻之，其值一匹五六千，民大悅，一使所獲率不下一二十萬緡。」〔註126〕這樣，造成了

〔註121〕 （宋）楊憶：《上眞宗論棄靈州爲便》，《宋朝諸臣奏議》卷130，上海古籍出版社1999年版。

〔註122〕 《宋史》卷486《夏國傳下》。

〔註123〕 《宋史》卷311《龐籍傳》。

〔註124〕 《續資治通鑑長編》卷140慶曆三年四月壬戌條。

〔註125〕 《續資治通鑑長編》卷139慶曆三年二月乙卯條。

〔註126〕 《宋文鑒》卷55《因擒鬼章論西夏羌人事宜》。

宋朝商稅的較大流失。因此，宋朝也不得不出臺一些對策。慶曆六年（1046）「正月十八日樞密院言：夏國近遣賀正人到闕，以錢銀博買物色比前數多，欲令引伴鄭余壽到界首，婉順諭以白承用等，今次博買物，以榷場未開，因茲應副。今後場中無者，必難應副，只於場中博易之。」〔註127〕可見，宋朝企圖將西夏使臣的購買行爲限制在榷場內，以此減少商稅的流失。榷場貿易是宋夏貿易的主要形式，始於景德四年（1007），出於李德明的請求，宋朝同意在保安軍開設榷場，允許夏人進場貿易，之後又增設鎮戎軍榷場。榷場之外，宋朝還在與西夏交界的河東路、陝西路沿邊地區設置規模小於榷場的和市。榷場是宋朝政府控制的專賣機構，而和市的管理則不那麼嚴格，政府只是從中徵收商稅。和市不僅在宋朝境內存在，西夏境內也有設置，這樣方便了雙方的日常交易。榷場與和市都是官方控制的，此外宋夏之間尚有民間的走私貿易，往往在宋、夏發生戰爭時，官方的榷場與和市關閉，而民間的走私貿易卻取而代之。在和平時期，西夏也往往通過走私貿易來獲取宋朝限制出口的貨物，如兵器、金屬原料等。雖然宋朝屢次禁止走私貿易，但是出於民間的需要而屢禁不止。

在雙方貿易中，宋朝輸出的商品有絲麻等織物，茶葉，銅錢、金銀，糧食，瓷器、漆器，薑、桂、香藥，兵器，圖書，衣物，珍玩等。西夏輸出的商品有牲畜包括馬、牛、羊、駱駝等，皮毛製品，青白鹽，藥物包括甘草、大黃、柴胡、紅花等，玉石，蜜蠟，翎毛等。〔註128〕宋朝出口的大部分是西夏不能自給的製成品，而西夏出口的則大多是原材料。由此可見，西夏經濟對宋朝有一定的依附性，要靠宋朝的製成品來滿足自己之需。

伴隨著經濟交流，宋夏雙方也進行著頻繁的文化交流，西夏對宋朝文化的借鑒、吸收是其主要內容。西夏文字的創制就是模仿漢字，其筆劃多借用漢字。爲了便於學習漢文化，西夏還專門編制了西夏字與漢字對照的字典——《蕃漢合時掌中珠》。西夏還大量向宋朝購求書籍，僅大藏經，宋朝就前後六次頒賜，這對西夏佛教及其文化的興盛不無推動作用。西夏還將大量的儒家經典翻譯成西夏文，一方面提高了西夏統治者的文化水平與統治能力，另一方面也大大促進了西夏文化的發展。

〔註127〕《宋會要輯稿》食貨三八之三〇。
〔註128〕參見杜見錄：《西夏經濟史》，中國社會科學出版社 2002 年版，第 261～265 頁。

九、對西北吐蕃諸部及唃廝囉政權的治策

（一）對西北吐蕃諸部的治策

九世紀中葉吐蕃政權崩潰後，其部落遍佈於西北地區，「族種分散，大者數千家，小者百十家，無復統一矣。自儀、渭、涇、原、環、慶及鎮戎、秦州暨於靈、夏皆有之，各有首領，內屬者謂之熟戶，余謂之生戶。涼州雖為所隔，然其地自置牧守，或請命於中朝」〔註129〕。形成了大雜居、小聚居的局面。

宋朝建立後，到神宗熙河開邊之前，始終對西北吐蕃諸部保持著羈縻之治，對其首領進行冊封，允許其入貢，並借助吐蕃諸部來抗衡西夏。宋朝剛剛建立的建隆二年（961），靈武五部前來進貢駱駝與良馬，吐蕃來離等八族酋長越嵬等將其護送入界，宋朝為此頒發敕書，獎諭越嵬等。同年，秦州吐蕃首領尚波于殺傷採造務士兵，知州高防捉拿吐蕃四十七人。為此，宋太祖任命吳廷祚代替高防，並且致書尚波于說：「朝廷制置邊防，撫寧部落，務令安集，豈有侵漁？曩者秦州設置三砦，止以採取材木，供億京師，雖在蕃漢之交，不妨牧放之利。汝等佔據木植，傷殺軍人。近得高防奏汝等見已拘執，聽候進止。朕以汝等久輸忠順，必悔前非，特示懷柔，各從寬宥。已令吳廷祚往伸安撫及還舊地。所宜共體恩旨，各歸本族。」〔註130〕並賜予錦袍、銀帶。尚波于等感動，向宋朝獻伏羌地。事件得以和平解決，與秦州吐蕃保持了友好關係。

隨著時間的推移，西北吐蕃諸部逐漸結成了不同的部落聯盟。其中以六谷部吐蕃聯盟最早出現。六谷是指發源於祁連山而流經涼州城南的六條河谷，自北向南依次是東大河、西營河、金塔河、雜木河、黃羊河、古浪河，六谷部吐蕃人就居住在這六條河谷所形成的涼州綠洲地帶。六谷部吐蕃聯盟不僅只有吐蕃人，還由「吐蕃化的漢人、党項羌人、回鶻人以及少數漢人組成」〔註131〕。六谷部吐蕃聯盟大約形成於五代後唐時期，後周時，其首領折逋支被擁立為涼州刺史、知西涼府。宋初，折逋支曾派人向太祖報告護送回鶻及漢族僧人至甘州的消息，受到表彰。折逋支去世後，其子折逋阿喻丹繼任。淳化四年（993），阿喻丹之弟喻龍波繼任，宋朝政府給予正式冊封，「以

〔註129〕《宋史》卷 492《吐蕃傳》。
〔註130〕《宋史》卷 492《吐蕃傳》。
〔註131〕劉建麗：《宋代西北吐蕃研究》，甘肅文化出版社 1998 年版，第 155 頁。

西涼府總管、權知軍府事俞龍波爲保順郎將」〔註132〕。眞宗時，喻龍波親自入朝，進貢良馬二千匹。後潘羅支取代了喻龍波的首領地位，宋於咸平四年（1001）任命他爲鹽州防禦使、兼靈州西面巡檢使。六谷部吐蕃始終與宋朝保持友好關係，經常向宋朝進貢馬匹，而宋朝也破例賜予其弓矢等武器。六谷部在與宋友好的同時，不斷與西夏發生戰爭，後在西夏的打擊下滅亡。

在六谷部吐蕃聯盟出現之後，在西北還出現了另一個吐蕃政權——唃廝囉，「唃廝囉者，緒出贊普之後，本名欺南陵溫逋。籛逋猶贊普也，羌語訛爲籛逋。生高昌磨榆國，既十二歲，河州羌何郎業賢客高昌，見廝囉貌奇偉，挈以歸，置鄯心城，而大姓聳昌廝均又以廝囉居移公城，欲於河州立文法。河州人謂佛『唃』，謂兒子『廝囉』，自此名唃廝囉」〔註133〕。宋眞宗景德三年（1006），宗哥族從六谷部中分離出來並迅速發展壯大，而其中又以兩個較大的宗族集團勢力最強，一個是居住在宗哥城（今青海平安縣）的李立遵部，一個是居住在邈川城（今青海樂都縣）的亞然家族溫逋奇部。兩部勢力相當，各不相讓。而唃廝囉來到河州使兩部的爭執得以解決，李立遵和溫逋奇立唃廝囉爲贊普，青唐吐蕃政權也就是唃廝囉政權建立。大中祥符元年（1008），唃廝囉向宋朝進貢名馬，開始與宋朝建立聯繫。因爲自稱爲論逋（相）的李立遵企圖自立，唃廝囉遷居邈川，依附溫逋奇。後溫逋奇作亂，唃廝囉殺溫逋奇，遷居青唐城（今青海西寧市）。大中祥符八年（1015），唃廝囉遣使入貢。宋朝給予大量賞賜，有錦袍、金帶、器幣、供帳什物、茶藥等，以及黃金七千兩。之後，又多次入貢。天聖十年（1032），宋朝授唃廝囉爲寧遠大將軍、愛州團練使。後升至保順軍節度使、兼邈川大首領，成爲宋朝掣肘西夏的重要力量。治平二年（1065），唃廝囉卒，其三子不睦，分裂爲三部：董氈據青唐城，繼任保順軍節度使；瞎氈據龕谷（今甘肅榆中縣境），宋朝授他爲澄州團練使；磨氈角據宗哥城，宋朝授他爲嚴州團練使。到神宗熙河開邊時，相繼被宋朝擊滅。

（二）熙河開邊與對唃廝囉政權的戰和

宋神宗登基後，力圖改變宋朝積貧積弱的局面，改變與西夏戰爭屢次戰敗的局面。這時王韶的上書迎合了神宗的需要。王韶進士出身，曾遊於陝西，並留心邊事，熙寧元年（1068），他向神宗上書《平戎策》三篇，其大意爲：

〔註132〕《宋會要輯稿》方域二一之一五。
〔註133〕《宋史》卷492《吐蕃傳》。

「西夏可取。欲取西夏,當先復河、湟,則夏人有腹背受敵之憂。夏人比年攻青唐,不能克,萬一克之,必並兵南向,大掠秦、渭之間,牧馬於蘭、會,斷古渭境,盡服南山生羌,西築武勝,遣兵時掠洮、河,則隴、蜀諸郡當盡驚擾,瞎徵兄弟其能自保邪?今唃氏子孫,唯董氈粗能自立,瞎徵、欺巴溫之徒,文法所及,各不過一二百里,其勢豈能與西人抗哉。武威之南,至於洮、河、蘭、鄯,皆故漢郡縣,所謂湟中、浩亹、大小榆、枹罕,土地肥美,宜五種者在焉。幸今諸羌瓜分,莫相統一,此正可併合而兼撫之時也。諸種既服,唃氏敢不歸?唃氏歸則河西李氏在吾股掌中矣。且唃氏子孫,瞎徵差盛,爲諸羌所畏,若招諭之,使居武勝或渭源城,使糾合宗黨,制其部族,習用漢法,異時族類雖盛,不過一延州李士彬、環州慕恩耳。爲漢有肘腋之助,且使夏人無所連結,策之上也。」〔註134〕

神宗採納了王韶的建議,並於當年二月任命其爲管幹秦鳳經略司機宜文字,負責開邊事宜,熙寧三年(1070)又任提舉蕃部兼營田市易。王韶首先招降了西夏早已覬覦的青唐俞龍珂部十二萬戶內附,俞龍珂被賜名爲包順。其後王韶經奏請,在古渭寨(今甘肅隴西)設置市易司,以爲開邊籌措經費。熙寧五年(1072)五月,在古渭寨建通遠軍,以王韶兼任知軍。七月,王韶率軍擊破蒙羅角、抹耳水巴等族。隨即,王韶又擊敗瞎氈之子木徵與俞龍珂之弟瞎藥等青唐大酋,佔領武勝軍,建爲鎮洮軍(今甘肅臨洮),後改爲熙州。十一月,「以熙河等五州軍爲一路」〔註135〕。也就是將熙州、河州、洮州、岷州及通遠軍組建爲熙河路,任命王韶爲熙河路都總管、經略安撫使兼知熙州。於此同時,河州吐蕃首領瞎藥降,賜姓名爲包約。

熙寧六年二月,王韶出兵攻擊河州(今甘肅臨夏),先後攻克香子城、珂諾城,最後木徵逃出河州,其妻和兒子都被俘,宋軍佔領河州。木徵退出河州後,轉而率數千人圍攻香子城,在牛精谷伏擊馳援的宋軍,殺宋將田瓊及其子。木徵又阻斷道路,迫使宋軍往來應付。木徵乘機奪回河州,王韶不得已退回熙州。王韶再次攻打河州,改變了戰術,他首先攻克了河州外圍的各城,並派兵鎮守,還積極招降蕃部。隨後擊破木徵弟巴氈角,迫使木徵出城援救,王韶乘河州空虛一舉將其攻下。隨即,王韶率軍「連拔宕、岷二州,疊、洮羌酋皆以城附。軍行五十有四日,涉千八百里,得州五,斬首數千級,

---

〔註134〕《宋史》卷328《王韶傳》。
〔註135〕《續資治通鑑長編》卷240熙寧五年十一月壬申條。

獲牛、羊、馬以萬計」〔註136〕。

熙寧七年（1074）二月，董氈部進擾河州附近，知州景思立率軍六千出戰，結果因輕敵，在踏白城戰敗，景思立戰死。四月，木徵又圍河州。王韶此時正在回京途中，得到消息後，他日夜急馳趕回熙州，撤除熙州的守軍，率二萬人出擊。諸將都想直奔河州，但是王韶說：「賊所以圍城者，恃有外援也。今知救至，必設伏待我，且新勝氣銳，未可與爭。當出其不意，以攻其所恃，此所謂批亢搗虛，形格勢禁，則自爲解'者也。」〔註137〕於是直趨定羌城，破結河族，並截斷通往西夏的道路，木徵解圍而去。王韶又繞道至踏白城，焚毀木徵營帳八千座，木徵不得已投降，熙河之役結束。

熙河開邊是宋朝主動對唃廝囉等西北蕃部發動的戰爭，使西部的疆土大大拓展，但是，也給當地的人民以極大的傷害，致使熙河路「自用兵以來，誅斬萬計，遺骸暴野，孤魂無依」〔註138〕。

在與宋朝對抗幾年之後，熙寧十年（1077），董氈再次向宋朝入貢，並謝罪。熙河開邊也給宋朝造成極大的財政負擔，董氈的入貢使宋朝喜出望外，當即授其爲都首領，青宜昌鬼章爲廓州刺史，阿里骨爲松州刺史，其他首領也有封爵。之後，宋朝與唃廝囉政權的關係逐漸得到恢復，在宋朝與西夏的戰爭中還曾出兵支持宋朝，董氈被進封爲武威郡王。

十、對西南邊疆的經略

（一）對西南瀘夷諸部的剿撫

在今四川瀘州及宜賓以南一帶，也就是宋朝的瀘州所屬羈縻州，生活著被稱爲瀘州夷的少數民族，其民族成分大體包括烏蠻和僚人兩種〔註139〕。從眞宗朝開始，瀘夷不斷與宋朝發生衝突，直至徽宗朝的一百餘年間，瀘夷各部屢撫屢叛，成爲宋朝西南邊疆動亂的一個主要因素。

眞宗大中祥符元年（1008）二月，「瀘州言江安縣蠻人殺傷戎州內屬戶，同巡檢殿直任賽領兵追捕，爲所害」〔註140〕。這是瀘夷首次較大的叛亂。第

〔註136〕《宋史》卷328《王韶傳》。
〔註137〕《宋史》卷328《王韶傳》。
〔註138〕《續資治通鑒長編》卷247熙寧六年十月丁酉條。
〔註139〕參見劉復生：《宋代「瀘夷」地區民族關係的演進》，《四川大學學報》（哲學社會科學版）1995年第4期。
〔註140〕《續資治通鑒長編》卷68大中祥符元年二月癸卯條。

二年四月，宋朝廷派侍其旭前往招撫，又採納梓州路轉運使李士龍的意見，派精兵三百人鎮守「最當要衝」的江安縣。七月，侍其旭到達瀘州，「夷人即來首罪，殺牲爲誓」〔註141〕。但是在他視察鹽井時，瀘夷再次叛亂。侍其旭生擒其首領三人，殺數十人。隨後，侍其旭請求增援，朝廷以知慶州孫正辭爲黎雅等州水陸都巡檢使，以環慶駐泊都監張繼勳及侍其旭爲同巡檢使，派陝西精兵出征。大中祥符三年（1010）二月，平定了這次叛亂。在平叛過程中，眞宗始終堅持剿撫並施的策略。當侍其旭以衣服布帛等物誘降叛亂首領斗婆之後，眞宗對其加以斥責，認爲有違反招安之實，命令如有接受招安的，不能加以殺害。在宋軍進軍的過程中，還將瀘夷諸部的積聚多加焚毀，眞宗認爲「雖蠻貊亦吾民也」〔註142〕，命令轉運使供應其口糧。

大中祥符六年（1013）七月，晏州多剛縣夷人斗望率眾劫淯井監，殺前來討伐的江安縣知縣文信。轉運使寇瑊率諸州巡檢會兵於江安縣，乘百餘艘船隻沿蜀江順流直下，在清浮壩駐紮並招安近界夷族。在寇瑊的招安政策下，「未幾，納、溪、藍、順州刺史史個松，生南八姓諸團，烏蠻狚廣王子界南廣、溪、移、悅等十一州刺史李紹安，山後高、鞏六州及江安界娑婆村首領，並來乞盟。用夷法，立竹爲誓，門橫竹，係貓犬各一於其上，老蠻人執刀劍，謂之『打誓』。誓曰：『誓與漢家同心討賊。』即刺貓犬雞血，和酒而飲。瑊給以鹽及酒食、針梳、衣服，署大榜付之，約大軍至日，揭以別逆順，不殺汝老幼，不燒汝欄棚。蠻人大喜」〔註143〕。眞宗又任命王懷信爲嘉眉戎瀘等州水陸都巡檢使，率陝西兵三千餘人與寇瑊配合征討。王懷信等率陝西兵及當地的民兵白芳子弟至生南界斗滿村，擊敗夷人二千餘人，殺傷五百餘人，奪取梭槍、藤牌等。後又在娑婆村、羅固募村、斗行村等連破夷人，燒毀羅固募、斗引等三十餘村，燒毀房屋三千餘間。經過連續的征戰，最後「蠻酋斗望又三路分眾來鬥，又爲官軍大敗，射死數百人，溺江水死者萬計」〔註144〕。不得已，斗望只得率諸村首領投降，殺三牲盟誓，表示永不寇盜邊境。

仁宗時期，淯井監地區的瀘夷部落多次叛亂，攻擊三江寨等地。其中皇

〔註141〕《續資治通鑒長編》卷72 大中祥符二年七月甲寅條。

〔註142〕《續資治通鑒長編》卷73 大中祥符三年閏二月乙卯條。

〔註143〕《續資治通鑒長編》卷81 大中祥符六年七月乙未條。

〔註144〕《續資治通鑒長編》卷81 大中祥符六年十二月壬午條。

祐元年（1050）的一次係由於漢民及地方官吏欺壓夷人所致，致使夷人萬餘人內寇，而宋朝政府也徵集了藥箭弩手、白芀子弟等，共用兵二萬餘人，歷時數月才平定。

　　神宗時期，爆發了瀘夷大規模的叛亂，持續時間長達十餘年。熙寧六年（1073）四月，因為宋朝政府實行鹽業專賣，「十州五囤舊納鹽井柴芀煎鹽，自官中賣井，我失賣芀之業，又令我納米折芀」〔註145〕。「晏州六縣種夷」失去了生活來源，因此起而造反。宋朝派中書檢正官熊本為察訪梓州路常平等事並體量措置淯井監夷事前往鎮撫。熊本對未叛諸族首領予以安撫，任命長寧州土刺史斗蓋之子斗辣繼其父之職，隴屬村首領斗始該為巡過使。不久，熊本又令權領江安縣程之元「以商議買田為名，誘三里夷人斗設等至寨」〔註146〕，殺叛亂首領90餘人。十一月，熊本率宋軍及當地土丁五千人進討，攻破大小46村，「凡得夷所獻地二百四十里，已募人墾耕，其屬夷悉已聯為保甲」〔註147〕。當時瀘夷中的烏蠻部有兩首領晏子和甫望個恕，分別隸淯井監和納溪寨。「晏子距省地絕近，猶有淯井之阻。甫望個恕近納溪寨，舟下瀘州不過半日。而二首領常賦晏州山外六姓及納溪二十四姓生夷。」〔註148〕熊本認為控制了這兩個人，也就能夠控制諸蠻，於是於熙寧七年（1074）五月任命烏蠻羅氏鬼主僕夜為銀青光祿大夫、知羈縻姚州，甫望個恕為銀青光祿大夫、知羈縻歸徠州，沙取祿路（晏子之子，時晏子已死）和乞弟（甫望個恕之子）為把截蕃部西南巡檢。

　　元豐元年（1078），瀘州江安縣納溪寨的漢民蘇三十七與羅苟夷人目持意因為爭奪魚筍而互相鬥毆，目持意被殺。「夷訴於寨，寨聞於縣，縣行檢驗之法。夷情忿怨，謂漢殺我人，官中不肯償我骨價，又暴露我夷人屍首，咒詛累日，因聚眾入寇。」〔註149〕這件事的起因看似因為少數民族不瞭解宋朝的司法程序所產生的誤解而引發，但實際上是由於長期的民族矛盾積累而使然。七月，神宗任命涇原路總管韓存寶為都大經制瀘州納溪夷賊公事，率涇原路番土兵五千人進討。出兵之前，宋廷就定下了殘酷的討伐方針，「務在殄滅自來屈強村囤，俟賊眾痛懲窮殺，憚威丏命，即許自新。如有軍馬未至以

〔註145〕《續資治通鑑長編》卷244熙寧六年四月乙酉條。
〔註146〕《續資治通鑑長編》卷248熙寧六年十二月丁丑條。
〔註147〕《續資治通鑑長編》卷249熙寧七年正月甲子條。
〔註148〕《續資治通鑑長編》卷253熙寧七年五月己亥條。
〔註149〕《續資治通鑑長編》卷290元豐元年六月己酉條。

前請降村囤，即令點集強壯，自備器仗，隨大軍討賊。或句集不從，即除老小婦女外，盡殺之」〔註150〕。韓存寶在乞弟的支持下，「討蕩五十六村，十三囤蠻乞降，願納土承賦租。乃詔罷兵」〔註151〕。但是，乞弟不滿韓存寶毀約不予賞賜，率晏州夷六千餘人至江安城下，要求賞賜，數日才離去。知瀘州喬敘為了安撫他，上奏朝廷，以其接任其父任知歸徠州，並派梓夔都監王宣以兵二千守江安，以防不測。

元豐三年（1081）三月，知瀘州喬敘派人邀請乞弟打誓，通判家安國不以為然，認為「有事而誓，猶不足以示威，今無事而求其誓，徒納侮耳」〔註152〕。但是喬敘不聽，剛剛立誓歸順之後，乞弟就以索取舊稅為名，圍攻「熟夷」羅個牟村。王宣率軍救援，全軍覆沒。神宗令韓存寶率軍一萬八千進討，但是韓存寶「怯懦不敢進，乞弟送款紿降，存寶信之，遂休兵於綿、梓、遂、資間」〔註153〕。

元豐四年（1082），宋朝以林廣代替韓存寶，並殺韓存寶。十月，林廣率四萬餘人兵發瀘州，在瀘水之上誓師說：「朝廷以存寶用兵亡狀，使我代之，要以必禽渠魁。今孤軍遠略，久駐賊境，退則為戮，冒死一戰，勝負未可知。縱死，猶有賞，愈於退而死也。與汝等戮力而進，可乎？」〔註154〕林廣將招降的夷人首領及子女安置在軍中，而另以地位略低的首領保護糧餉運輸線，這樣保障了後勤的安全。進軍的道路有兩條，從納溪到江門路近而險阻，從寧遠到樂共壩的路遠而平坦，乞弟設伏於前者，而林廣卻從後者進軍，又分兵繞道至江門之後，結果乞弟軍大潰。破樂共城，至斗蒲村，斬首二千五百級。抵落婆遠村，乞弟派叔父阿汝乞降，但是又暗中準備偷襲，林廣設伏等待。「乞弟擁千人出降，匿弩士氈衾，猶豫不前謝恩。廣發伏擊之，蠻奔潰，斬阿汝及大酋二十八人。乞弟以所乘馬授弟阿字，大將王光祖追斬之，軍中爭其屍，乞弟得從江橋下脫走。」〔註155〕元豐五年（1082）正月，宋軍至歸徠州，俘獲夷人三萬多人，但是未捉獲乞弟，宋軍班師。此次出征的結果，使宋朝控制了西起淯井，東達納溪的區域，將乞弟的歸徠州賞賜羅

〔註150〕《續資治通鑒長編》卷290元豐元年七月甲戌條。
〔註151〕《宋史》卷496《蠻夷傳四》。
〔註152〕《續資治通鑒長編》卷303元豐三年四月丁未條。
〔註153〕《宋史》卷496《蠻夷傳四》。
〔註154〕《宋史》卷334《林廣傳》。
〔註155〕《宋史》卷334《林廣傳》。

氏鬼主。後乞弟死，「於是羅始黨、斗然、斗更等諸酋請依十九姓團結，新收生界八姓、兩江夷族請依七姓團結，皆爲義軍。從之。自是瀘夷震懾，不復爲邊患」〔註156〕。

宋朝與瀘夷的戰爭，大都是由於宋朝的地方官員對少數民族採取歧視、壓迫政策所致，由此引發的長時期民族衝突使當地的生產、生活受到極大的干擾。但與此同時，民族之間的交往也隨之增多，落後的生產方式也隨之得到改進。

（二）對大理的政策

南詔滅亡後，在雲南地區相繼出現了大長和國、大天興國、大義寧國三個短暫的政權，公元 937 年，段思平推翻了大義寧國楊乾貞的統治，建立了大理國。大理國於 1253 年被蒙古所滅，基本上和宋朝相始終。有宋太祖揮玉斧的傳說，認爲是因此斷絕了宋朝攻取大理之念。「先是，宋太祖丁卯乾德五年春，王全斌平蜀，還京師，請取雲南，負地圖進。太祖鑒唐之禍，以玉斧畫大渡河爲界，曰：『此外非吾有也。』」〔註157〕儘管這是傳說，但是確實宋朝統治者對大理實行的是無所作爲的政策，使雙方之間的交往很少，也因此始終保持了和平的局面。

早在宋滅後蜀之後，大理國就遣使宋朝示好，乾德三年（965）夏，「黎州遞到雲南牒，稱大理國建昌城演習爽賀平蜀之意」。〔註158〕開寶二年（969）二月，黎州再次收到建昌城送來的通好文書。之後，大理又曾多次向宋朝入貢要求通好。爲此，宋太宗太平興國七年（982），命令黎州在大渡河邊造船以方便「西南蠻之朝貢者」〔註159〕，此西南蠻應該包括大理國在內。但是，在 100 餘年間，除了大理向宋朝進貢外，雙方並無更多的交往。宋徽宗政和七年（1117）二月，大理的進奉使李紫琮、李伯祥到宋京城，「貢馬三百八十匹及麝香、牛黃、細氈、碧玕山諸物。」〔註160〕徽宗冊封大理國王段和譽爲「雲南節度使、金紫光祿大夫、檢校司空、上柱國、大理王，加食邑一千戶，實封五百戶」〔註161〕。認爲「彼外蕃奠居南服，能向風而慕義，宜字號以示

〔註156〕《宋史》卷 496《蠻夷傳四》。
〔註157〕（明）楊慎：《南詔野史》。
〔註158〕《續資治通鑑長編》卷 10 開寶二年六月條引《續錦里耆舊傳》。
〔註159〕《續資治通鑑長編》卷 23 太平興國七年三月丁未條。
〔註160〕《宋史》卷 488《外國傳·大理國》。
〔註161〕《宋會要輯稿》蕃夷四之五八。

恩」〔註162〕。正式建立了雙方的封貢關係，大理成爲宋朝的外藩。大理和宋朝也存在著一定形式的文化、經濟往來。南宋孝宗乾道九年（1173）冬，「忽有大理人李觀音得、董六斤黑、張般若師等，率以三字爲名，凡二十三人，至橫山議市馬。出一文書，字畫略有法。大略所需《文選五臣注》、《五經廣注》、《春秋後語》、《三史加注》、《都大本草廣注》、《五藏論》、《大般若十六會序》及《初學記》、《張孟押韻》、《切韻》、《玉篇》、《集聖曆》、《百家書》，之類，及須浮量器並碗、琉璃碗及紫檀、甘草、石決明、井泉石、密陀繪、香蛤、海蛤等藥。」〔註163〕可見大理對宋朝的文化典籍與日用品及藥材有著大量的需求。

儘管大理積極要求與宋通好，並採取主動姿態，但是宋朝始終謹慎有加，不願意與大理發生太多的關係，而只是滿足於簡單的封貢關係。這是與宋朝的整個周邊關係密切相關的，北宋的西北和北方是西夏與遼兩個勁敵或對手，南宋也與金處於對峙局面。因此對於西南的大理，宋朝寧願疏遠它，而不致因接近而帶來意想不到的麻煩，保有一個穩定的後方。畢竟，大理被宋人視爲南詔的延續，而南詔與唐朝的戰爭所造成的巨大傷亡與邊疆的動盪仍殷鑒不遠，記憶猶新。在冊封段和譽的同時，有人上書請求在大渡河外建城以方便開展與大理的互市。徽宗爲此諮詢黎州知州宇文常，宇文常說：「自孟氏入朝，藝祖取蜀輿地圖觀之，畫大渡爲境，歷百五十年無西南夷患。今若於河外建城立邑，虜情攜貳，邊隙寢開，非中國之福也。」〔註164〕實際上，宇文常的看法也成爲宋朝朝野的共識。南宋繼續了北宋對大理的政策，紹興六年（1136）九月，「翰林學士朱震上言，乞諭廣西帥臣，凡市馬當擇謹厚者任之，毋遣好功喜事之人，以啓邊釁。異時南北路通，則漸減廣西市馬之數，庶幾消患於未然。詔從之。」〔註165〕

（三）儂智高起義與交趾入侵及其平定

宋仁宗皇祐年間，在廣南西路爆發一場宋代最大的少數民族起義——儂智高起義，這場起義對宋的西南和南方邊疆造成了極大的震盪，連同其後交趾的入侵給這一地區造成了巨大的破壞。

〔註162〕《宋會要輯稿》蕃夷四之五八。
〔註163〕（宋）范成大：《桂海虞衡志·志蠻》。
〔註164〕《宋史》卷353《宇文常傳》。
〔註165〕《宋史》卷488《外國傳·大理國》。

儂智高是廣南西路的羈縻州廣源州的僮人首領，廣源州（今屬越南）「在邕州西南鬱江之源，地峭絕深阻。產黃金、丹砂，頗有邑居聚落。俗椎髻左衽，善戰鬥，輕死好亂」〔註166〕。廣源州雖名義上是廣南西路的羈縻州，但是賦役卻由交趾徵收。儂智高的父親儂全福是羈縻州儻猶州知州，他吞併了周圍的萬涯州和武勒州，此舉激怒了交趾，全福及其子智聰被交趾戰敗俘獲。全福妻阿儂改嫁他人，生下了儂智高。後儂智高與其母親又佔據了儻猶州，建國號大歷。交趾又攻陷儻猶州，俘獲儂智高。但隨即儂智高被交趾釋放，並被任命為廣源州知州，又將雷、火、頻、婆四洞及思浪州交給他管理。但是儂智高對交趾深懷怨恨，不久，又佔據了安德州，建立南天國，建年景瑞，請求內附宋朝。但是宋朝統治者卻怕因此引發與交趾的爭端，不予接受。儂智高處於宋朝和交趾的夾縫之中，投靠宋朝不得，而與交趾又是仇敵，不得已，於皇祐元年（1049）九月舉起了反抗宋朝的大旗。

儂智高反宋後，還心存幻想，希冀宋朝能夠收納自己。因而最初並未展開大規模的進攻，只是對邕州（今廣西南寧市）進行襲擾，在俘獲了邕州指使亓贇後，卻將其釋放，「奉表請歲貢方物，未聽。又以馴象、金銀來獻，朝廷以其役屬交趾，拒之。後復齎金函書以請，知邕州陳珙上聞，不報。」〔註167〕這樣，儂智高對宋朝徹底絕望，他一方面向邕州故意示弱，另一方面與謀士廣州進士黃瑋、黃師宓及黨羽儂建侯、儂志忠日夜謀劃，積極備戰。皇祐四年（1053）四月，儂智高率眾五千沿鬱江東下，首先攻陷橫山寨（今廣西田東縣），隨即攻下邕州，殺知州陳珙及廣西都監張立，宋軍陣亡千餘人。儂智高自稱仁惠皇帝，改年號為啓曆，大赦境內。由於天下太平已久，嶺南州縣根本就沒有應對戰爭的準備，因此守將多棄城而逃跑，儂智高先後攻陷橫、貴、龔、潯、藤、梧、封、康、端九州，進圍廣州。在儂智高到達之前，廣州知州仲簡不敢放城外的百姓進城自保，結果未入城的百姓都投附了儂智高，其力量大增。當初廣州城在建城時就考慮了城市的防禦問題，城牆建造得非常堅固，在城內專門鑿井供水，又準備了很多大弩等防禦武器。因此儘管儂智高圍困廣州57天，用盡了方法，包括使用雲梯、堆積土山攻城，截斷城外向城內的供水，但都無濟於事。而且宋朝一些官吏也率眾拼死抵抗，如番禺縣令蕭注在儂智高軍數百艘船圍攻城南時，「自圍中出，募海濱壯士，得

〔註166〕《續資治通鑑長編》卷167仁宗皇祐元年九月乙巳條。
〔註167〕《宋史》卷495《蠻夷傳三》。

二千人，乘大舶集上流，因颶風起，縱火焚賊舟，破其眾。即日發縣門納援兵，民持牛酒、芻糧相繼入，城中人始有生意。自是每戰以勝歸。」〔註168〕轉運使王罕從外至，增加了防禦力量。英州知州蘇緘屯兵邊渡村，截斷了儂智高的後路。在不得已的情況下，儂智高撤圍而去。

儂智高回軍在攻賀州不克的情況下，先後攻陷昭州、賓州，最後再次攻下邕州。宋仁宗先後任命余靖爲廣南西路安撫使，狄青爲宣徽南院使、宣撫荊湖南北路、經制廣南盜賊事，孫沔爲廣南路安撫使，負責對儂智高的戰爭，其中又以狄青負總責。皇祐五年（1054）正月，狄青、孫沔、余靖會兵賓州，官軍和土丁合計達三萬一千餘人。狄青爲了樹立軍威，殺掉了不聽指揮，私自出戰失敗的廣西鈐轄陳曙等32人，一時全軍震驚。在休整十天之後，狄青率宋軍出其不意一夜翻越邕州的門戶崑崙關，抵達歸仁鋪，「賊既失險，悉出逆戰。前鋒孫節搏賊死山下，賊氣銳甚，沔等懼失色。青執白旗麾騎兵，縱左右翼，出賊不意，大敗之，追奔五十里，斬首數千級，其黨黃師宓、儂建中智中及僞官屬死者五十七人，生擒賊五百餘人，智高夜縱火燒城遁去。」〔註169〕戰後打掃戰場，狄青將敵屍 5341 具在邕州城北築成京觀以示戰功。儂智高逃入大理國，後死在其地。儂智高的母親阿儂及弟弟智光等逃入特磨，後被宋軍俘殺。儂智高的起義儘管是出於迫不得已，但也造成了巨大的破壞，給人民的生命財產造成了巨大的損失。「智高自起至平幾一年，暴殘一方，如行無人之境，吏民不勝其毒。」〔註170〕僅在昭州，儂智高就一次燒死躲藏在山洞中的百姓幾千人。

宋朝的政策失誤是造成這場邊亂的主要原因，如果宋朝接受儂智高的歸附，則在宋朝和交趾之間建立了一面屏障，使西南邊陲得以鞏固。宋軍最終取得勝利，主要原因是起用了宋朝少有的將才狄青爲統帥，而且有權負全責，這不同於宋朝將領在其他戰爭中動輒受到掣肘的局面，使統帥的個人才智能夠得到充分發揮。宋軍取得勝利的重要原因還有在關鍵戰役中狄青起用了西北蕃部騎兵作爲突擊力量，強悍的騎兵衝擊儂智高的步兵，自然使後者難以抵擋。當然，儂智高在戰爭中的掠奪、殘殺政策也使其失去了民心，得不到百姓的支持。

〔註168〕《宋史》卷 334《蕭注傳》。
〔註169〕《宋史》卷 290《狄青傳》。
〔註170〕《續資治通鑒長編》卷 174 仁宗皇祐五年正月丁巳條。

在宋朝討伐儂智高的過程中，交趾表示願意出兵相助。余靖認爲可信，爲其在邕州、欽州準備了能夠供給萬人的糧草，而宋朝廷也撥出緡錢三萬賜給交趾，並允諾在事後再重重答謝。但是狄青認爲交趾不可信，上奏說：「李德政聲言將步兵五萬、騎一千赴援，非其情實。且假兵於外以除內寇，非我利也。以一智高而橫蹂二廣，力不能討，乃假兵蠻夷，蠻夷貪得忘義，因而啓亂，何以御之？請罷交趾助兵。」〔註171〕事後，狄青的遠見深爲大家贊許。李德政的父親李公蘊在宋大中祥符九年（1009）取代了交趾黎氏王朝，建立了李朝，並得到了宋朝的冊封。李朝自建立起，就不斷對宋朝的南疆進行蠶食，並不斷挑起小的衝突，李德政及其後的李日尊、李乾德都奉行了這一政策。儂智高之亂後任知邕州的蕭注曾上奏：「交趾雖奉朝貢，實包禍心，常以蠶食王土爲事。往天聖中，鄭天益爲轉運使，嘗責其擅賦雲河洞。今雲河乃落蠻數百里，蓋年侵歲吞，馴致於是。臣已盡得其要領，周知其要害。今不取，異日必爲中國憂。願馳至京師，面陳方略。」〔註172〕但是並未得到朝廷的重視。嘉祐五年（1060年），交趾和其所屬甲峒夷入侵，殺宋都巡檢宋士堯等。宋仁宗任命余靖爲廣西體量安撫使處理此事，余靖召見交趾大臣費嘉祐責問他，「嘉祐對以近邊種落相侵，誤犯官軍，願悉推治，還所掠，及械罪人以自贖。靖信其詐，厚賂遣去。嘉祐既歸，遂不復出。」〔註173〕之後，交趾繼續侵擾不已。

熙寧八年（1075）十一月，交趾侵宋，號稱擁兵八萬，很快攻下欽、廉二州。交趾爲自己的入侵尋找了一系列藉口，「時交趾所破城邑，即爲露布，揭之衢路，言所部之民亡叛入中國者，官吏容受庇匿。我遣使訴於桂管，不報。又遣使泛海訴於廣州，亦不報。故我帥兵逐亡叛者。又言桂管點閱峒丁，明言欲見討伐。又言中國作青苗助役之法，窮困生民，我今出兵，欲相拯濟。」〔註174〕這些藉口無疑都是毫無道理的。交趾軍在攻下邕州所屬的太平、永平、遷陸、古萬四寨後，隨即圍攻邕州。邕州知州蘇緘「閱州兵得二千八百，召僚吏與郡人之材者，授以方略，勒部隊，使分地自守。民驚震四出，緘悉出官帑及私藏示之曰：『吾兵械既具，蓄聚不乏，今賊已薄城，宜固守以遲

〔註171〕《宋史》卷290《狄青傳》。
〔註172〕《宋史》卷334《蕭注傳》。
〔註173〕《續資治通鑑長編》卷192仁宗嘉祐五年八月乙亥條。
〔註174〕《續資治通鑑長編》卷271神宗熙寧八年十二月癸丑條。

外援。若一人舉足，則群心搖矣，幸聽吾言，敢越伕則孥戮汝。』有大校翟績潛出，斬以徇，由是上下脅息」〔註175〕。邕州被圍後，蘇緘晝夜不息，督促將士殺敵。宋將張守節所率援軍在崑崙關下大敗於交趾，全軍覆滅，交趾命令俘獲的數百名宋軍士兵造雲梯，被守軍焚毀。「又爲攻壕洞，蒙以生皮。緘俟其既度，縱火焚於穴中。」〔註176〕宋軍前後殺傷交趾軍一萬五千餘人，殺死戰象十餘頭。交趾軍最後在城下堆積土山，攻入城內，熙寧九年（1075）正月二十三日，在被圍困了 42 天後，邕州陷落。城陷後，蘇緘仍率兵苦戰，最後他先殺死家人，自己自焚而死，交趾軍殺害城中居民五萬八千餘人。

熙寧九年（1075）二月，宋神宗任命郭逵爲安南道行營馬步軍都總管、招討使兼荊湖廣南路宣撫使，以趙卨爲副使、燕達爲副總管，率軍討伐交趾。宋軍很快就收復了邕、廉、欽等州，十二月十一日「舉兵出界」〔註177〕，在決里隘大敗交趾象軍，乘勝攻拔桄榔縣和門州。二十一日，宋軍抵達富良江（今紅河），此地距交趾首都交州（今越南河內）僅 30 里，兩軍在此展開了決戰。「賊艤戰艦四百餘艘於江南岸，我師不能濟，欲戰弗得，（燕）達請示弱以誘賊。賊果輕我師，數萬眾鼓譟逆戰，前軍不利，（郭）逵親率親兵當之，達等繼進，賊大敗，躈入江水者不可勝數，水爲之三日不流。殺其大將洪眞太子，擒左郎將阮根。乾德懼，奉表詣軍門乞降，納蘇茂、恩琅、門、諒、廣源五州之地，仍歸所掠子女。」〔註178〕這場戰爭儘管宋朝取得了勝利，但是也付出了沉重的代價，宋軍出發時有兵49506人，馬4690匹，戰後「除病死及事故見存二萬三千四百人，馬三千一百七十四匹」〔註179〕，損失士卒26106人，馬1516匹。還有的說「兵之在行者十萬，夫二十餘萬，冒暑涉瘴，死亡過半，存者皆病瘁」〔註180〕。也正因爲代價如此巨大，宋軍已成強弩之末，沒有進一步渡江，以至滅亡交趾的實力，這才班師。宋朝對交趾的戰爭，是迫不得已的正義的反侵略戰爭，戰爭的勝利，保衛了西南邊疆，維護了領土的完整。

〔註175〕《宋史》卷 446《蘇緘傳》。
〔註176〕《續資治通鑒長編》卷 272 神宗熙寧九年正月庚辰條。
〔註177〕《續資治通鑒長編》卷 279 神宗熙寧九年十二月癸巳條。
〔註178〕《續資治通鑒長編》卷 279 神宗熙寧九年十二月癸卯條。
〔註179〕《續資治通鑒長編》卷 280 神宗熙寧十年二月丙午條。
〔註180〕《續資治通鑒長編》卷 279 神宗熙寧九年十二月癸卯條。

（四）西南邊疆地區的開發

宋朝西南邊疆地區的開發以廣南西路的開發爲主要內容。宋朝的廣南西路包括今廣西全境及海南島（本節不涉及海南島）、貴州的南部及雲南的東南部分地區，西與交趾、南與大理等政權相鄰。界內擁有眾多的少數民族，建置有 41 個羈縻州、縣 5、峒 11。

宋代廣西的農業較以往有較大發展，荒地得到大量開墾，水稻、麥、稷等農作物得到廣泛種植。南宋初，僅桂州一地就開墾荒地 10042 頃，稻米連年豐收，斗米僅賣 50 錢。從南宋開始，廣西的稻米已經自給自足，並被輸出到廣東等地。耕作廣泛使用耕牛，另外還有較爲先進的踏犁等農具。經濟作物中以苧麻爲大宗，幾乎到處都有種植，也因而促進了紡織業的發展。此外，茶葉和水果也是較爲重要的經濟作物。農田水利設施也得以大量興修，其中興安靈渠得到多次修復，在灌溉與航運上發揮了重要的作用。「民田賴之，深不數尺，廣可二丈，足泛千斛之舟。」〔註 181〕水車也廣泛使用，南宋人張孝祥過興安，記途中所見：「筒車無停輪，木梘著高格。」〔註 182〕筒車汲具一般是竹筒繫在水輪上，水輪既是動力機械又是工作機，以水力爲動力，衝動水輪自動運轉而提水。是當時較爲先進的水利工具。

宋代廣西的手工業以家庭紡織最爲重要，其中又以苧麻紡織最爲重要。北宋時，廣西的麻布產量占全國第三位，達 179791 匹，南宋時更躍居第二位。棉紡織也得到了發展，僅靜江府一地上貢的棉布每年就達九萬匹。宋人周去非的《嶺外代答》一書中對廣西的紡織業有詳盡的描述。「廣西觸處有苧麻，觸處善織布。柳布、象布，商人貿遷而聞於四方者也。靜江府古縣，民間織布，繫軸於腰而織之，其欲他幹，則軸而行，意必疏數不勻且慢矣，及買以日用，乃復甚佳。視他布最耐久，但其幅狹耳。原其所以然，蓋以稻穰心燒灰煮布縷，而以滑石粉膏之，行梭滑而布以緊也。」又載，「邕州左右江溪峒地，產苧麻，潔白細薄而長，土人擇其尤細長者爲練子。暑衣之，清涼離汗也者……有花紋者爲花練，一端長四丈餘，而重止數十錢，卷而入之小竹筒，尚有餘地。以染眞紅，尤易著色，厥價不廉，稍細者，一端十餘緡也」。宋代廣西的陶瓷製造業也比較發達，截止 20 世紀 80 年代，在廣西已發現 40 多處宋代窯址，其中以永福田嶺窯、藤縣中和窯、桂平西山窯、合浦上西窯村窯

〔註181〕　（宋）周去非：《嶺外代答》卷 3。
〔註182〕　（宋）張孝祥：《過興安呈張仲欽》，《于湖居士文集》卷 5，四部叢刊本。

等窯址較爲重要。出產的瓷器以青白瓷爲主，裝飾工藝有印花、繪花、刻花等。不但生產有大量的日用品，還生產有腰鼓等工藝品。其中花腔腰鼓「出臨桂職田鄉，其土特宜鼓腔。村人專作窯燒之，油畫紅花紋以爲飾」〔註183〕。此外，宋代廣西的釀酒業、金屬鑄造業也都有一定程度的發展。

宋代廣西農業及手工業的發展爲商業提供了充足的商品來源，而宋朝設置在橫山寨和欽州的博易場則爲漢族和少數民族的交流提供了貿易場所。《嶺外代答》記載了邕州橫山寨博易場的情況。「蠻馬之來，他貨亦至。蠻之所齎，麝香、胡羊、長鳴雞、披氈、雲南刀及諸藥物。吾商賈所齎，錦繪、豹皮、文書及諸奇巧之物。於是譯者平價交市。招馬官乃私置場於家，盡攬蠻市而輕其徵，其入官場者，什才一二耳。隆興甲申，滕子昭爲邕守，有智數，多遣邏卒於私路口邀截商人越州，輕其稅而留其貨，爲之品定諸貨之價，列賈區於官場。至開場之日，群商請貨於官，依官所定價，與蠻爲市，不許減價先售，悉驅譯者導蠻恣買。遇夜則次日再市。其有不售，許執覆監官，減價博易。諸商之事既畢，官乃抽解，並收稅錢。賞信罰必，官吏不敢乞取，商亦無他麋費，且無冒禁之險。時邕州寬裕，而人皆便之。」〔註184〕可見，馬市的交易帶動了其他商品的交易，宋代廣西各州的商稅額在百餘年間增長達2倍多（參見下表），可見宋代廣西商業發展之一斑。

宋代廣西各州商稅增長表〔註185〕

州名	宋初商稅額	熙寧十年（1077）商稅額
桂州	4955 貫	19853 貫
邕州	1679 貫	3872 貫
象州	1373 貫	2520 貫
融州	267 貫	455 貫
昭州	1961 貫	3342 貫
梧州	2211 貫	2993 貫
藤州	1326 貫	3186 貫

〔註183〕（宋）范成大著，胡起望、覃光廣校注：《桂海虞衡志校注》志器，四川民族出版社1986年版。

〔註184〕（宋）周去非：《嶺外代答》卷5。

〔註185〕據吳小鳳：《試論宋代廣西社會經濟的發展》，《中國社會經濟史研究》2004年第4期所刊表改制。

龔州	515 貫	1348 貫
潯州	863 貫	1383 貫
貴州	1311 貫	2138 貫
柳州	1808 貫	3643 貫
宜州	4278 貫	11824 貫
賓州	1115 貫	2409 貫
橫州	1276 貫	1429 貫
白州	1029 貫	1627 貫
欽州	1029 貫	8559 貫
鬱林州	1156 貫	1609 貫
廉州	2366 貫	2703 貫
總計	33956 貫	77927 貫

十一、對南方邊疆的經略

（一）荊湖開邊

宋朝荊湖北路的沅水（今沅江）上游地區被稱爲南江，居住在該地區的少數民族被稱爲「南江蠻」。「南江諸蠻自辰州達於長沙、邵陽，各有溪峒：曰敍、曰峽、曰中勝、曰元，則舒氏居之；曰獎、曰錦、曰懿、曰晃，則田氏居之；曰富、曰鶴、曰保順、曰天賜、曰古，則向氏居之。舒氏則德郛、德言、君疆、光銀，田氏則處達、漢瓊、漢希、漢能、漢權、保金，向氏則通漢、光普、行猛、永豐、永晤，皆受朝命」〔註186〕。沅水的支流酉溪（今酉水）流域被稱爲北江，居住在該地區的少數民族被稱爲「北江蠻」。「北江蠻酋最大者曰彭氏，世有溪州，州有三，曰上、中、下溪，又有龍賜、天賜、忠順、保靜、感化、永順州六，懿、安、遠、新、給、富、來、寧、南、順、高州十一，總二十州，皆置刺史」〔註187〕。南、北江地區合稱「兩江」地區。荊湖南路的資水（今資江）中上游地區被稱爲梅山，居住著被稱爲「梅山蠻」的少數民族，「梅山峒蠻，舊不與中國通。其地東接潭，南接邵，其西則辰，其北則鼎、澧，而梅山居其中」〔註188〕。上述地區都位於今湖南省境內的西、中部，其少數民族成分包括今天的苗族、布依族、侗族、土家族等。

〔註186〕《宋史》卷493《蠻夷傳一》。
〔註187〕《宋史》卷493《蠻夷傳一》。
〔註188〕《宋史》卷494《蠻夷傳二》。

在神宗開拓荊湖邊區之前，兩江地區洞酋眾多，彼此之間攻伐不已，自相仇殺。洞民深受其苦，「咸思歸化」，「皆有內向心」〔註189〕。隨著神宗與王安石等大臣同心變法圖強，對少數民族邊區的開拓也就提到議事日程上。君臣一致認為開拓荊湖的目的是保境安民，而不是貪圖土地。宋神宗曾說：「非貪其土地，但欲弭患耳」。王安石也曾說：「使兩江生靈得比內地，不相殘殺。」〔註190〕

熙寧五年（1072）閏七月，宋神宗任命章惇以察訪荊湖北路農田、水利、常平等事的名義經制兩江地區。不久，又將經略「梅山蠻」的事務也一併交給章惇。在開拓過程中，宋朝堅持以招撫為主的方式，而不是一味使用武力。王安石認為：「若經度，則諸溪洞負罪逃亡人不少，須先募桀黠用事者數人，厚以利啗之。令誘說逃亡人，許以赦宥，且令各獲便利，乃可集事。蓋蠻人素不與中國通，若此輩不利自屬，則必譸張扇動或驚騷。若此輩利自歸，則誘導蠻人使向化，甚易也。」〔註191〕在開發步驟上，王安石定下先梅山後兩江的策略，他認為：「今梅山事須乘機了當，若遷延，即生姦猾要利之計。兼梅山事未了，便要了辰州事不得。梅山不難了，既了梅山，然後到辰州，即先聲足以振動兩江，兩江亦易了也。」〔註192〕正是由於採取了正確的方式和步驟，到當年十一月，就已經平定了梅山地區，「得其地，東起寧鄉縣司徒嶺，西抵邵陽白沙寨，北界益陽四里河，南止湘鄉佛子嶺」〔註193〕。同時，將洞民納入戶籍，每年納一次稅。在梅山地區築武陽、關硤二城，新設置新化縣，都隸屬于邵州。開通了鼎州、澧州向南直達邵州的交通路線。新化縣還於熙寧七年（1074）建立縣學，撥水田二百畝作為學田，以充縣學的經費。

平定梅山之後，宋朝隨即向兩江地區開拓，以南江地區為先。在宋朝的招撫政策下，南江諸羈縻州首領紛紛歸附。熙寧六年（1073）六月，富州刺史向永晤「奉其祖防禦使通漢所受真宗塗金交倚銀裝劍及富州印來獻」〔註194〕。於是，宋朝廢除羈縻州富州，設置鎮江寨（今芷江侗族自治縣東）。隨

〔註189〕《續資治通鑑長編》卷236熙寧五年閏七月庚戌條。
〔註190〕《續資治通鑑長編》卷236熙寧五年閏七月庚戌條。
〔註191〕《續資治通鑑長編》卷236熙寧五年閏七月庚戌條。
〔註192〕《續資治通鑑長編》卷238熙寧五年九月丁卯條。
〔註193〕《續資治通鑑長編》卷240熙寧五年十一月庚申條。
〔註194〕《續資治通鑑長編》卷245熙寧六年六月己卯條。

後，又招降峽州舒光銀等，廢除羈縻州峽州，設置安江寨（今黔陽縣）。懿、洽州首領田元猛不聽招撫，率眾抗拒，誠州猺犵族也派兵萬人北上支持田元猛。對此，王安石等人堅決予以鎮壓，毫不手軟。他說：「今告喻每斫蠻一級，即與絹五匹，能誘降亦然。懿、洽必無如此事力購募猺犵，猺犵又見官軍盛，即不敢為懿、洽出力。今以重兵臨之，以精兵擊之，以厚利誘降其人，必誘猺犵及歸明人，所誅者元惡數人而已。官軍按據要害，不妄動，即百全無害而坐取勝。」〔註195〕章惇部將李浩先入敘州，招降舒光貴，然後進兵破懿州，南江州峒悉平。熙寧七年（1074）四月，廢除羈縻州懿州，設置朝廷正州沅州（今芷江侗族自治縣），鎮江寨及安江寨都隸屬於沅州，李浩、謝麟等相繼出任知州。

熙寧八年（1075），宋朝首先招降了北江各州峒首領張景謂、彭德儒、向永勝、覃文猛、覃彥霸等人，接著迫使最有勢力的下溪州首領彭師晏投降。「詔修築下溪州城，並置砦於茶灘南岸，賜新城名會溪，新砦名黔安，戍以兵，隸辰州，出租賦如漢民。遣師晏詣闕，授禮賓副使、京東州都監，官其下六十有四人。」〔註196〕北江地區也得以平定。

為了安撫新歸附的地區，宋朝採取了一系列的措施。首先，對歸附的州洞首領，給以種種優待，都授予一定的官職，以籠絡、安撫之，使其忠心效順。第二，建置州縣城寨，納入正式的行政區劃。先後在梅山地區建置了隸屬于邵州的安化縣，以及管轄整個兩江地區的沅州，下轄盧陽、麻陽、黔陽三縣。這些州、縣都成為當地的政治、經濟、文化中心。第三，將洞民都編入國家戶籍，徵收賦稅。僅在梅山地區就「得主客戶萬四千八百九戶，丁七萬九千八十九口，田二十六萬四百三十六畝」。〔註197〕招募外來人戶開墾荒閒土地，使當地的農業生產有很大的進步。另外，在沅州、錦州、黔江口等地設置博易場，與少數民族發展貿易，滿足其對外來商品的需求。興辦州、縣學，發展當地的教育事業，以中原的「禮義」來「教化」當地的少數民族。總之，這一系列政策和措施，穩定了新邊地區，促進了當地經濟與文化的發展與內地的交流，具有積極意義。

〔註195〕《續資治通鑑長編》卷 245 熙寧六年六月丁丑條。
〔註196〕《宋史》卷 491《蠻夷傳一》。
〔註197〕《續資治通鑑長編》卷 245 熙寧六年五月癸亥條。

（二）海南島的開發

宋初在海南島設置瓊、儋、萬安、崖四州。熙寧六年（1063）除瓊州外，其他三州降為軍，分別是萬安軍、昌化軍（原儋州）、朱崖軍（原崖州）。南宋時，瓊州轄瓊山、澄邁、文昌、臨高、樂會五縣。萬安軍轄萬寧、陵水二縣。昌化軍轄宜倫、昌化、感恩三縣。朱崖軍轄寧遠、吉陽二縣。

海南島是黎族聚居區，「黎，海南四郡塢土蠻也……塢之中有黎母山，諸蠻環四傍，號黎人。內為生黎，外為熟黎……山水分流四郡，熟黎所居已阻且深，生黎之巢深邃，外人不復跡」〔註198〕。宋朝對於海南島的黎族，因地制宜，順俗而治。〔註199〕宋人蘇過在《論海南黎事書》中詳細論述了治黎之策，認為不應動用武力，而是應積極招撫，「使齎金帛入諭諸黎，曉以利害，懼以禍福。若能開復故道，使行旅無壅，則籍其眾所畏服者請於朝，假以一命，而歲與其祿，不過總十餘人，歲捐千緡耳。今朱崖屯師千人，歲不下萬緡，若取十一以為黎人之祿，可以罷千師之屯矣。」並且強調尊重黎族，提出了民族自治的主張，對侵害黎族利益的要嚴加懲處。「為執事計者，上策莫如自治。當飭有司嚴約束，市黎人物而不與其直者，歲倍償之，且籍其家而刑其人。吏敢取賂者，不以常制論，而守令不舉者，部使者按之。」〔註200〕宋朝也正是採取羈縻之術來管理黎族的。首先，不輕易使用武力鎮壓黎民之亂，而是盡量利用和平手段招撫之。太平興國二年（977），任瓊、崖、儋、萬四州都巡檢的李崇矩在得知黎亂後，「悉抵其洞穴撫慰，以己財遺其酋長，眾皆懷附」〔註201〕。對於歸附的黎族首領，宋朝都授予官職。乾道九年（1173）「八月，樂昌縣黎賊劫省民，焚縣治為亂，黎人王日存、王存福、陳顏招降之。瓊管安撫司上其功，得借補承節郎」〔註202〕。宋朝還往往利用黎族首領來傳達號令，使黎民樂於接受。「有王二娘者，瓊州熟黎之酋，有夫而名不聞，家饒財，善用眾，能制服群黎，朝廷封為宜人。瓊管有號令，必下王宜人，無不帖然。」〔註203〕對於歸附的黎民，宋朝政府往往減輕其租賦以安撫之。

〔註198〕（宋）范成大著，胡起望、覃光廣校注：《桂海虞衡志校注》志蠻，四川民族出版社1986年版。

〔註199〕參見盧勳：《論宋代在黎族地區的羈縻之治》，《民族研究》1986年第5期。

〔註200〕《斜川集校注》卷6，巴蜀書社1996年版。

〔註201〕《宋史》卷257《李崇矩傳》。

〔註202〕《宋史》卷495《蠻夷傳三》。

〔註203〕（宋）范成大著，胡起望、覃光廣校注：《桂海虞衡志校注》志蠻，四川民族出版社1986年版。

乾道二年（1166），「詔海南諸郡守慰撫黎人，示以朝廷恩信，俾歸我省地，與之更始。其在乾道元年以前租賦之負逋者，盡赦免之。能來歸者，復其租五年。民無產者，官給田以耕，亦復其租五年。守倅能慰安黎人及收復省地者，視功大小為賞有差，失地及民者有重罰」〔註204〕。由於宋朝政策得當，歸附的黎族也日益增多。徽宗崇寧年間，安撫使王祖道招納黎人「九百七峒，結丁口六萬四千，開通道路一千二百餘里，自以為漢唐以來所不臣之地，皆入版圖」〔註205〕。大觀元年（1107），在黎族內地設置了鎮州，雖然旋即於政和元年（1111）罷廢，但也說明黎族內地已與外界有了較多的交流。

　　由於海南地廣人稀，閒田較多，元豐三年（1080）瓊管體量安撫使朱初平建議，「黎峒寬敞，極有可為良田處，欲候將來事定，選官揀願耕少壯之人籍成保甲，與黎人雜處分耕。各限以頃畝，教以弓矢，武藝足以枝梧邊寇。」〔註206〕之後，海南島的田地得到開發。南宋孝宗時，經略使韓璧來海南清查田畝，教給黎人耕種灌溉之法。海南島內黎漢之間有著廣泛的經濟往來，「熟黎能漢語，變服入墟市，日晚鳴角，結隊而歸」〔註207〕。海南島與島外也有頻繁的貿易往來，瓊、崖、儋、萬四州都有港口。宋初，到海南島的船隻往往按照船的大小而不是貨物徵稅。朱初平認為不合理，予以了改革。「海南收稅，定舟船之丈尺量納，謂之格納。其法分為三等，假如五丈三尺為第二等，則是五丈二尺遂為第三等，所減才一尺，而納錢多少相去十倍。加之客人所來州郡物貨貴賤不同，自泉福兩浙湖廣來者，一色載金銀匹帛，所直或即萬餘貫。自高化來者，惟載米包瓦器牛畜之類，所直不過一二百貫。其不等如此，而用丈尺，既收稅甚非理也。以故泉福客人多方規利，而高化客人不至，以此海南少有牛米之類。今欲立法，使客船須得就泊瓊、崖、儋、萬四州水口，不用丈尺，止據貨物收稅訖，官中出與公憑，方得於管下出賣。其偷稅之人並不就海口收稅者，許人告，並以船貨充賞。」〔註208〕這樣，促進了海南島對外貿易的發展。海南島位置偏遠，往往作為罪臣流放之地，而這些流放的官員為海南島的文化發展做出了貢獻，其中尤以蘇軾為代表。徽宗時，

〔註204〕《宋史》卷495《蠻夷傳三》。
〔註205〕（宋）周去非：《嶺外代答》卷2。
〔註206〕《續資治通鑑長編》卷310元豐三年十二月庚申條。
〔註207〕（宋）范成大著，胡起望、覃光廣校注：《桂海虞衡志校注》志蠻，四川民族出版社1986年版。
〔註208〕《續資治通鑑長編》卷310元豐三年十二月庚申條。

蘇軾由於政爭被謫居海南儋州。儘管身處天涯海角，但是蘇軾卻能與當地的黎漢人民打成一片，尤其關注當地的文教事業。到達儋州不久，他就訪問城東學舍，並作詩云：「聞有古學舍，竊懷淵明欣。攝衣造兩塾，窺戶無一人，邦風方杞夷，廟貌猶殷因。先生饌已缺，弟子散莫臻。忍饑坐談道，嗟我亦晚聞。永言百世祀，未補平生勤。今此復何國，豈與陳蔡鄰。永愧虞仲翔，絃歌滄海濱。」〔註209〕面對學校的荒涼景象，蘇軾感歎不已。於是他在當地積極開課授學，推行文化教育。從其學者，不僅有瓊州也有跨海而來的潮州學子，還有當地的黎族寒士。在蘇軾不遺餘力的推動及影響下，當地乃至海南的文教事業得到了一定程度的發展。而對後世海南的發展，也有深遠影響，他在海南的言行，都成爲海南島豐厚的文化遺產，以至後世在海口建有蘇公祠，以緬懷、紀念他對海南島的貢獻。

〔註209〕《蘇軾詩集》卷41《和陶示周椽祖謝》，中華書局1982年版。

第四編　西夏邊政

一、西夏的建立與疆域

（一）西夏政權的建立

西夏是以党項族爲主體建立的封建王朝。「党項羌在古析支之地，漢西羌之別種也。魏、晉之後，西羌微弱，或臣中國，或竄山野。自周氏滅宕昌、鄧至之後，党項始強。」〔註1〕党項族是羌族的一支，最早起源於青海省東南黃河河曲一帶。隋唐之際，開始強盛起來，有八個部落，「其種每姓別自爲部落，一姓之中復分爲小部落。大者萬餘騎，小者數千騎，不相統一。有細封氏、費聽氏、往利氏、頗超氏、野辭氏、旁當氏、米擒氏、拓拔氏，而拓拔氏最爲強族」〔註2〕。唐朝貞觀年間，党項各部紛紛內附，唐朝在其地設置羈縻府、州，其中拓拔部的首領拓拔赤辭被任命爲西戎州都督，賜姓李氏。之後，隨著吐蕃勢力的不斷擴張，党項諸部落逐漸向內地遷徙，分佈在夏（今陝西橫山縣西）、靈（今寧夏靈武縣西南）、慶（今甘肅慶陽縣）、銀（今陝西米脂縣西北）等州，並形成了以野利部爲主的六府部，以及以拓拔部爲主的東山部和平夏部。

唐末黃巢起義爆發後，拓拔部首領拓拔思恭積極配合唐軍剿滅起義軍，因功被封爲夏國公，再次被賜姓李，管轄銀、夏、綏（今陝西綏德縣）、宥（今陝西靖邊縣）、靜（今寧夏銀川南）五州，成爲割據的藩鎮之一。拓拔思恭死後，其弟思諫任定難軍節度使。後梁時，思恭之孫彝昌繼思諫任定難軍節度

〔註1〕 《舊唐書》卷198《党項傳》。
〔註2〕 《舊唐書》卷198《党項傳》。

使。彝昌在內亂之中被殺，彝昌族叔李仁福被後梁任命為定難軍節度使。913年，仁福被進封為隴西王。後唐立，封李仁福為檢校太師兼中書令、夏州節度使、朔方王。933年，仁福死，其子彝超被推舉繼任。但是後唐想趁機吞併夏州，以消滅黨項割據勢力。於是命令李彝超與延州（今陝西延安）節度使安從進對調，又派重兵護送安從進到夏州赴任。李彝超拒不從命，後唐軍圍攻夏州二百餘天而不能下，因此雙方議和。彝超上表請罪，後唐任命他為檢校司空、使持節都督夏州諸軍事、夏州刺史、兼御史大夫、充定難軍節度，夏、銀、綏、宥等州押蕃落使。夏州之戰，使黨項增強了民族自信心，提高了黨項拓拔氏的地位，其夏州割據勢力進一步發展，走上與中原政權相抗衡的道路，成為西夏建國史上的一個轉折點。彝超死後，其兄彝殷繼任，並得到了此後五代政權的承認與加封，後周時，被封為西平王。

　　宋朝建立後，李彝殷馬上遣使奉表稱賀，與宋朝保持了良好的關係，後其子光睿、孫繼筠相繼即位。太平興國五年（978），繼筠死，其子年幼，其弟繼捧接掌夏州政權。因為繼承問題所引發的黨項內訌迫使李繼捧於太平興國七年率族人入朝，宋朝出兵佔據了夏、銀、綏、宥四州。李繼捧的族弟李繼遷反對依附宋朝，率部下逃出夏州，奔往夏州東北三百餘里的地斤澤（今內蒙古鄂托克旗東北），集結不肯附宋的黨項部眾。之後，李繼遷屢次侵擾宋軍。雍熙元年（984），宋知夏州尹憲和都巡檢使曹光實突襲地斤澤，繼遷大敗，部眾死亡五百餘人，母親、妻子也被俘獲。但是李繼遷並不屈服，仍舊不斷積聚黨項部眾，於次年誘殺曹光實，佔領銀州。宋朝隨即出兵征討，繼遷棄銀州而遁。為了對抗強大的宋朝，繼遷決定依靠遼朝以為後援，於是遣使請求歸附，遼聖宗也想以繼遷來與宋周旋，於統和四年（986）授其為定難軍節度使、都督夏州諸軍事，並應繼遷之請，將義成公主嫁給他。統和八年（990），又封繼遷為夏國王。李繼遷得到遼朝的支持，於是不斷襲擾宋朝的西北邊疆。宋太宗於端拱元年（988）再次任命李繼捧為夏州刺史、定難軍節度使，賜姓名趙保忠，讓他返回夏州，想利用他來牽制李繼遷。迫於壓力，李繼遷通過李繼捧於淳化二年（991）七月向宋詐降，宋太宗任命他為銀州觀察使，賜姓名趙保吉。並對其母親、弟弟、兒子也予封爵。九月，李繼捧偷襲繼遷，繼遷再次逃入地斤澤。十一月，李繼遷以遼聖宗的詔命誘惑李繼捧，於是繼捧附遼，被遼封為西平王，還與李繼遷相勾結。淳化五年（994），李繼遷和李繼捧發生衝突，繼捧被宋朝囚禁，繼遷趁機發展壯大自己的勢力。

至道二年（996），李繼遷在浦洛河截獲宋軍送往靈州的四十萬石糧草，隨即圍困靈州。宋軍出兵五路救援，但無功而返。次年，宋太宗亡，眞宗即位。李繼遷又遣使致哀並求修貢，宋眞宗任命他爲夏州刺史，定難軍節度使，夏、銀、綏、宥、靜等州觀察處置押蕃落等使。至此，李繼遷收復党項李氏故土。但是，他並沒有滿足，而是對宋朝不斷侵擾，並於咸平五年（1002）攻陷靈州。第二年，繼遷遷居此地，並改名爲西平府。「西平北控河、朔，南引慶、涼，據諸路上游，扼西陲要害，若繕城濬濠，練兵積粟，一旦縱橫四出，關中莫知所備。」〔註3〕佔據了此地，爲西夏的建國打下了基礎。

1003年，李繼遷攻陷吐蕃佔據的西涼府（今甘肅武威），但隨後被吐蕃首領潘羅支伏擊，重傷，次年正月死去，子李德明即位。德明即位之初，宋、遼關係得到緩和，簽訂了「澶淵之盟」。繼遷死前，看到党項政權的實力還不能與宋朝相抗衡，也再三叮囑德明向宋朝納貢。德明繼續與遼朝保持和睦關係，在統和二十二年（1004）七月，被封爲西平王，後又封爲夏國王。與此同時，德明不斷向宋朝遣使求和，最終於景德三年（1006）與宋達成了和約。宋朝授他爲定難軍節度使，封西平王。賜銀一萬兩、絹一萬匹、錢二萬貫、茶葉二萬斤，給予相當於內地節度使的俸祿。而德明也送還了被俘掠的宋朝官民，獻御馬二十五匹、散馬七百匹、駱駝三百匹。次年，又獻馬五百匹，駱駝三百匹。德明時期，與宋朝一直保持了和平關係，因而能夠致力向西發展，奪取了河西走廊地區。在政治、經濟、文化上都爲元昊稱帝打下了基礎。

宋明道元年（1032），德明死，其子元昊即位。元昊對於德明臣服於宋早就不滿，他認爲：「衣皮毛，事畜牧，蕃性所便。英雄之生，當王霸耳，何錦綺爲？」〔註4〕因此，他一登基，就進行了一系列突出党項民族特色的改革。首先，他廢除了唐、宋的賜姓「李、趙」，而將拓拔氏改姓「嵬名」，自己更名爲嵬名曩霄，自稱「兀卒」（又譯爲「吾祖」，西夏語「皇帝」之譯音）。頒佈禿髮令，改革服飾，以顯示民族特色。升興州（今寧夏銀川）爲興慶府。制訂官制，分爲文、武兩班，有漢名官號和蕃名官號。創制党項民族自己的文字。在一系列準備之後，他於1038年正式稱帝，國號大夏，史稱西夏，建元天授禮法延祚，定都興慶府，追尊祖父母、父母爲皇帝、皇后。立妻野利

〔註3〕 《西夏書事》卷7。
〔註4〕 《太平治跡統類》卷7。

氏爲皇后，子寧明爲皇太子。第二年，他向宋朝上表，闡述自己建國的緣由與合法性，並要求宋朝的冊封、承認，堪稱西夏的建國宣言，姑引如下：

> 臣祖宗本出帝胄，當東晉之末運，創後魏之初基。遠祖思恭，當唐季率兵拯難，受封賜姓。祖繼遷，心知兵要，手握乾符，大舉義旗，悉降諸部。臨河五郡，不旋踵而歸；沿邊七州，悉差肩而克。父德明，嗣奉世基，勉從朝命。眞王之號，凤感於頒宣；尺土之封，顯蒙於割裂。臣偶以狂斐，制小蕃文字，改大漢衣冠。衣冠既就，文字既行，禮樂既張，器用既備，吐蕃、塔塔、張掖、交河，莫不從伏。稱王則不喜，朝帝則是從，輻輳屢期，山呼齊舉，伏願一垍之土地，建爲萬乘之邦家。於時再讓靡逭，群集又迫，事不得已，顯而行之。遂以十月十一日郊壇備禮，爲世祖始文本武興法建禮仁孝皇帝，國稱大夏，年號天授禮法延祚。伏望皇帝陛下，睿哲成人，寬慈及物，許以西郊之地，冊爲南面之君。敢竭愚庸，常敦歡好。魚來雁往，任傳鄰國之音；地久天長，永鎮邊方之患。至誠瀝懇，仰俟帝俞。謹遣弩涉俄疾、你斯閭、臥普令濟、崑崖妳表以聞。〔註5〕

西夏自1038年建國，1227年被蒙古所滅，立國將近200年，前後與遼朝、北宋及金朝、南宋形成了三足鼎立的局面，在中國歷史上佔有重要的地位。

（二）西夏的疆域與周邊形勢

西夏的疆域是隨著建國過程而逐漸擴張的。在唐末拓拔思恭建立地方割據政權之後，直到李繼遷時期，僅擁有夏、銀、綏、宥四州之地，而且還屢失屢得。繼遷統治後期，領土有所擴張，「東薄銀、夏，西並靈、鹽，南趨鄜、延，北抵豐、會，迤儷平夏，幅員千里」〔註6〕。到李德明統治時期，在與宋、遼保持和平的同時，積極向西開疆拓土，先後奪取了甘州、涼州，擴疆數千里。元昊時期，完全佔有了河西，基本上奠定了西夏的疆域。到仁宗仁孝時期，西夏的疆域範圍最大，東臨黃河，西至玉門關，北抵今中蒙邊界一帶，南到今蘭州北。擁有二十二州，「河之內外，州郡凡二十有二。河南之州九：曰靈、曰洪、曰宥、曰銀、曰夏、曰石、曰鹽、曰南威、曰會。河西之州九：曰興、曰定、曰懷、曰永、曰涼、曰甘、曰肅、曰瓜、曰沙。熙、秦河外之

〔註5〕《宋史》卷485《夏國傳上》。
〔註6〕《續資治通鑒長編》卷123寶元二年六月乙亥條。

州四：曰西寧、曰樂、曰廓、曰積石」〔註7〕。大致包括今寧夏及陝西的北部、甘肅西北部、青海東北部及內蒙古的西部。

西夏的主體民族是党項族，另外還有分佈於涼州、河州、青唐等地的吐蕃人，分佈於甘州、瓜州的回鶻人，漢族則主要居住在城鎮及其近郊。另外在宋夏邊界及遼夏邊界都分佈著一些少數民族部族。西夏東面與北面分別與遼朝的西京道和上京道相鄰，南面先與北宋，後與金朝的河東路、陝西路相接，西南邊界外有吐蕃諸部，西部則與西州回鶻為鄰。

二、西部疆土的開拓

（一）攻佔甘州

在李繼遷攻陷西涼後，位於河西走廊中部的甘州（今甘肅張掖）就成為西夏向西發展的另一個目標，此時的甘州，被回鶻佔據著，史稱甘州回鶻。甘州回鶻勢力強大，「東至黃河，西至雪山，有小郡數百，甲馬甚精習」〔註8〕。

宋大中祥符元年（1008），李德明劫奪了甘州回鶻向宋朝進貢的物品，又派張浦率數千騎兵進攻甘州，被可汗夜落紇率兵擊退。三月，又派軍主萬子率兵進攻，「回鶻設伏要路，示弱不與鬥，俟其過，奮起擊之，剿戮殆盡。其生擒者，回鶻驅坐於野，悉以所獲資糧示之，曰：『爾輩狐鼠，規求小利，我則不然。』遂盡焚而殺之，唯萬子軍主挺身走」〔註9〕。之後，夜落紇遣使向宋朝報捷，「九月，夜落紇上言德明來侵，率眾拒之。德明屢敗，乘勝追之越黃河」〔註10〕。但是，德明並不氣餒，而是接連向甘州進攻。大中祥符二年（1009）四月，李德明再次派張浦率兵二萬進攻甘州，夜落紇親自率軍抵禦近半月，隨後乘夏軍不備，以部將翟符守榮夜襲夏營，張浦大敗而回。十二月，李德明又準備大舉進攻，但是「恒星晝見，德明懼而還」〔註11〕。

之後，西夏暫緩對甘州的進攻，轉而經略吐蕃諸部，直到宋天聖六年（1028），「德明遣子元昊攻甘州，拔之。」〔註12〕甘州的地理位置十分重要，「東據黃河，西阻弱水，南跨青海，北控居延，綿亙數千里。通西域，扼羌

〔註7〕　《宋史》卷486《夏國傳下》。
〔註8〕　《宋史》卷490《回鶻傳》。
〔註9〕　《宋史》卷490《回鶻傳》。
〔註10〕　《宋會要輯稿》蕃夷四之四。
〔註11〕　《宋史》卷485《夏國傳上》。
〔註12〕　《宋史》卷485《夏國傳上》。

瞿，水草豐美，畜牧孳息」〔註13〕。李德明佔據此地，「恃其形勢，制馭西蕃，靈、夏之右臂成矣」〔註14〕。

（二）奪取瓜、沙、肅三州

唐末，張議潮收復了被吐蕃佔據的河西走廊地區，被唐朝冊封爲歸義軍節度使。西夏建國前党項向河西發展時，正是末代歸義軍曹氏政權時期，但是此時的曹氏歸義軍政權只佔有瓜（今甘肅安西縣東）、沙（今甘肅敦煌西）二州，曾得到宋和遼的冊封。另外，「在肅州（今甘肅酒泉）地區，除了歸義軍與龍家勢力外，還有隨同龍家一同從甘州徙來的吐谷渾、通頰、羌、達票等部族，因而在敦煌文書中出現了「肅州家」一詞，說明在肅州形成了以龍家爲主體的多民族雜居共處的混合勢力集團。」〔註15〕

党項奪取瓜、沙、肅三州的具體經過不詳，據《宋史》卷485《夏國傳上》，宋景祐二年（1035），元昊「遣其令公蘇奴兒將兵二萬五千攻唃廝囉，敗死略盡，蘇奴兒被執。元昊自率眾攻貓牛城，一月不下。既而詐約和，城開，乃大縱殺戮。又攻青唐、安二、宗哥、帶星嶺諸城，唃廝囉部將安子羅以兵絕歸路，元昊晝夜角戰二百餘日，子羅敗，遂取瓜、沙、肅三州。」元昊奪取三州應在1036年。但是同傳記載，宋天聖八年（1030），「瓜州王以千騎降於宋」。可能這時末代歸義軍節度使曹賢順雖向元昊投降，但元昊並未派兵佔領瓜、沙等州，而是到1036年才派兵進駐。

元昊佔領三州後，就完全佔有了河西走廊地區，完成了西部疆土的開拓。他在甘州設右廂甘州監軍司，以三萬重兵鎮守。他又將肅州升格爲蕃和郡，甘州升格爲鎮夷郡，置宣化府，以此來鎮撫吐蕃、回鶻。

三、對吐蕃諸部的戰爭

（一）對六谷吐蕃諸部的戰爭

唐末吐蕃王朝漸趨衰落，一部分吐蕃人遷居到河西走廊的甘、涼州一帶，一部分進入今青海省的黃河、湟水流域也就是河湟地區。隨著党項勢力的崛起，向西發展成爲必然趨勢，李繼遷因此制定了「西掠吐蕃健馬，北收回鶻

〔註13〕《西夏書事》卷11。
〔註14〕《西夏書事》卷11。
〔註15〕李冬梅：《唐五代歸義軍與周邊民族關係綜論》，《敦煌學輯刊》1998年第2期。

銳兵，然後長驅南牧」〔註16〕的戰略方針。

佔據涼州（西涼府）等地的西涼府吐蕃是以六谷部爲中心的吐蕃部落聯盟，所謂「六谷」，是涼州城外的六條山谷。宋初，六谷聯盟首領折逋支來附，自稱知西涼府。到李繼遷時期，六谷部的首領爲潘羅支。李繼遷攻陷靈州後，其下一個目標就是涼州。潘羅支爲了與西夏相抗衡，於咸平四年（1001）接受了宋朝的冊封，任鹽州巡御使兼靈州西面都巡檢使。宋朝此舉，也是想以此來牽制李繼遷。在佔據靈州的當年（1002）10月，李繼遷遣使攜帶官告、印信誘降潘羅支，結果潘羅支不爲所動，「戮一人、縶一人，聽朝旨」〔註17〕。

咸平六年（1003）十二月，李繼遷集結兵力，對外揚言：「我與西涼自來無事，向爲萬山等族所誘，與之構隙。今六谷眾盛，難以加兵，不復進取」〔註18〕。但是他卻突然向涼州發起進攻，攻佔西涼府，殺宋知涼州丁惟清。潘羅支見力所難支，於是僞降李繼遷，繼遷大臣張浦認爲潘羅支「倔強有年，未挫兵鋒，遽而降順，詐也。不若乘其詭謀未集，一戰擒之，諸蕃自伏」〔註19〕。李繼遷不聽，接受了潘羅支的投降。但是不久，潘羅支與其弟廝鐸督集結六谷部及者龍族數萬人進擊李繼遷，大敗夏軍，李繼遷中箭身亡。

景德元年（1004）六月，李德明利用投附吐蕃者龍族的迷丹囉、日布結羅丹二部爲內應，向者龍族大舉進攻。潘羅支聞訊率百餘騎馳赴者龍族，商量對策，結果被內應殺於帳下。隨即者龍族十三部中的六部被煽惑投奔德明，六谷部的副首領折逋喻龍缽也降夏。潘羅支死後，餘眾推其弟廝鐸督爲六谷部首領，但是六谷部的勢力已大大衰落。

大中祥符元年（1008）和四年，李德明兩次出兵攻打西涼府，都被廝鐸督擊敗。但是德明仍堅持對西涼用兵，終於於大中祥符八年（1015）擊敗廝鐸督，佔領西涼府，派蘇守信以兵七千人戍守。廝鐸督投奔河湟吐蕃唃廝囉，六谷吐蕃聯盟滅亡。

（二）對唃廝囉政權的戰爭

河湟吐蕃唃廝囉政權建立與西夏建國相前後，元昊即位後，爲了建國及與宋爭衡，首先就要解決後顧之憂，隨即對唃廝囉展開了大規模進攻。

〔註16〕《西夏書事》卷7。
〔註17〕《宋史》卷492《吐蕃傳》。
〔註18〕《西夏紀》卷3。
〔註19〕《西夏書事》卷11。

　　夏廣運二年（1035），元昊派蘇奴兒率兵二萬五千進攻唃廝囉，唃廝囉在青唐（今青海西寧）北的貓牛城（又名犛牛城，後宋朝改爲宣威城）迎擊，夏軍大敗，蘇奴兒被俘。元昊隨後率大軍親征，唃廝囉堅守城池長達月餘。元昊假裝求和，騙開城門，隨即進入城內縱兵燒殺搶掠，城中百姓被殺殆盡。元昊接著攻下青唐、安二、宗哥、帶星嶺等，唃廝囉迫於形勢，在鄯州固守數月，不與夏軍正面交鋒。他又派人偵察夏軍情況，派部將安子羅切斷夏軍的歸途。又將夏軍插在宗哥河（今湟水）中標誌水淺處的標誌移到水深處，在隨後的大戰中，夏軍潰敗，過宗哥河時又溺死大半，物資損失更爲慘重。這次元昊出兵河湟時間長達二百餘日，終因戰線太長，後勤得不到保障，以及唃廝囉的堅決抵抗而失敗。

　　宗哥河失敗之後，元昊轉而對唃廝囉採取恩威並施的方針。大慶元年（1036），元昊攻破蘭州吐蕃諸部，並在瓦川築城，以切斷唃廝囉與宋朝的聯繫。與此同時，元昊又接納了與唃廝囉有殺父之仇的溫逋奇之子伊實洛魯的歸附，並與其結爲姻親。唃廝囉迫於壓力，從宗哥西遷至歷精城。元昊建國後，宋朝任命唃廝囉爲保順軍節度使，仍兼邈川大首領。遼朝也結好唃廝囉，企圖夾擊西夏，雖然未有實際行動，但也給西夏以很大壓力。

　　夏奲都二年（1058），唃廝囉屬下的捼羅部阿作等叛投西夏，西夏以其爲嚮導，圍攻青唐城。唃廝囉大敗夏軍，並招降了隨同夏軍進攻的隴逋、公立、馬頗三族。奲都六年（1062），西夏再次進攻，又一次失敗。拱化元年（1063），親政不久的李諒祚試圖聯合隴右吐蕃諸部，以削弱唃廝囉的外圍勢力。他以宗室女嫁歸附西夏的吐蕃首領禹藏花麻子，封其爲駙馬。1065 年 10 月，唃廝囉卒，其第三子董氈即位，他的兩個同父異母兄長瞎氈和磨氈角並不聽命於他，而是各擁城邑與部落。乾道元年（1068），西夏李秉常即位。隨後幾年間，河湟吐蕃、西夏與宋朝的關係都發生了很大變化，這是由於宋朝於熙寧五年（1072）開始史稱爲熙河開邊的行動，就是招撫河湟地區的吐蕃諸部，夾擊西夏。這必然侵犯了唃廝囉政權的利益，於是西夏改善了與董氈的關係，將秉常妹下嫁董氈之子藺逋叱。得到西夏的幫助，吐蕃聲威復振，酋長鬼章殺宋將景思立於踏白城，木徵也曾圍攻河州。宋朝不得已對董氈做出讓步，雙方關係緩和。隨後，董氈配合宋軍對西夏的進攻，也出兵與西夏作戰。秉常爲了報復，於大安九年（1083）十二月，派兵圍攻邈川等城寨，結果被董氈養子阿里骨所敗，阿里骨還進入夏境大掠。

　　1083 年董氊死，阿里骨即位，由於他不是董氊的親生兒子，因而爲唃廝囉家族所反對，他就想借助西夏的力量收復被宋朝佔領的熙河路地區。西夏天儀治平元年（1086）五月，李乾順與阿里骨達成協議，雙方協同進攻宋朝，「如得地，以熙、河、岷三州歸西蕃，蘭州、定西城歸夏國」〔註20〕。面對西夏和吐蕃的聯合進攻，宋軍長途突襲，攻克先前被吐蕃攻陷的洮州，生擒鬼章，斬首數千級。阿里骨不得已於 1088 年再次歸附宋朝。此後，西夏多次向阿里骨提議聯合攻取與阿里骨結仇的邈川吐蕃大首領溫溪心所佔據的邈川城，但都遭拒絕。西夏天祐民安七年（1096），阿里骨死，其子瞎徵即位。瞎徵爲人殘酷喜殺，眾叛親離，河湟吐蕃政權漸趨分崩離析。宋元符二年（1099），宋軍攻佔邈川、宗哥等城，瞎徵降宋。河湟吐蕃另立隴拶爲主，並向西夏求援。李乾順派兵應援，被宋軍擊退。同年九月，隴拶降宋，被任命爲河西軍節度使，賜姓名爲趙懷德，乾順也將宗室女嫁給他。與此同時，隴拶弟小隴拶也被諸部立爲主。夏貞觀三年（1103），小隴拶攻隴拶，企圖復國。隴拶向西夏求援，乾順派兵支持，但是未及趕到，隴拶就已敗走。西夏又轉而支持小隴拶，與宋朝在河湟地區展開爭奪，直到雍寧二年（1115），西夏被迫退出河湟地區。北宋被金滅亡後，西夏重又返回，與金朝以黃河爲界，瓜分了河湟吐蕃故地，佔有河北地區。

四、西夏對邊疆發展的貢獻

（一）西夏經濟的發展

　　畜牧業是西夏的最重要經濟部門，元昊曾說過：「衣皮毛，事畜牧，蕃性所便」〔註21〕。党項人的衣食住行都要倚賴畜牧業，馬、羊、牛、駱駝等是他們重要的生產資料和生活資料。西夏有著發展畜牧業的天然條件，除了夏州一帶的沙漠地區外，其他地區多有天然良好牧場，爲畜牧業的發展提供了得天獨厚的條件。同遼、金兩個少數民族王朝一樣，西夏也設有官營畜牧機構群牧司，屬於西夏職官系統中上次中下末五等司中的中等司，設六正、六承旨負責管理。另外還設有專門養馬的馬院，屬於下等司。西夏還以法律形式具體規定了對畜牧業的各種規章制度，《天盛律令》中有殺牛駱駝馬門、妄劫他人畜馱騎門、買盜畜人檢得門、共用畜物門、派牧監納冊門、分畜門、

〔註20〕《西夏書事》卷 28。
〔註21〕《宋史》卷 485《夏國傳上》。

減畜雜事門、畜利限門、官畜駄騎門、畜患病門、官私畜調換門、校、畜磨勘門、牧盈能職事管門、牧場官地水井門、貧牧逃避無續門等等，可見畜牧業在西夏經濟生活中的重要地位。

農業是僅次於畜牧業的經濟部門。據有的研究者統計，西夏的糧食作物有水稻、小麥、大麥、蕎麥、糜、粟、黍、黃谷、青稞、稗子、大豆、小豆、豇豆、豌豆、莢豆、蓽豆、紅豆、赤豆、綠豆等。〔註22〕另外還種植桑麻和種類眾多的瓜果、蔬菜。西夏的農業生產工具和耕作方法與宋朝北方地區基本相同。由於西夏處於乾旱地區，因而農田水利設施是農業生產必不可少的，前代所修建的秦家渠、光祿渠、漢延渠、唐徠渠、艾山渠、七級渠、特進渠、御使渠、胡渠、百家渠、尚書渠大多被西夏繼續利用。但是，尚無史料可以證明西夏自己修建過引水渠。為了保障農田水利設施的正常運轉，西夏制定了一系列法律，《天盛律令》中有專門的春開渠事門、渠水門做了詳細的規定。

西夏的手工業主要有金屬冶煉鍛造業、陶瓷製造、製鹽、皮毛加工及紡織、造紙印刷等。《天盛律令》卷17《物離庫門》記載了有關西夏金、銀、銅等金屬冶煉鍛造的珍貴史料：

金銀耗減法：

　金耗減法：

　　生鎔鑄：

　　　　生金末一兩耗減一字。

　　　　生金有碎石圓珠一兩耗減二字。

　　熟再熔一番為熟板金時：

　　　　上等一兩耗減二字。

　　　　次等一兩耗減三字。

　銀耗減法：

　　　　上等、次等者，一律百兩中可耗減五錢。

　　　　中等、下等所至，一律百兩中可耗減一兩。

　銅鍮打鑄者等一律耗減：

　　　　為種種打事則一兩中可耗減三錢。

　　　　為種種鑄事則一兩中可耗減二錢。

<hr />

〔註22〕參見杜建錄：《西夏經濟史》，中國社會科學出版社 2002 年版，第 131～132 頁。

於此可見西夏金屬製造業的一斑。西夏的兵器製造在當時也具有相當的先進性，宋人田況曾讚譽道：「甲胄皆冷鍛而成，堅滑光瑩，非勁弩可入」〔註23〕。

西夏的陶瓷製造業也很發達，從已經發掘的西夏時期的靈武窯址可看出當時西夏陶瓷業的盛況，不但生產有各類生活用具和建築材料，而且其產品具有鮮明的民族特色。〔註24〕西夏境內有著豐富的池鹽資源，有專門因此命名的鹽州。西夏的池鹽生產採用傳統的畦種法，也就是將鹽水引入方畦，利用風和日光將水分蒸發後，得到結晶鹽。西夏的池鹽生產規模頗大，不但能滿足自己的需要，而且成為與宋貿易的重要物資。皮毛加工是西夏的傳統手工業，也是日常生活所不可缺少的，其生產技術和各朝各代基本一樣。西夏的紡織品主要有棉、麻、絲綢，末等司中有專門負責絲綢生產的織絹院。西夏生產的紙張較為粗糙，但是印刷業相當發達，內蒙古黑城出土的文獻中絕大部分都是西夏印刷的，西夏有專門負責雕版印刷的屬於末等司的刻字司，現存最早的木活字也是出自西夏。〔註25〕

儘管和遼、金一樣由於銅原料的匱乏，境內流通的大都是宋朝錢幣。但是西夏也鑄造有銅錢，並且設置了專門的通濟監負責。其錢幣文字既有漢文，也有西夏文，體現了鮮明的民族特色。

（二）西夏文化的發展

儘管西夏是遼、宋、西夏、金前後並立時期最為弱小的一個政權，可是其文化絲毫不落後，為邊疆地區的文化發展做出了巨大貢獻，給今天的我們留下了豐厚的文化遺產。

和遼金王朝一樣，西夏的統治民族也創制了自己的文字，一般認為是元昊創制而經大臣野利仁榮改進。「元昊自制蕃書，命野利仁榮演繹之，成十二卷，字形體方整類八分，而畫頗重複。」〔註26〕西夏文字是模仿漢字創制，其筆劃多借用漢字，但結構複雜，筆劃繁多，可分為獨體字和合體字兩類。「獨體字筆劃較少，多為常用字，是組成文字的基本單位。合體字由兩個以上的字重新組合而成，組字時一般只採用原字的某一部分，如左部、右部、上部、

〔註23〕 《續資治通鑑長編》卷132慶曆元年五月甲戌條。
〔註24〕 參見馬文寬：《寧夏靈武窯》，紫禁城出版社1988年版。中國社會科學院考古研究所：《寧夏靈武窯發掘報告》，中國大百科全書出版社1995年版。
〔註25〕 參見史金波、雅森·吾守爾：《中國活字印刷術的發明和早期傳播——西夏和回鶻活字印刷術研究》，社會科學文獻出版社2000年版。
〔註26〕 《宋史》卷485《夏國傳上》。

下部、中部，或原字的大部或全體。」〔註27〕爲了推廣西夏文字，當時編寫了大量字典，至今還留有《文海》、《蕃漢合時掌中珠》、《音同》、《聖立義海》等，其中《蕃漢合時掌中珠》是西夏字與漢字對照的字典。西夏文在當時西夏的朝野得到了廣泛應用，「元昊既制蕃書，遵爲國字，凡國中藝文誥牒盡易蕃書。於是立蕃字、漢字二院。漢習正、草；蕃兼篆、隸。其秩與唐、宋翰林等。漢字掌中國往來表奏，中書漢字，旁以蕃書並列；蕃字掌西蕃、回鶻、張掖、交河一切文字，並用新制國字，仍以各國副之。以國字在諸字之右，故蕃字院特重。」〔註28〕西夏還將大量的漢族典籍文獻翻譯成西夏文，大大促進了西夏文化的發展。20世紀以來，在黑水城遺址（今內蒙古額濟納旗境內）等地發現了大量西夏文獻資料，其中包括世俗著作和佛經的寫本和刻本約四、五百種，這是現存遼代契丹字文獻和金代女眞字文獻所難以企及的，從而爲我們瞭解當時的西夏社會提供了第一手的寶貴資料。

西夏的文學隨著文字的創制也有一定程度的發展，西夏文獻中有《賦詩》、《大詩》、《月月樂詩》、《道理詩》、《聰穎詩》等詩集殘本。其詩歌「洋溢著党項民族的自豪感，充滿了對英雄的景仰和對和平的渴望，而且遣詞造句華麗典雅，具有一定的藝術感染力」〔註29〕。西夏的藝術有著較高的成就，其中尤以敦煌莫高窟中的西夏石窟爲代表。據研究，在莫高窟的近600座洞窟中有西夏洞窟62個，每一座都堪稱西夏藝術的寶庫。洞窟壁畫題材主要分爲佛教題材和裝飾圖案兩類。裝飾圖案主要分佈在洞窟頂部，洞窟四壁則爲佛教題材。「西夏石窟壁畫的第一階段繼承唐宋遺風，已是強弩之末，再難表現或發展中原藝術水平，但形成了一些自己的獨特風格，如裝飾圖案在窟中的大量布局，色彩運用上的獨具匠心等。第二階段的壁畫，中原藝術形式與藏傳佛教表現形式共存，反映了西夏佛教藝術的成熟與發展。一方面發揚了中原傳統，在建築畫上充分運用線描藝術，表現出對透視關係的精確理解……另一方面吸收容納了藏傳佛教繪畫特點，構圖緊湊、色彩絢麗，給西夏佛教藝術注入了活力，使西夏成爲藏傳佛教藝術過渡到中原地帶的橋樑。」〔註30〕由於西夏地處東西交通要道的位置，因而其佛教文化也就受到了漢、藏、回

〔註27〕李錫厚、白濱：《遼金西夏史》，上海人民出版社2003年版，第597頁。

〔註28〕《西夏書事》卷12。

〔註29〕聶鴻音：《西夏文學史料說略》，《文史》1999年第4期。

〔註30〕韓小忙、孫昌盛、陳悅新：《西夏美術史》，文物出版社2001年版，第36～37頁。

鶻等多民族因素的影響，具有鮮明的特色。

西夏對教育非常重視，元昊時期在中央和各州創建了蕃學，其目的是「思以胡禮蕃書抗衡中國」〔註31〕。之後，在仁宗仁孝時期，大量興辦培養儒家人才的漢學（國學），在崇宗國學定員三百人的基礎上，增加到三千人。還興辦了培養宗室的小學以及最高學府太學。西夏的科舉制度基本沿用唐宋制度，最早開科取士在仁宗人慶四年（1147），前後持續了80餘年，通過科舉選拔了很多優秀人才。西夏對孔子的尊崇也同各朝一樣，人慶三年，「尊孔子爲文宣帝，令州郡悉立廟祀，殿庭宏敞，並如帝制」。〔註32〕

五、蒙古入侵所引發的邊疆危機

（一）西夏對蒙古入侵的反抗

西夏的北邊與蒙古高原上的克烈部及乃蠻部接壤，公元1171年，克烈部首領王罕聯合成吉思汗的父親也速該擊敗其叔古兒罕，「菊兒（即古兒罕——筆者注）兵敗，走投夏國，仁孝憫其窮蹙，使居於西偏。」〔註33〕其後，王罕被乃蠻部擊敗，逃亡途中也曾受到仁孝的款待。1203年，成吉思汗滅亡克烈部後，王罕之子亦剌合桑昆曾逃亡西夏避難，但後來與西夏發生衝突，被逐出西夏。即使如此，成吉思汗還是以西夏曾接納其仇人亦剌合桑昆爲理由，於西夏天慶十二年（1205），向西夏發動了進攻，破力吉里寨，掠瓜、沙諸州，俘獲西夏大量人口與牲畜而去。桓宗純祐不敢抵抗，只能在蒙古退兵後修復所毀城池，並大赦境內，改都城興慶府爲中興府，希冀經此大難後，西夏可以中興。

1206年，成吉思汗統一蒙古諸部，即大汗位，建立大蒙古國。1207年秋，成吉思汗得知西夏安全廢純祐自立，於是再次率兵攻入西夏，破斡羅孩城，安全調集右廂諸路部隊進行抵抗，「蒙古主見夏國兵勢尙盛，不敢驟進，逾五月糧匱，引還。」〔註34〕應天四年（1207）春，成吉思汗再次率領大軍由黑水城攻入西夏，安全派其子承禎爲主帥、高逸爲副帥，率軍五萬進行抵抗，結果夏軍大敗，高逸被俘不屈而死。四月，蒙古軍攻佔兀剌海城，太傅西壁

〔註31〕《西夏書事》卷13。
〔註32〕《西夏書事》卷36。
〔註33〕《西夏書事》卷27。
〔註34〕《西夏書事》卷40。

訛答在巷戰中被俘。七月，蒙古圍困中興府的外圍克夷門，西夏大將嵬名令公率五萬軍隊在此與蒙古軍對壘兩月，後中伏被俘，蒙古軍攻破克夷門，進圍中興府。安全親自登城鼓舞士氣，夏軍奮力抵抗，蒙古軍久攻不下。九月，連降大雨，蒙古軍趁機築堤引黃河水灌城，城中危急萬分。安全向金朝求援，但是金朝想坐山觀虎鬥，拒不出兵。西夏和蒙古兩軍相持到十二月，這時的城牆因為久被水圍，已經接近坍塌，但是蒙古軍所築保衛自己營帳的大堤卻首先潰決，成吉思汗不得已撤軍。在撤退之前，他將俘虜西壁訛答放入城中招降，「夏主納女請和」〔註35〕，蒙古軍解圍而去。

（二）西夏對蒙古的依附

公元 1211 年，西夏再次發生政變，齊王遵頊廢襄宗安全自立為帝，是為神宗。由於在西夏危難時金朝未給予支持，因而遵頊改變了桓宗純祐時期的附金抗蒙政策，而改以附蒙攻金。遵頊連年侵擾金朝的邊境，但不是失敗，就是沒有什麼戰果。

光定七年（1217），蒙古進攻金朝，徵調三萬西夏騎兵跟隨，結果在平陽府（今山西臨汾）被擊敗。隨著蒙古的東征西討，西夏也頻繁地被徵發兵力，疲於應付，以致對蒙古「禮意漸疏」〔註36〕。同年，蒙古西征花剌子模，向西夏徵兵，被遵頊拒絕。這引起成吉思汗的極大不滿，他命令木華黎渡過黃河，再次包圍了興中府。遵頊驚恐萬分，命太子德任守城，自己逃往西涼府躲避。在蒙古大軍的威脅下，遵頊只好再次請降，木華黎這才撤軍。

公元 1221 年三月，木華黎率軍經過西夏進攻金朝，要求西夏出兵配合，遵頊只得派札合敢不率軍五萬協同木華黎。十月，蒙古軍攻下葭州（今陝西佳縣），蒙古將領石天應向木華黎建議說：「西戎雖降，實未可信。此州當金、夏之衝，居人健勇，倉庫豐實，加以長河為限，脫為敵軍所梗，緩急非便，宜命將守之，多造舟楫，以備不虞，此萬世計也」〔註37〕。於是木華黎以石天應留守葭州，作為對西夏的震懾。木華黎接著進攻綏德，要求西夏增兵，遵頊又派迷僕率兵支持。西夏光定十三年（1223）一月，木華黎率蒙古軍圍攻金鳳翔府（今陝西鳳翔縣），西夏再次派出十萬大軍隨同前往，在攻城不克的情況下，西夏私自撤軍，這引起了蒙古的強烈不滿。當年十二月，遵頊在

〔註35〕《元史》卷1《太祖紀一》。
〔註36〕《西夏書事》卷40。
〔註37〕《元史》卷149《石天應傳》。

成吉思汗的脅迫下，不得已退位，以其次子德旺爲帝，是爲獻宗，改元乾定。

（三）西夏的滅亡

德旺在國家危亡之際，改變了使西夏遭到極大削弱的附蒙政策，試圖抗擊蒙古。乾定二年（1224），德旺趁成吉思汗遠征西域之機，聯絡漠北諸部落，以圖共同抵禦蒙古。成吉思汗返回後，於五月親征西夏，在沙州遭到守將籍辣思義的頑強抵抗月餘，成吉思汗又分兵攻破銀州，夏軍戰死數萬，大將塔海被俘虜，人口、物資遭到極大損失。德旺被迫同意納子爲質，蒙古軍這才撤沙州之圍。

乾定三年（1225）三月，因爲德旺未遣質子，成吉思汗遣使問罪，德旺拒絕了大臣的建議，決定再度聯金抗蒙，並與金朝簽定了和約，雙方互爲兄弟之國。但是，此舉爲時已晚，金夏衝突，「十年不解，一勝一負，精銳皆盡，而兩國俱弊」〔註38〕。而使蒙古坐收漁人之利。金朝自己也處在危亡之中，根本無力援助西夏。

乾定四年（1226）二月，成吉思汗藉口西夏不納質子以及收留仇敵，親率十萬大軍向西夏發起進攻，準備一舉滅夏。蒙古軍攻入河西，先後攻下沙州、肅州、甘州、西涼府，所到之處，勢如破竹。七月，德旺在憂憤之中病死，其弟清平郡王之子南平王李睍在群臣擁戴下即位。十一月，蒙古軍進攻靈州。李睍命大將嵬名令公率 10 萬大軍前往增援，結果夏軍大敗，靈州失守，守將遵項的前太子德任爲國捐軀。此役，使夏軍盡喪主力。十二月，蒙古軍攻克鹽州川，進圍中興府。在蒙古軍的燒殺擄掠之下，所過之處，居民幸存者「百無一二，白骨蔽野，千里成赤地」〔註39〕。

寶義二年（1227）一月，成吉思汗留下一部分軍隊繼續圍攻中興府，自己率大軍進攻金朝。五月，成吉思汗回師，避暑於六盤山中，又派人招降李睍。六月，西夏又發生強烈地震，不僅造成極大的破壞，還引發疾疫流行，中興府更是岌岌可危。六月，李睍出降。七月，在覲見成吉思汗的途中，成吉思汗病死，李睍被殺害，西夏滅亡。

〔註38〕　《金史》卷 134《西夏傳》。
〔註39〕　《元史》卷 1《太祖紀一》。

第五編　金朝邊政

一、金朝的建立與疆域

（一）金朝的建立

　　建立金朝的女眞族是生活在我國東北地區的一個古老民族。「金之先，出靺鞨。靺鞨本號勿吉。勿吉，古肅愼地也。」〔註1〕《三朝北盟會編》卷3載：「女眞，古肅愼國也。」可見，女眞族與肅愼、勿吉、靺鞨有著淵源關係。肅愼是我國東北地區最早見於記載的古代民族，肅愼的後裔在漢、魏晉、北朝時以挹婁、勿吉等名見稱於世，廣泛分佈在今黑龍江、松花江及烏蘇里江流域。到隋代，勿吉被稱爲靺鞨。靺鞨是由眾多部落組成，分佈地域廣泛，互不統屬，但都爲古代肅愼的後裔。靺鞨的一支粟末靺鞨後來建立了史稱爲「海東勝國」的渤海國，到被遼滅亡共存在了 200 餘年。靺鞨的另一支黑水靺鞨則是後來女眞族的主要來源之一。「黑水靺鞨居肅愼地，東瀕海，南接高麗，亦附於高麗。嘗以兵十五萬眾助高麗拒唐太宗，敗於安世。開元中來朝，置黑水府，以部長爲都督、刺史，置長史監之。……其後渤海盛強，黑水役屬之，朝貢遂絕。五代時，契丹盡取渤海地，而黑水靺鞨附屬於契丹。其在南者籍契丹，號熟女眞；其在北者不在契丹籍，號生女眞。生女眞地有混同江、長白山，混同江亦號黑龍江，所謂『白山、黑水』是也。」〔註2〕

　　女眞諸部散居在長白山至黑龍江之間的廣大地域，從事農耕、狩獵，多依山谷而居，用原木建造房屋和圍牆。屋高數尺，屋頂沒有瓦，而覆以木板、

〔註1〕　《金史》卷1《世紀》。
〔註2〕　《金史》卷1《世紀》。

樺樹皮或茅草，東向開門。屋內築炕，因東北天氣寒冷，所以飲食起居多在炕上進行。女眞人多穿皮衣，富者衣貂鼠、青鼠、狐狸等皮，貧者則衣牛、羊、馬等皮，都爲左衽。男子腦後蓄髮辮，女子則在頭頂盤髮髻，頭髮上還有各種飾物。女眞人的飲食較簡單，多吃半生米飯並拌以生狗血、蔥、韭之類，春夏時又多食用粥。與米飯、粥同食的有生魚肉、生獐肉，偶而有燒肉。餐具多爲木製的盆、碗、碟。〔註3〕

　　金的始祖函普（後尊爲景元帝）相傳自高麗來到女眞的一支完顏部，後遂爲完顏部人。其子孫烏魯（後尊爲德帝）、跋海（後尊爲安帝）相繼接任。到跋海之子綏可（後尊爲獻祖）時，完顏部定居於安出虎水邊（今黑龍江省阿城市阿什河）。綏可之子石魯（後尊爲昭祖）爲了改變生女眞「無書契，無約束，不可檢制」〔註4〕的局面，而「稍以條教爲治，部落浸強」。〔註5〕他開始四處征討，「耀武於青嶺、白山，順者撫之，不從者討之，入於蘇濱、耶懶之地，所至克捷。」〔註6〕於是遼授予他惕隱之職，管理生女眞諸部落。石魯之子烏古乃（後尊爲景祖）繼續發展勢力，「自白山、耶悔、統門、耶懶、土骨論之屬，以至五國之長，皆聽命。」〔註7〕被遼任命爲生女眞部族節度使。但烏古乃爲了不隸屬於遼，受遼的控制，而拒不接受遼的官印。但有了節度使一職，使其在女眞諸部中更具權威。烏古乃的兒子劾里鉢（後尊爲世祖）、婆剌淑（後尊爲肅宗）相繼繼任節度使。他們二人戰勝了烏古乃的異母兄弟跋黑以及桓赧、散達、烏春、窩謀罕等人的挑戰，鞏固了在女眞諸部中的地位。烏古乃的第五子盈哥（後尊爲穆宗）於遼大安十年（1094）繼承節度使一職，他採納了其姪完顏阿骨打（即金太祖）的建議，「教統門、渾蠢、耶悔、星顯四路及嶺東諸部自今勿復稱都部長」。〔註8〕另外，「穆宗之前，諸部長各刻信牌，交互馳驛，訊事擾人。太祖獻議，自非穆宗之命，擅製牌號者置於法，自是號令乃一，民聽不疑矣」〔註9〕。可見，金建國之前的信牌，主要用於驛遞，而且各部首領都有權頒發，以致紛擾混亂，削弱了完顏部的權力。

〔註3〕　此段內容見《三朝北盟會編》卷3。
〔註4〕　《金史》卷1《世紀》。
〔註5〕　《金史》卷1《世紀》。
〔註6〕　《金史》卷1《世紀》。
〔註7〕　《金史》卷1《世紀》。
〔註8〕　《金史》卷1《世紀》。
〔註9〕　《金史》卷58《百官志四·符》。

完顏阿骨打建議穆宗取消各部頒發信牌的權利，而由穆宗統一頒發，違者重
法懲處。取消各部都部長稱號及取消各部頒發信牌的權利，標誌著完顏部在
女眞各部中的權力得到了絕對加強，基本上統一了女眞各部。

　　穆宗之後，遼乾統三年（1103），世祖長子烏雅束（後尊爲康宗）繼任節
度使，他在位 11 年。之後，世祖第二子完顏阿骨打即位，阿骨打在年輕時即
已表現出卓越的才能。世祖臨終時對穆宗說：「烏雅束柔善，惟此子足了契丹
事。」〔註 10〕對他寄予厚望。正如上文所說，也正是阿骨打幫助穆宗確立了
完顏部在女眞諸部中的統治地位。

　　由於女眞是遼的屬部，因而遼統治者一直對女眞採取歧視、壓迫政策，
尤其是遼末代皇帝天祚帝耶律延禧更是如此。完顏阿骨打看到女眞民族上上
下下對遼充滿著同仇敵愾的情緒，決心起兵反遼，率領女眞人民擺脫遼的統
治壓迫。

　　遼天慶四年（1114）九月，完顏阿骨打會集了 2500 人，在來流水畔誓師，
他說：「世事遼國，恪修職貢，定烏春、窩謀罕之亂，破蕭海里之眾，有功不
省，而侵侮是加。罪人阿疎，屢請不遣。今將問罪於遼。天地其鑒祐之。」〔註
11〕並命令諸將傳梃而誓曰：「汝等同心盡力，有功勞者，奴婢部曲爲良，庶人
官之，先有官者敘進，輕重視功。苟違誓言，身死梃下，家屬無赦。」〔註 12〕
隨即向遼發動進攻，攻克了遼的寧江州（今吉林扶餘東南）。寧江州之役後，
阿骨打派人招撫渤海人，說：「女直、渤海本同一家，我興師伐罪，不濫及無
辜也。」〔註 13〕這樣，贏得了大部分渤海人的支持。阿骨打還對女眞人進行
了整編，將三百戶編爲一謀克，十謀克編爲一猛安，確立了金代著名的猛安
謀克制，從而使女眞人全民皆兵，亦兵亦民，戰鬥力大大提高，也大大削弱
了女眞的部落組織，有利於集中統一指揮。遼爲防備女眞人的進攻，十一月，
派兵十萬駐紮於鴨子河北。阿骨打率領女眞軍 3700 人黎明渡河，與敵相遇於
出河店。由於急行軍，按時到達的女眞士兵才有三分之一。這時，天空刮起
了大風，塵埃蔽日。阿骨打趁著風勢發起進攻，大敗遼軍，殺傷敵軍及俘虜
不計其數。這場戰役後，女眞軍達到了萬餘人，而遼人曾傳言女眞兵過萬就

〔註 10〕《金史》卷 2《太祖紀》。
〔註 11〕《金史》卷 2《太祖紀》。
〔註 12〕《金史》卷 2《太祖紀》。
〔註 13〕《金史》卷 2《太祖紀》。

不可抵敵。從此，遼兵對女眞充滿了恐懼，往往不戰即潰。

兩次戰役取勝後，完顏阿骨打和女眞人充滿了必勝的信心，建立自己的政權也就提上了議事日程。阿骨打之弟吳乞買及撒改、辭不失等人勸他明年元旦稱帝，阿骨打不許。阿离合懑、蒲家奴、宗翰等人又勸說：「今大功已建，若不稱號，無以繫天下心。」〔註14〕阿骨打這才同意。遼天慶五年（1115）元旦，阿骨打正式登基，定國號大金，建元收國，阿骨打成爲金朝第一位皇帝，後廟號太祖。

金建國後，挾新建國之勢，對遼發起了全面進攻，短短十餘年間，先後滅掉了遼與北宋兩個強大的封建王朝，在中國北方建立了一個與南宋對峙的強大帝國。從公元1115年到1234年，金朝在中國歷史上存在了120年，佔有重要的地位。

（二）金朝的疆域與周邊形勢

《金史》卷24《地理志上》載：「金之壤地封疆，東極吉里迷兀的改諸野人之境，北自蒲與路之北三千餘里，火魯火疃謀克地爲邊，右旋入泰州婆盧火所瀋界壕而西，經臨潢、金山，跨慶、桓、撫、昌、淨州之北，出天山外，包東勝，接西夏，逾黃河，復西歷葭州及米脂寨，出臨洮府、會州、積石之外，與生羌地相錯。復自積石諸山之南左折而東，逾洮州，越鹽川堡，循渭至大散關北，並山入京兆，終商州，南以唐鄧西南皆四十里，取淮之中流爲界，而與宋爲表裏。」〔註15〕也就是說，金朝全盛時，疆域北界達外興安嶺、庫頁島，南到淮河，東至日本海，西隔黃河與西夏緊鄰。「襲遼制，建五京，置十四總管府，是爲十九路。其間散府九，節鎮三十六，防禦郡二十二，刺史郡七十三，軍十有六，縣六百三十二。後復盡升軍爲州，或升城堡寨鎮爲縣，是以金之京府州凡百七十九，縣加於舊五十一，城寨堡關百二十二，鎮四百八十八。」〔註16〕其19路是上京路、咸平路、東京路、北京路、西京路、中都路、南京路、河北東路、河北西路、山東東路、山東西路、大名府路、河東北路、河東南路、京兆府路、鳳翔路、鄜延路、慶原路、臨洮路。金朝的統治民族是女眞族，主體民族則仍爲漢族，另外北部分佈著契丹族、奚族及烏古敵烈、蒙古諸部族等，東部有渤海人，西部有党項諸部落。

〔註14〕《金史》卷2《太祖紀》。
〔註15〕《金史》卷24《地理志上》。
〔註16〕《金史》卷24《地理志上》。

金朝南面南宋、西與西夏爲鄰、北部有蒙古諸部，東面的朝鮮半島上有高麗王朝。建國後，除了未與高麗發生戰爭外，金與南宋、西夏、蒙古諸部都發生過戰爭，其周邊形勢較爲嚴峻。

二、金代的治邊機構

（一）中央治邊機構

金朝初期，中央實行勃極烈制度。「其官長皆曰勃極烈，故太祖以都勃極烈嗣位，太宗以諳版勃極烈居守。諳版，尊大之稱也。其次曰國論忽魯勃極烈，國論，言貴，忽魯猶總帥也。又有國論勃極烈，或左右置，所謂國相也。其次諸勃極烈之上則有國論、乙室、忽魯、移賚、阿買、阿捨、昃、迭之號，以爲陞拜宗室功臣之序焉。其部長曰勃菫，統數部者曰忽魯。凡此，至熙宗定官制皆廢。」〔註 17〕這些勃極烈都有一部分管理邊政的職權。之後隨著熙宗天眷官制和海陵王正隆官制的相繼實行，金朝的中央官制完全漢化。其最高行政管理機構爲尙書省，最高軍事統帥機構爲都元帥府。尙書省設尙書令一名、左右丞相各一名、平章政事二名、左右丞各一名、參知政事二人，這些人作爲最高行政首長，自然有對邊政的管理職權。都元帥府設都元帥一名、左右副元帥各一名、元帥左右監軍各一名、左右都監各一名，在發生邊亂時，一般以都元帥府的各級長官爲統帥進行征討。另外，尙書省六部中的兵部有掌管鎮戍、障塞、遠方歸化等邊政事務的權力。宣徽院的引進司「掌進外方人使貢獻禮物事」〔註 18〕。

（二）地方治邊機構

金代的地方治邊機構有招討司、群牧所和部族節度使等。

金代的招討司是管理邊政的軍政合一機構，招討司的職責是「招懷降附、征討攜離」〔註 19〕，在三處設置，即西北路、西南路、東北路。招討司的長官是招討使，一人，正三品。副招討使二人從四品，下設判官、勘事官、知事、知法等若干辦事人員。

招討司的設置沿襲自遼代，前後有兩套系統，一套是金建國初期，沿用遼代的西南路和西北路招討司。如耶律懷義是遼宗室，後降金，「天會初，帥

〔註 17〕　《金史》卷 55《百官志一》。
〔註 18〕　《金史》卷 56《百官志二》。
〔註 19〕　《金史》卷 57《百官志三》。

府以新降諸部大小遠近不一，令懷義易置之，承制以爲西南路招討使。乃擇諸部衝要之地，建城市，通商賈。諸部兵革之餘，人多匱乏，自是衣食歲滋，畜牧蕃息矣。」〔註20〕可見，元帥府任命耶律懷義爲西南路招討使，一方面因爲他是契丹人，以契丹人治理新歸附的契丹人，不易產生抵抗情緒。另一方面，耶律懷義作爲遼的宗室，熟悉招討司機構的組織和運作，有較豐富的管理經驗。天會十年（1132），耶律懷義改任西北路招討使。同樣，同爲遼宗室的耶律塗山也在降金後被完顏宗翰承制任命爲西北路招討使。〔註21〕

後一套始於熙宗時，「熙宗罷統軍司改招討司，遣彥敬分僚屬收牌印，諭諸部隸招討司」〔註22〕。這一措施具體實行的時間是皇統九年（1149），豐州在當年「升爲天德總管府，置西南路招討司，以天德尹兼領之」〔註23〕。對於後一套招討司系統，《金史》卷 44《兵志》記敘道：「東北路者，初置烏古敵烈部，後置於泰州。泰和間，以去邊尙三百里，宗浩乃命分司於金山。西北路者置於應州，西南路者置於桓州，以重臣知兵者爲使，列城堡壕牆，戍守爲永制。」這段記敘有不準確之處，西南路、西北路兩招討司都設置在西京路。西南路招討司置於豐州（今內蒙古呼和浩特東），而不是桓州（今內蒙古正藍旗），西南路招討使一般都兼天德軍（豐州軍號）節度使，如完顏訛古乃皇統「九年，再遷天德尹、西南路招討使」〔註24〕。完顏思敬「大定二年，授西南路招討使，封濟國公，兼天德軍節度使」〔註25〕。西北路招討司置於桓州，而不是應州（今山西應縣）。東北路招討司初稱烏古迪烈統軍司，後改爲烏古迪烈招討司，最後才改爲東北路招討司。在海陵王之後東北路招討使一般都兼德昌軍（泰州軍號）節度使，如夾谷查剌大定「九年，出爲東北路招討使兼德昌軍節度使，仍賜金帶」〔註26〕。完顏鐵哥貞祐二年（1214），「遷東北路招討使，兼德昌軍節度使」〔註27〕。金末，在宣宗南遷後，肇州防禦使烏古論德升上書建議：「泰州殘破，東北路招討司猛安謀克人皆寓於肇州，凡徵調往復甚難。乞升肇州爲節度使，以招討使兼之。置招討副使二員，分

〔註20〕《金史》卷 81《耶律懷義傳》。
〔註21〕《金史》卷 82《耶律塗山傳》。
〔註22〕《金史》卷 84《白彥敬傳》。
〔註23〕《金史》卷 24《地理志上》。
〔註24〕《金史》卷 68《完顏訛古乃傳》。
〔註25〕《金史》卷 70《完顏思敬傳》。
〔註26〕《金史》卷 86《夾谷查剌傳》。
〔註27〕《金史》卷 103《完顏鐵哥傳》。

治泰州及宜春。」〔註28〕他的建議得到批准，東北路招討司又改駐肇州（今黑龍江肇源縣），東北路招討使兼肇州節度使，而由副使分駐泰州及宜春。

招討司不但負責對叛亂的部族進行軍事征討，而且還負責所管理地區及猛安謀克、部族的民政事務，這從西南、東北路招討使都兼駐地州的節度使就可看出。招討司之下都有所屬的猛安謀克，如西南路招討司下有延晏河猛安、按出灰必剌罕猛安、忽論宋割猛安等，西北路招討司下有梅堅必剌猛安、王敦必剌猛安、拿憐術花速猛安、宋葛斜忒渾猛安、奚猛安等，對於所屬猛安謀克的事務，招討司有直接管轄權。招討司還有與境外及境內部族進行貿易的職能，在西北路招討司燕子城與北羊城之間曾設権場，「以易北方牲畜」〔註29〕。「大定中，回紇移習覽三人至西南招討司貿易」〔註30〕。招討使上任時，所部一般都要進獻駝馬，「多至數百」〔註31〕，這給所部造成極大的負擔，因此，世宗時曹望之曾建議：「招討及都監視事，宜限邊部饋送駝馬。」〔註32〕招討使還有向皇帝進貢土特產品的慣例，大定十九年（1179），時為西北路招討使的完顏守能因受賄獲罪，世宗非常氣憤，「上曰：『守能由刺史超擢至此，敢恣貪墨。向者招討司官多進良馬、橐駝、鷹鶻等物，蓋假此以率斂爾，自今並罷之。』」〔註33〕招討司對所部有司法管轄權，世宗時，移剌道任西北路招討使，「初，諸部有獄訟，招討司例遣胥吏按問，往往為奸利。道請專設一官，上嘉納之，招討司設勘事官自此始。」〔註34〕

金代西南路招討使表

姓名	任職時間	出處
耶律懷義	天會初	《金史》卷 81 本傳
完顏婆盧火	太宗時	《金史》卷 71《完顏婆盧火傳》，與傳主不是同一人
完顏秉德	熙宗時	《金史》卷 132 本傳
徒單拔改	熙宗時	《金史》卷 132《徒單阿里出虎傳》

〔註28〕《金史》卷 122《烏古論德升傳》。
〔註29〕《金史》卷 50《食貨志五》。
〔註30〕《金史》卷 121《粘割韓奴傳》。
〔註31〕《金史》卷 88《移剌道傳》。
〔註32〕《金史》卷 92《曹望之傳》。
〔註33〕《金史》卷 73《完顏守能傳》。
〔註34〕《金史》卷 88《移剌道傳》。

完顏訛古乃	皇統九年至天德四年	《金史》卷68本傳
孛尤魯阿魯罕	大定初	《金史》卷91本傳
完顏仲	大定初	《金史》卷72本傳
完顏思敬	大定二年年內至六月之前	《金史》卷70本傳，《金史》卷6《世宗紀上》
石抹卞	大定三年後	《金史》卷91本傳
完顏方	大定三年後	《金史》卷80本傳
完顏宗寧	大定十一年十一月前後	《金史》卷61《交聘表一》，《金史》卷6《世宗紀上》
蒲察通	大定十六年九月之前	《金史》卷95本傳
完顏哲典	大定十九年十月之前	《金史》卷7《世宗紀中》
僕散揆	承安四年二月之前	《金史》卷11《章宗紀三》，卷93本傳
紇石烈子仁	承安四年二月之後	《金史》卷11《章宗紀三》
紇石烈執中	泰和八年六月之後，大安元年之前	《金史》卷132本傳
烏古孫兀屯	大安初	《金史》卷121本傳
完顏九斤	崇慶初	《金文最》卷95《內翰馮公神道碑銘》
完顏賽不	興定二年四月至七月	《金史》卷113本傳
完顏蒲查		《金史》卷59《宗室表》

金代西北路招討使表

姓名	任職時間	出處
耶律塗山	太宗時	《金史》卷82本傳
耶律懷義	天會十年之後	《金史》卷81本傳
完顏訛古乃	皇統六年至九年	《金史》卷68本傳
僕散忠義	皇統八年後	《金史》卷87本傳
蕭懷忠	貞元二年二月之前	《金史》卷5《海陵紀》
完顏撻懶	海陵時	《三朝北盟會編》卷245引《族帳部曲錄》
完顏沃側	正隆五年撒八反前	《金史》卷72本傳
唐括孛古底	正隆六年至大定二年後	《金史》卷5《海陵紀》，卷70《完顏思敬傳》
完顏璋	世宗初	《金史》卷65本傳
完顏李家奴	大定二年九月前後	《金史》卷133《移剌窩斡傳》

尼龐古鈔兀	大定二年移剌窩斡亂後	《金史》卷 86 本傳
完顏斜里虎	大定六年前後	《金史》卷 89《移剌子敬傳》
完顏蒲查	世宗時	《金史》卷 68 本傳
夾谷查剌	大定十二年之前	《金史》卷 86 本傳
移剌道	大定十二年三月之前	《金史》卷 7《世宗紀中》，卷 88 本傳
完顏守能	大定十九年至二十一年五月	《金史》卷 8《世宗紀下》，卷 73 本傳
完顏宗肅	明昌元年前	《金史》卷 95《董師中傳》
完顏宗道	章宗時	《金史》卷 73 本傳
紇石烈執中	承安二年後	《金史》卷 132 本傳
獨吉思忠	承安五年九月前後	《金史》卷 11《章宗紀三》
粘合合打	大安三年四月前後	《金史》卷 13《衛紹王紀》

金代東北路招討使表

姓名	任職時間	出處
完顏昂	熙宗時	《金史》卷 84 本傳
完顏斜野	貞元元年	《金史》5《海陵紀》
烏林荅蒲盧虎	正隆末	《金史》卷 133《移剌窩斡傳》
夾谷查剌	大定九年之後	《金史》卷 86 本傳
尼龐古鈔兀	大定時	《金史》卷 86 本傳
溫迪罕速可	大定二十九年五月前後	《金史》卷 9《章宗紀一》
瑤里孛迭	承安五年至泰和六年之前	《金史》卷 94 本傳

　　金代的群牧所沿襲自遼代的群牧司，女真語為「烏魯古」，它不但是管理牧業的機構，負責牧業生產，「掌檢校群牧畜養蕃息之事」〔註35〕。而且也是治邊機構，因為群牧所所管理的牧民大多為契丹人。金代群牧所的總數不詳，先後設置的有迪河斡朵、斡里保（保亦作本）、蒲速里、燕恩、兀者、特滿、忒滿、斡睹只、蒲速椀、甌里本、合魯椀、耶盧椀、板底因、烏鮮、忒恩、蒲鮮等群牧所，分佈在西京路、北京路、臨潢府路等路的邊境地區。每個群

〔註35〕《金史》卷 57《百官志三》。

牧所設提控烏魯古一名，正四品，此官職出現較晚，初設於明昌四年（1193）；群牧使一名，女真名烏魯古使，從四品；副使一名，從六品；判官一人，正八品；知法一人，從八品。還有司吏、譯人，以及具體負責生產的牛馬群子等。群牧所的長官都由女真人擔任。

金朝對邊疆諸部族設置了節度使對其進行管理，這些部族包括烏昆神魯部族（原軍事上屬西北路招討司管轄，明昌三年廢節度使，由招討司直接管轄）、烏古里部族、石壘部族、助魯部族、孛特本部族、計魯部族、唐古部族（承安三年改為部羅火札石合節度使）、迪烈女古部族（承安三年改為土魯渾札石合節度使）等。設節度使一人，從三品；副使一人，從五品；判官一人；知法一人；司吏四人，女真、漢人各一半；通事一人；譯人一人。

在有的部族節度使之下還設有移里菫司，如土魯渾部族節度使下設南、北兩個移里菫司，而部羅火部族節度使下則設左、右兩個移里菫司，主要管理部族之下村寨的事務，設移里菫一人，從八品；司吏一般女真、漢人各一員。

管理部族司法事務的機構是禿里，「掌部落詞訟、防察違背等事」〔註36〕。設禿里一人，從七品；女真司吏、通事各一人。

三、邊疆民族軍隊——糺軍

遼金元時期的糺和糺軍問題，歷來眾說紛紜，沒有一個大家都信服的定論。〔註37〕鄧廣銘先生認為：「在契丹王朝其內，其所建置的某部族糺，實際上也就是某部族軍，因而在其時，並無『糺軍』這一名稱，只有到金朝和蒙元，才把契丹王朝統治時所建置的各個部族糺，合併稱為『糺軍』。」〔註38〕筆者同意這種意見。

金代將邊疆的契丹人及其他游牧民族編成糺，而諸糺都隸屬於西北路、西南路、東北路三個招討司，戍守邊疆，由諸糺出兵組成的軍隊則稱為糺軍。糺設置有主官詳穩一人，從五品；副長官麼忽一人，從八品；司吏三人。

〔註36〕《金史》卷57《百官志三》。
〔註37〕相關的文章主要有陳述：《糺軍史實論證》，《史學集刊》1950年第6期；賈敬顏：《糺軍問題芻議》，《中央民族學院學報》1980年第1期；蔡美彪：《糺與糺軍之演變》，《元史論叢》第2輯，中華書局1983年版，等等。
〔註38〕鄧廣銘：楊若薇《契丹王朝政治軍事制度研究》序言，中國社會科學出版社1991年版。

西北、西南兩路招討司轄有九糺，分別是咩糺、木典糺、骨典糺、唐古糺、耶剌都糺、移典糺、蘇木典糺、胡都糺、霞馬糺。〔註39〕《金史》卷44《兵志》記載：「東北路部族糺軍，曰迭剌，曰唐古部，二部五糺，戶五千五百八十五。」可見東北路招討司轄有迭剌、唐古二部五糺。蔡美彪先生認爲：「與遼代不同，此迭剌部不可能是契丹皇族部落，而當爲迪烈之異譯。迪烈即敵烈，遼初有圖魯部，爲俘降諸糺中惟一直屬於遼朝的大部。遼亡後，隸屬於金朝。」〔註40〕所見甚是，這可從移剌塔不也的任職經歷看出，「移剌塔不也，東北路猛安人。明昌元年，累官西上閤門使。二年，襲父謀克。泰和伐宋，有功，遙授同知慶州事，權迪列糺詳穩。」〔註41〕移剌塔不也作爲屬於東北路招討司的契丹人，世襲其父謀克之職，又因伐宋有功，被任命爲名義上的慶州（今內蒙古巴林右旗）同知，而實際的職務則爲迪列糺詳穩。可見此迪列糺應爲東北路招討司所轄，也就是迭剌糺。東北路招討司的二部五糺是一支強大的力量。「迭剌、唐古二部五糺，戶五千五百八十五，口十三萬七千五百四十四，內正口十一萬九千四百六十三，奴婢口一萬八千八十一。墾田萬六千二十四頃一十七畝，牛具五千六十六。」〔註42〕可見，東北路招討司所屬的五糺擁有13萬多人口，根據其墾田的數量，其絕大多數人口應爲從事農業。

對於諸糺，金朝統治者普遍有不信任的心理。世宗末年，因爲慣例，諸部族節度使及其僚屬多用糺人，而其中有很多貪贓不法者，有人建議改用其他民族成分的人。爲此，平章政事完顏襄說：『北邊雖無事，恒須經略之，若杜此門，其後有勞績何以處之？請如舊。』」〔註43〕完顏襄的建議得到採納，諸部族節度使及其僚屬仍然任用糺人。但是可看出完顏襄也是出於防範糺人的心理，惟恐其爲亂，因而以官職來籠絡之。

出於對諸糺的防範，擔任諸糺詳穩的一般是女眞人，如迭魯芯撒糺詳穩完顏限可〔註44〕、烏古里糺詳穩奧屯襄〔註45〕、移典糺詳穩溫迪罕移室

〔註39〕 《金史》卷24《地理志上》。
〔註40〕 參見蔡美彪：《糺與糺軍之演變》，《元史論叢》第2輯，中華書局1983年版。
〔註41〕 《金史》卷106《移剌塔不也傳》。
〔註42〕 《金史》卷46《食貨志一》。
〔註43〕 《金史》卷94《內族襄傳》。
〔註44〕 《金史》卷66《限可傳》。
〔註45〕 《金史》卷103《奧屯襄傳》。

蘴〔註46〕、移剌都乣詳穩阿勒根沒都魯〔註47〕、木典乣詳穩紇石烈桓端〔註48〕、唐古部乣詳穩完顏蒲剌都〔註49〕、底剌乣詳穩完顏鐵哥〔註50〕、速木典乣詳穩加古買住〔註51〕、胡睹乣詳穩完顏速沒葛〔註52〕等等。也有其他民族成分的，轄木乣詳穩高彭祖〔註53〕很可能就是渤海人。前引的迪列乣詳穩移剌塔不也是契丹人，也正因爲迪列乣主要由迪烈部人組成，所以才任用了一個契丹人的詳穩，尙無史料證明有契丹人擔任主要由非契丹人組成的乣的詳穩。

在金朝中後期，女眞軍隊的戰鬥力逐漸衰弱。乣軍就成爲防範蒙古諸部的侵擾及對南宋戰爭的重要力量。大定十八年（1178），「命部族，乣分番守邊。」〔註54〕章宗明昌五年（1194）九月，爲了準備同蒙古諸部的戰爭，「命上京等九路並諸抹及乣等處選軍三萬，俟來春調發。」〔註55〕乣軍不但守邊，也曾用於對南宋的戰爭。章宗泰和年間，「舉天下全力，驅乣軍以爲前鋒」。〔註56〕有記載這次戰爭動用了精銳的 3 萬乣軍，「號曰驍騎，有眾三萬，盡數起發侵江南。次年罷兵，和好無初，諸乣還歸，因賞不均，皆叛北歸。」〔註57〕

儘管乣軍是作爲防守北疆的重要力量，但是其叛亂也始終不斷，並最終依附蒙古，給金朝造成了極大的威脅，並最終促使金朝的滅亡。早在世宗時，契丹撒八大起義，就有乣軍參與其中，「速木典乣詳穩加古買住，胡睹乣詳穩完顏速沒葛，轄木乣詳穩高彭祖等皆遇害。」〔註58〕可見，該三乣也都參與了叛亂。章宗明昌六年（1195），右丞相完顏襄統兵禦邊，「時胡里乣亦叛，嘯聚北京、臨潢之間。襄至，遣人招之，即降，遂屯臨潢。」〔註59〕承安元年

〔註46〕《金史》卷91《溫迪罕移室蘴傳》。
〔註47〕《金史》卷81《阿勒根沒都魯傳》。
〔註48〕《金史》卷103《紇石烈桓端傳》。
〔註49〕《金史》卷103《完顏蒲剌都傳》。
〔註50〕《金史》卷103《完顏鐵哥傳》。
〔註51〕《金史》卷121《忠義傳一·溫迪罕蒲睹傳》。
〔註52〕《金史》卷121《忠義傳一·溫迪罕蒲睹傳》。
〔註53〕《金史》卷121《忠義傳一·溫迪罕蒲睹傳》。
〔註54〕《金史》卷44《兵志》。
〔註55〕《金史》卷10《章宗紀二》。
〔註56〕《金史》卷110《楊雲翼傳》。
〔註57〕《大金國志》卷21。
〔註58〕《金史》卷121《忠義傳一·溫迪罕蒲睹傳》。
〔註59〕《金史》卷94《內族襄傳》。

（1196）十一月，特滿群牧契丹人德壽等叛亂，「諸乣亦剽掠爲患」。〔註60〕
完顏襄害怕這部分乣人與契丹人合流，「乃移諸乣居之近京地，撫慰之。或曰：
『乣人與北俗無異，今置內地，或生變奈何？』襄笑曰：『乣雖雜類，亦我之
邊民，若撫以恩，焉能無感？我在此，必不敢動。』」〔註61〕但是，事與願違，
正是這部分遷移到中都附近的乣軍最終導致了中都的陷落。

衛紹王大安三年（1211），蒙古大舉入侵，金軍先後大敗於野狐嶺（今河
北萬全西北）、會河堡（今河北懷安東南），中都告急。泰州刺史尤虎高琪「以
乣軍三千屯通玄門外。未幾，升縉山縣爲鎮州，以高琪爲防禦使，權元帥右
都監，所部乣軍賞賚有差。」〔註62〕通玄門是中都的北城門，可見，此時的
乣軍已經成爲保衛中都的重要力量，這部分乣軍可能就是完顏襄遷移來的。
至寧元年（1231）八月，金軍右副元帥紇石烈執中發動叛亂，殺衛紹王，立
宣宗。時任元帥右監軍的尤虎高琪率乣軍與蒙古軍屢戰不利，紇石烈執中威
脅他如若再戰不利，就要以軍法從事。但是尤虎高琪又一次戰敗，不得已，「十
月辛亥，高琪率所將乣軍入中都。」〔註63〕殺死紇石烈執中，被宣宗任命爲
左副元帥。在政變過程中，「執中之黨呼於衢路曰：『乣軍反矣，殺之者有賞。』
市人從之，乣軍死者甚眾，一軍皆恟恟，宣宗遣近侍撫諭之，詔有司量加賻
贈，眾乃稍安。」〔註64〕可見，在這次動亂中，乣軍也遭到很大損失，並且
險些叛亂。

貞祐二年（1214）五月，在蒙古軍的逼迫下，宣宗南遷南京（今河南開
封）。南遷之前，宣宗想將乣軍安置在平州，尤虎高琪不同意，於是乣軍仍駐
守中都。留守中都的有右丞相兼都元帥完顏承暉和左副元帥抹撚盡忠，「宣宗
詔盡忠善撫乣軍，盡忠不察，殺乣軍數人。」〔註65〕這樣，導致了乣軍的叛
亂，「六月，金乣軍斫答等殺其主帥，率眾來降。」〔註66〕乣軍的叛亂，也直
接導致了中都的陷落。儘管隨後宣宗曾派武寧軍節度使移刺塔不也「招徠中
都乣軍」，〔註67〕但是無功而返。從此，乣軍投靠蒙古，從金朝一支重要的邊

〔註60〕《金史》卷94《內族襄傳》。
〔註61〕《金史》卷94《內族襄傳》。
〔註62〕《金史》卷106《尤虎高琪傳》。
〔註63〕《金史》卷132《紇石烈執中傳》。
〔註64〕《金史》卷132《紇石烈執中傳》。
〔註65〕《金史》卷101《抹撚盡忠傳》。
〔註66〕《元史》卷1《太祖紀》。
〔註67〕《金史》卷106《移刺塔不也傳》。

防力量轉而成爲蒙古攻金的先鋒，這不能不說是金朝邊政的一大失誤。

四、對北部邊疆契丹人的安置與鎮壓

（一）將契丹人遷移到內地，以穩定北部邊疆

金在滅遼的過程中，就注意到將北疆的契丹人遷移到內地，以便穩定北部邊疆。天輔五年（1121），遼都統耶律余覩率三千戶降金，太祖擔心「其民多強率而來者，恐在邊生變，宜徙之內地」〔註68〕，所謂「內地」，也就是以會寧府爲中心的金上京路女眞族中心地區。天輔六年（1122）九月，還將遼降將耶律愼思所率契丹諸部遷徙到內地。同年金軍攻佔遼西京，天祚帝出奔陰山。都統完顏杲請求將西南招討司包括契丹人在內的諸部遷徙到內地，以防範他們與天祚帝相勾結。「上顧謂群臣曰：『徙諸部人當出何路？』宗望對曰：「中京殘弊，芻糧不給，由上京爲宜。然新降之人，遽爾騷動，未降者必皆疑懼。勞師害人，所失多矣。』上京謂臨潢府也。上乃下其議，命軍帥度宜行之。」〔註69〕可見，儘管完顏宗望對遷徙契丹人有所保留，但最終還是付諸實施。但是，這次遷徙的效果並不好，具體負責實施的完顏昂與稍喝等人由於不能善待這些契丹人，致使他們大量逃亡，「已過上京，諸部皆叛去，惟章愍宮，小室韋二部達內地。」〔註70〕

在平定契丹大起義之後，世宗爲了消除契丹人再次反叛的隱患，於大定三年（1163）八月廢除了契丹猛安謀克，「其戶分隸女直猛安謀克」〔註71〕，大定十七年（1177），世宗派監察御史完顏覷古速巡查邊境，隨從的契丹人按剌、招得、雅魯、幹列阿趂機逃入西遼，世宗對此感到震驚，惟恐邊境的契丹人與西遼交往引發邊患，「詔曰：『大石在夏國西北。昔窩幹爲亂，契丹等響應，朕釋其罪，俾復舊業，遣使安輯之，反側之心猶未已。若大石使人間誘，必生邊患。遣使徙之，俾與女直人雜居，男婚女聘，漸化成俗，長久之策也。』」〔註72〕於是派同簽樞密院事紇石烈奧也、吏部郎中裴滿餘慶、翰林修撰移剌傑等人將西北路曾參加窩幹起義的契丹人遷徙到上京、濟州、利州等金源內地安置。並任命兵部郎中移剌子元爲西北路招討都監，「詔子元曰：

〔註68〕《金史》卷133《耶律余覩傳》。
〔註69〕《金史》卷74《宗望傳》。
〔註70〕《金史》卷65《完顏昂傳》。
〔註71〕《金史》卷6《世宗紀上》。
〔註72〕《金史》卷88《唐括安禮傳》。

『卿可省諭徙上京、濟州契丹人，彼地土肥饒，可以生殖，與女直人相爲婚姻，亦汝等久安之計也。卿與奧也同催發徙之。仍遣猛安一員以兵護送而東，所經道路勿令與群牧相近，脫或有變，即便討滅。俟其過嶺，卿即還鎮。』〔註73〕就此，世宗與群臣有一番對話，充分體現了他對契丹人的防範之心，他「謂宰臣曰：『海陵時，契丹人尤被信任，終爲叛亂，群牧使鶴壽、駙馬都尉賽一、昭武大將軍尤魯古、金吾衛上將軍蒲都皆被害。賽一等皆功臣之後，在官時未嘗與契丹有怨，彼之野心，亦足見也。』安禮對曰：『聖主溥愛天下，子育萬國，不宜有分別。』上曰：『朕非有分別，但善善惡惡，所以爲治。異時或有邊釁，契丹豈肯與我一心也哉。』」〔註74〕世宗的擔憂不是沒有道理，這批東遷的契丹人在金末東北的耶律留哥之亂中又一次成爲反叛的主力。

（二）契丹大起義所引發的北方邊亂

正隆五年（1160）五月，海陵王完顏亮爲了準備伐宋而大規模地徵兵，西北路招討司所屬的契丹人也不例外。西北路招討司的設置主要爲了防備蒙古高原上的眾多部落對金朝的威脅。金朝在西北路設置了幾處群牧所，由女眞人任群牧使。負責放牧馬匹，提供戰馬，而西北路契丹部落多編制在群牧所下。鑒於西北路契丹人擔負著牧馬、戍邊的重要責任，因此老臣耨碗溫敦思忠曾建議：「山後契丹諸部恐未可盡起。」〔註75〕但是完顏亮不聽，而派牌印燥合、楊葛前往徵發西北路所有契丹丁壯。爲此，契丹人請求說：「西北路接近鄰國，世世征伐，相爲仇怨。若男丁盡從軍，彼以兵來，則老弱必盡繫累矣。幸使者入朝言之。」〔註76〕但是二人返回後，燥合不敢向完顏亮彙報，而楊葛由於擔心以後西北路會發生變故，竟至於憂慮而死。完顏亮又派燥合和另一牌印耶律娜及尙書省令史沒答涅合前往西北路督促契丹出兵。此前，契丹人撒八任西北路招討司的譯史。由於他任期已滿，但隱瞞不報，又領了幾個月的俸祿，被當時的西北路招討使完顏沃側告發，因此兩人結怨。於是撒八乘契丹人普遍反對出兵之機，與孛特補號召廣大契丹牧民發動起義，反抗完顏亮的暴政和民族壓迫政策。他們殺了完顏沃側和燥合，囚禁了耶律娜和沒答涅合，取出西北路招討司所存的三千副甲冑裝備自己。起義得到了山

〔註73〕《金史》卷88《唐括安禮傳》。
〔註74〕《金史》卷88《唐括安禮傳》。
〔註75〕《金史》卷84《耨碗溫敦思忠傳》。
〔註76〕《金史》卷133《移剌窩幹傳》。

後四個群牧所和山前幾個群牧所契丹人的普遍響應，眾人推舉遼末代皇帝天祚帝耶律延禧的後代都監老和尚爲招討使。契丹五院部人老和尚那也（與前一個老和尚不是一個人）勸說耶魯瓦群牧使金宗室完顏鶴壽投降，鶴壽說：「吾宗室子，受國厚恩，寧殺我不能與賊俱反。」〔註77〕於是和兩個兒子一起被殺。溫迪罕蒲睹是兀者群牧使，撒八起義後，蒲睹爲防備屬下契丹人響應，命令幾十個家奴配備兵器時刻警衛。於是契丹牧民欺騙蒲睹的家奴說：「我們將要出兵伐宋，官府要查看兵器，請把你們的兵器借給我們用一用吧。」家奴上當，將兵器借給契丹人。結果契丹人起事，溫迪罕蒲睹只能束手就擒。「賊執蒲睹而問之曰：『今欲反未？』蒲睹曰：『吾家世受國厚恩，子姪皆仕宦，不能從汝反而累吾族也。』」〔註78〕結果被凌遲處死，子孫也一同被殺。當時被殺的女眞官員還有迪罕群牧使徒單賽里、副使赤盞胡失答、歐里不群牧使完顏尤里骨、副使完顏辭不失、乣椀群牧使徒單賽一、卜迪不部副使赤盞胡失賴、速木典乣詳穩完顏速沒葛、轄木乣詳穩高彭祖、節度使尤甲兀者等。這些人中除了高彭祖可能是渤海人外，其餘都是女眞人，而渤海人也是女眞人的盟友。因此，這次起義是契丹人和女眞人民族矛盾的大爆發。

咸平府謀克契丹人括里在起義爆發時和他的部隊正在山後，他不想參加這場叛亂，於是率領隊伍返回咸平府。但是咸平少尹完顏余里野誤認爲括里也參加了叛亂，於是要逮捕括里的家人。括里不得已，起兵反抗，招集了富家奴隸二千餘人，先後攻陷了韓州和柳河縣。完顏余里野發兵迎擊，結果兵敗，括里進佔咸平府。括里在咸平府招集兵馬、打造兵器，勢力急劇擴大。他派人招降咸平路伊改河曹家山猛安納蘭綽赤，綽赤不從，並且「團結旁近村寨爲兵，出家馬百餘匹給之，教以戰陣擊刺之法，相與拒括里於伊改渡口。」〔註79〕雙方相距月餘，後來括里出動四萬大軍，納蘭綽赤戰敗被殺，括里又向北進軍濟州，途中圍攻信州。這時，猛安烏延查剌率領部下要參加完顏亮的伐宋大軍，路過咸平，急忙回軍信州，擊敗括里。「已而，賊復整兵環攻，且登其城，查剌下巨木壓之，殺賊甚眾，括里乃解去。查拉左右手持兩大鐵簡，簡重數十斤，人號爲『鐵簡萬戶』。追及括里於韓州東八里許，賊方就平野爲陣，查剌身率銳士，以鐵簡左右揮擊之，無不僵仆。賊不能成列，乃易

〔註77〕《金史》卷121《完顏鶴壽傳》。
〔註78〕《金史》卷121《溫迪罕蒲睹傳》。
〔註79〕《金史》卷121《納蘭綽赤傳》。

馬督軍復擊之，賊眾大敗，遂走。」〔註80〕括里又向東京遼陽府進軍，東京留守、後來的世宗完顏雍率兵四百迎擊，但是括里聽到傳言說東京留守率兵十萬來討伐，於是撤軍，並向西與撒八合兵一處。

　　撒八起義後，完顏亮派樞密使僕散忽土、西京留守蕭懷忠、北京留守蕭賾、右衛將軍蕭禿剌、護衛十人長斡盧保前往討伐。蕭禿剌和斡盧保任先鋒，與撒八相持數日，連戰皆不勝，而糧餉又供應不上，於是退守臨潢府。撒八也怕金軍大部隊跟進，自己難以應付，於是想要投奔西遼耶律大石，率部沿龍駒河向西而行。僕散忽土等率大部隊到臨潢府時，契丹人早已西奔，蕭禿剌、僕散忽土等合兵追到河邊而回。由於蕭懷忠是奚人，而蕭裕謀反時又曾拉攏過他，他很長時間後才告發。再加之由於契丹和奚族的歷史淵源，兩族已接近融合，完顏亮因此怕蕭懷忠與契丹合兵反對自己。於是藉口幾人逗留不進，致使撒八逃跑，將他們全部處死，其中僕散忽土、蕭懷忠、蕭賾被族誅，蕭禿剌、斡盧保只是本人被殺。對此，後來的世宗認為完顏亮做得太過分了，但是平章政事完顏襄當時也在軍中，他說：「當時僕散忽土和蕭賾擁有精銳騎兵一萬三千餘人，而賊軍都是被迫脅從之人，沒有盔甲，只好用氈紙來做，很容易對付。只是由於忽土等人畏懼、遷延，才使撒八逃跑。」世宗說：「審如是，則誅之可也。」〔註81〕可見，當時起義軍的力量還不是十分強大。也並不是所有的契丹官員都參加了叛亂，同知北京留守事移剌斡里朵當時正率軍南下，準備參加伐宋大軍。但是「至松山縣為賊黨江哥所執，且欲推為主盟，要以契約，斡里朵怒曰：『我受國厚恩，豈能從汝反耶，寧殺我，契約不可得也。』賊知不可屈，乃困辱之，使布衣草履逐馬而行，且欲害之。斡里朵說其監奴，因得脫還。」〔註82〕即使有移剌斡里朵這樣的契丹人，完顏亮還是怕其他契丹族將領叛亂，於是找藉口屠殺他們。武毅軍都總管移剌成當時率軍駐守磁州，他將妻子兒女送到南京作為人質，這樣才使完顏亮不再懷疑。「時人高其有識」。〔註83〕當年八月，完顏亮又「以樞密副使白彥恭為北面兵馬都統，開封尹紇石烈志寧副之，中都留守完顏彀英為西北面兵馬都統，西北路招討使唐括孛古的副之，討契丹。」〔註84〕完顏亮對於契丹起

〔註80〕《金史》卷86《烏延查剌傳》。
〔註81〕《金史》卷132《僕散師恭傳》。
〔註82〕《金史》卷90《移剌斡里朵傳》。
〔註83〕《金史》卷91《移剌成傳》。
〔註84〕《金史》卷5《海陵紀》。

兵並未予以太多的關注，他的主要精力仍放在伐宋上，因而白彥恭、紇石烈志寧所率的只是北京、臨潢、泰州三路軍。完顏亮另外還派了屢立戰功的邊將——慶陽少尹尼龐古鈔兀協助他們，臨行前，完顏亮對尼龐古說：「汝久在邊陲，屢立戰功。昨遣樞密使僕散忽土、留守石抹懷忠等討契丹，師久無功，已置諸法。今命汝與都統白彥恭、副都統紇石烈志寧進討。」〔註85〕並賜給他全身著鎧甲的戰馬四匹。完顏亮命令完顏毅英和唐括孛古的率軍三萬駐紮在中都西北的歸化州，以為白彥恭等人的後援。但是，對於完顏亮的這番部署，有的人認為還不充分。宿直將軍蒲察世傑有事前往胡里改路，他回來向完顏亮彙報說：「契丹部族大抵皆叛，百姓驚擾不安。今舉國南伐，賊若乘虛入據東土根本之地，雖得江、淮，無益也。宜先討平契丹，南伐未晚。」〔註86〕完顏亮不高興地說：「詔令已出矣。今以三萬兵選將屯中都以北，足以鎮壓。」〔註87〕蒲察世傑又說：「恐東土大族附於賊，恐三萬眾未易當也。」〔註88〕他的言外之意就是提醒完顏亮，東京遼陽府的完顏雍有可能和契丹人同流合污，但是完顏亮未聽取他的意見。

撒八在金軍的進攻下，對能否推翻金朝的統治也心存疑慮，決定向西投奔耶律大石建立的西遼政權。但是起義軍內部意見產生分歧，很多人都難離故土，不願到西方遙遠莫測之地。於是這些人在署六院節度使移剌窩斡及陳家等人的帶領下殺撒八，擒老和尚、孛特補等人。移剌窩斡自任都元帥，陳家為都監，駐軍於臨潢府東南的新羅寨。即位後的金世宗派移剌札八等人招降，但是札八看到移剌窩斡兵強馬壯，投降了窩斡。窩斡隨即兵圍臨潢府，其兵力達到五萬人。正隆六年（1161）十二月，移剌窩斡稱帝，建元天正。

金世宗得知移剌窩斡稱帝的消息後，由於此時完顏亮被殺沒有多長時間，剛剛除去一個強敵的世宗自然不會允許腹心之地存在一個契丹族的政權，於是派兵全力圍剿。金元帥左都監吾札忽和同知北京留守事完顏骨只率兵到達臨潢府時，契丹起義軍已經轉而去圍攻泰州，吾札忽率兵跟進，兩軍在窊歷遭遇，金押軍猛安契丹人忽剌叔投奔起義軍，結果金軍大敗。金泰州節度使鳥里雅出擊，也為義軍所敗。但是由於守城的金軍頑強堅守，起義軍未攻下泰州。窩斡又率領義軍進攻濟州，金元帥完顏謀衍與右監軍完顏福壽、

〔註85〕《金史》卷86《尼龐古鈔兀傳》。
〔註86〕《金史》卷91《蒲察世傑傳》。
〔註87〕《金史》卷91《蒲察世傑傳》。
〔註88〕《金史》卷91《蒲察世傑傳》。

左都監吾札忽合兵一萬三千人，分左右兩翼進攻起義軍。完顏謀衍採納了契丹降將的策略，偷襲義軍的後方輜重。窩斡得知後，回軍救援，兩軍戰於長濼，起義軍大敗。窩斡率軍西走，又被完顏謀衍在霧淞河追上，義軍又敗。但是完顏謀衍等卻不及時追擊，而是駐軍於白濼。世宗大為不滿，將完顏謀衍和完顏福壽等召回，剝奪了他們的指揮權，任命紇石烈志寧為元帥右監軍，又於大定二年（1162）六月以僕散忠義以平章政事兼右副元帥統領金軍討伐契丹。世宗在撤換將領的同時，還多次頒佈詔書赦免能夠歸降的契丹起義軍，採取剿撫並施的兩手策略。

僕散忠義及元帥左都監高忠建率領金軍追及契丹起義軍於花道，這時，窩斡尚有兵力八萬。金軍兵分兩翼，與起義軍夾河對陣。起義軍先以兵四萬渡河攻擊金軍左翼完顏宗亨部，金軍萬戶查剌以六百騎兵衝擊起義軍渡河部隊，起義軍陷於混亂，窩斡隨即命令餘下的四萬部隊仍舊攻擊金軍左翼。這樣，在起義軍強大兵力的壓迫下，完顏宗亨指揮失當，金軍大敗。金右翼完顏宗敘來援，起義軍遂撤退。花道之戰，起義軍在獲勝的情況下為保存實力而未再戰。

花道之戰後，窩斡率軍仍向西進發，僕散忠義和紇石烈志寧率金軍繼續追擊，在嫋嶺西邊的陷泉追上了起義軍，雙方展開了決戰。雙方首先隔河東西對陣，金軍在河東岸布下弧形戰陣，左翼軍佔據南側山岡，右翼軍佔據北側，左、右翼的交接部位為後置的步兵，而騎兵則佔據兩邊的突出部位。起義軍以三萬部隊渡河作戰，窩斡看到金左翼軍居高臨下，易守難攻，於是將主攻方向定在金軍右翼。雙方交戰之前下了一場大霧，但是戰鬥一開始，天空就立刻晴朗。金右翼烏延查剌部拼死抵抗起義軍的進攻，起義軍稍微退卻。金軍紇石烈志寧、夾谷清臣隨即率部大舉反攻，起義軍大敗，又因泥濘不能立即渡河，被殺萬餘人，被俘五萬餘人。窩斡的弟弟移剌嫋也被俘，移剌窩斡僅與數騎逃脫。

移剌窩斡在兵敗後，收集散兵萬餘人，進入奚部，聯合奚族諸部，經常出兵襲擾金軍，曾在古北口敗金軍溫迪罕阿魯帶部。世宗派完顏思敬率兵進入奚部討伐，又屢次頒佈詔書招降，契丹起義軍的力量逐漸削弱。移剌窩斡想要投奔西夏，但是金軍追擊甚急，窩斡遂向北奔走於沙陀間。紇石烈志寧擒獲起義軍將領稍合住，將他放回，命他設法捕獲窩斡，將有封賞。九月，稍合住與神獨斡等人捉住窩斡，向金軍右都監完顏思敬投降，窩斡的母親、

妻子、兒女也一併被擒獲。窩斡被送至中都殺害，契丹族大起義失敗。

由於完顏亮的暴政而引發的這場契丹族大起義是金代歷史上規模最大的一次起義，它對其後金朝的歷史進程產生了深遠的影響，使原本就不和諧的女眞和契丹之間的民族關係更加緊張，也使金朝統治者不再信任契丹人，契丹人在金代政壇的作用也越來越小。這一切，都使契丹族對金朝更加離心離德。因此，在金末蒙古入侵時，一旦蒙古人打出了爲契丹報女眞滅遼之仇的旗號時，很多契丹人隨即投降和自己同爲東胡一系的蒙古，成爲蒙古滅金的急先鋒。

五、界壕的修築與對北部邊疆蒙古諸部的戰爭

（一）修築界壕，構築邊境防禦體系

金代在北方大範圍地修築界壕，其主要目的就是爲了防範蒙古諸部的入侵。這一防禦設施的建造很早就開始了，《金史·地理志》在描述金朝的疆域時曾提及婆盧火駐守泰州時曾修界壕，而《金史·婆盧火傳》也稱他在泰州時守邊有功。完顏婆盧火是在熙宗天眷元年（1138）駐守烏古迪烈時病逝的，因而金代界壕的修築不晚於1138年。到世宗時，開始大規模的修築界壕與邊堡等防禦設施。大定十七年（1177），世宗命令在東北、西北兩路招討司、烏古里石壘部族、臨潢、泰州等地修建邊堡，派軍民屯戍。到大定二十一年（1181）三月，又對邊堡進行了大規模的整飭，「世宗以東北路招討司十九堡在泰州之境，及臨潢路舊設二十四堡障參差不齊，遣大理司直蒲察張家奴等往視其處。於是東北自達里帶石堡子至鶴五河地分，臨潢路自鶴五河堡子至撒里乃，皆取直列置堡戍。評事移剌敏言：『東北及臨潢所置，土瘠樵絕，當令所遷徙之民姑逐水草以居，分遣丁壯營畢，開壕塹以備邊。』上令無水草地官爲建屋，及臨潢路諸堡皆以放良人戍守。省議：『臨潢路二十四堡，堡置戶三十，共爲七百二十，若營建畢，官給一歲之食。』上以年饑權寢，姑令開壕爲備。四月，遣吏部郎中奚胡失海經畫壕塹，旋爲沙雪堙塞，不足爲禦。乃言：『可築二百五十堡，堡日用工三百，計一月可畢，糧亦足備，可爲邊防久計。泰州九堡、臨潢五堡之地斥鹵，官可爲屋外，自撒里乃以西十九堡，舊戍軍舍少，可令大鹽濼官木三萬餘，與直東堡近嶺求木，每家官爲構室一椽以處之。』」〔註89〕可見，世宗在東北路與臨潢路構築了大量的邊堡，並大都沿直線排列，

〔註89〕《金史》卷24《地理志上》。

遷徙百姓戍守。但是壕塹的開挖因為荒漠風沙過大未成功。

金章宗明昌三年（1192）四月「戊午，詔集百官議北邊開壕事」。〔註90〕
隨即，界壕的修築就開始了，但是很快又終止了。五月「癸酉，罷北邊開壕
之役」。〔註91〕終止的原因是很多官員的反對，黨懷英就是其中一人，「明年
（明昌三年——筆者注），議開邊防濠塹，懷英等十六人請罷其役，詔從之」。
〔註92〕但終止的時間並不長，界壕又斷斷續續地修築起來。張萬公也曾反對
過界壕的修築，「初，明昌間，有司建議，自西南、西北路，沿臨潢達泰州，
開築壕塹以備大兵，役者三萬人，連年未就。御史臺言：『所開旋為風沙所平，
無益於禦侮，而徒勞民。』上因旱災，問萬公所由致，萬公對以『勞民之久，
恐傷和氣，宜從御史臺所言，罷之為便。』」〔註93〕可見，界壕的修築耗費了
大量人力、物力，且持續時間很長。明昌四年（1193），章宗要巡幸在塞外的
景明宮時，董師中進諫勸止的理由之一就是「況西、北二京，臨潢諸路，比
歲不登。加以民有養馬簽軍挑壕之役，財力大困，流移未復」。〔註94〕可見，
界壕的修築，給人民帶來了沉重的負擔。明昌間負責修築界壕的官員有孛朮
魯德裕，「遷少府監。明昌末，修北邊壕塹，立堡寨」。〔註95〕明昌年間界壕
的修築並未能阻擋住北方游牧部族的侵擾，章宗先後派夾谷清臣和完顏襄北
伐，與此同時，界壕的修築也並未停止，而是一直進行。承安三年（1199），
在阻轇部首領斜出降金後，金左副元帥完顏襄「因請就用步卒穿壕築障，起
臨潢左界北京路以為阻塞。言者多異同，詔問方略。襄曰：『今茲之費雖百萬
貫，然功一成則邊防固而戍兵可減半，歲省三百萬貫，且寬民轉輸之力，實
為永利。』詔可。襄親督之，軍民並役，又募饑民以傭即事，五旬而畢。於
是西北、西南路亦治塞如所請」。〔註96〕完顏襄完成的是臨潢路界壕工程。負
責西北路界壕修築的是先後任西北路招討使的完顏安國和獨吉思忠，完顏安
國「承安二年，以營邊堡功，召簽樞密院事。賜虎符還邊，得以便宜從事」。
〔註97〕獨吉思忠將西北路界壕繼續完善，「初，大定間修築西北屯戍，西自坦

〔註90〕　《金史》卷9《章宗紀一》。
〔註91〕　《金史》卷9《章宗紀一》。
〔註92〕　《金史》卷125《黨懷英傳》。
〔註93〕　《金史》卷95《張萬公傳》。
〔註94〕　《金史》卷95《董師中傳》。
〔註95〕　《金史》卷101《孛朮魯德裕傳》。
〔註96〕　《金史》卷94《完顏襄傳》。
〔註97〕　《金史》卷94《完顏安國傳》。

舌，東至胡烈么，幾六百里。中間堡障，工役促迫，雖有牆隍，無女牆副堤。思忠增繕，用工七十五萬，止用屯戍軍卒，役不及民。上嘉其勞，賜詔獎諭曰：『直乾之維，扼邊之要，正資守備，以靖翰藩，垣壘弗完，營屯未固。卿督茲事役，唯用戍兵，民不知勞，時非淹久，已臻休畢，仍底工堅。賴爾忠勤，辦茲心畫，有嘉乃力，式副予懷。』」〔註98〕負責西南路界壕營建的是西南路招討使兼天德軍節度使僕散揆，「揆沿徼穿壘築壕，連亙九百里，營柵相望，烽候相應，人得恣田牧，北邊遂寧。」〔註99〕界壕完工後，負責守護的主要是三個招討司下轄的部族與乣軍。大定十七年（1177），金世宗曾專門就界壕的戍守問題有一番談話：「上謂宰臣曰：『北邊番戍之人，歲冒寒暑往來千里，甚爲勞苦。縱有一二馬牛，一往則無還理，且奪其農時不得耕種。故嘗命卿等議，以何術得罷其役，使安於田里，不知卿議何如也？』左丞相良弼對曰：『北邊之地，不堪耕種，不能長戍，故須番戍耳。』上曰：『朕一日萬幾，安能遍及，卿等既爲宰相，以此急務反以爲末事，竟無一言，甚勞朕慮。往者參政宗敘屢爲朕言，若以貧戶永屯邊境，使之耕種，官給糧廩，則貧者得濟，富戶免於更代之勞，使之得勤農務。若宗敘者可謂盡心爲國矣。朕嘗思之，宜以兩路招討司及烏古里石壘部族、臨潢府、泰州等路分定保戍，具數以聞，朕親覽焉。』」〔註100〕次年，「命部族、乣分番守邊」。〔註101〕

　　金代修築的界壕實際上是中國歷代修建的長城的一部分，它不單只是一條壕溝，而是一套系統的軍事防禦工程，這一點，又超越了以往朝代所修的長城，並爲後來的明代所借鑒。金代界壕是由壕溝、城牆、邊堡構成的層次防禦體系。其修築是先挖一條外壕，然後利用挖出的土在壕溝內側堆積或夯築一道牆。在有些重點防守地段，則在外牆的內側再挖內壕，內壕的內側再築內牆。這樣就形成了四條壕溝與城牆的防禦體系。一般外壕寬5～6米，內壕寬10乃至50～60米。外牆寬2.5米～6米，內牆寬5～15米。在內牆或單線牆的外側築有馬面和烽火臺，馬面多設在險要地段或城堡附近，其間距從幾十米至上百米不等，可在敵人進攻時，向敵人橫向射擊。與一般城市的城牆相同。烽火臺都高出城牆，臺伸出牆外4～5米，寬6～8米。邊堡多靠近內牆或一面即爲內牆，每面寬100～150米，一面有城門，有的有甕城門和城

〔註98〕《金史》卷93《獨吉思忠傳》。
〔註99〕《金史》卷93《僕散揆傳》。
〔註100〕《金史》卷44《兵志》。
〔註101〕《金史》卷44《兵志》。

壕。邊堡的間距一般在 5～10 公里，但是險要處則要密集得多，並且兩堡之間往往有關口。金代的界壕雖然耗費了大量人力、物力，但是在蒙古鐵騎的面前幾乎未起到任何作用，未能保護住衰落的金王朝，這和歷代長城所起的作用在本質上沒有任何區別。

據當代考古工作者的調查，現存的界壕遺跡有兩道，一道在內蒙古東北部的呼倫貝爾盟，東起根河南岸，向西至額爾古納河東岸而南，經滿州里之北穿俄羅斯境內一段後，又西入蒙古國，行經烏勒吉河與克魯倫河之間直至肯特山東南麓，長約 700 公里。另外一道在大興安嶺南麓，其東自嫩江西岸，西至大青山後，這條界壕就是大定、明昌間所修，全長 2500 公里。〔註 102〕

（二）對北部邊疆蒙古諸部的戰爭

金朝的北面是蒙古高原，生活著眾多的部族、部落，對於這些部族、部落，金朝政府採取了剿撫兼施的政策。〔註 103〕對於順從者，金朝授予部族首領以官號，如乃蠻部「亦難察受金爵，為本部族大王。」〔註 104〕開権場與各部交易。對於反抗不服從者，則積極征討。

自金朝建立後，北疆地區就不斷遭到蒙古諸部的侵擾。據宋人記載，天會十三年（1135）冬，金熙宗完顏亶「以蒙古叛，遣領三省事宋國王宗盤提兵破之」〔註 105〕。直至世宗時期，雖然開始修築針對蒙古的界壕，但是對蒙古諸部的戰爭規模都不大，歷史記載也很少。到了章宗時期，蒙古諸部逐漸強大，對金朝的侵擾日益嚴重，而金朝也開始了大規模的對蒙戰爭。

章宗時期對金朝威脅最大的蒙古部族是阻䪘（也就是遼代的阻卜）和廣吉剌（元代稱翁吉剌惕）。阻䪘部居住在今克魯倫河下游呼倫貝爾一帶，廣吉剌部住在阻䪘部以南今哈拉哈河以北。此外還有合底忻部（元代稱合答斤）、山只昆部（元代稱撒勒只兀惕）、朵兒邊部（又稱朵魯班）等時常侵擾金朝的北疆。章宗除了修築界壕外，也未放棄武力上的準備，明昌三年（1192）七月「癸未，詔增北邊軍千二百人，分置諸堡」。〔註 106〕明昌

〔註 102〕參見賈洲傑：《金代長城》，《中國長城遺跡調查報告集》，文物出版社 1981 年版。

〔註 103〕參見羅賢佑：《略論金朝與漠北諸部的關係》，《中國民族關係史論集》，青海人民出版社 1988 年版。

〔註 104〕《蒙兀兒史記》卷 21《乃蠻塔陽罕列傳》。

〔註 105〕《建炎以來繫年要錄》卷 133。

〔註 106〕《金史》卷 9《章宗紀一》。

五年（1194）二月，宰臣請求撤退北邊的屯駐軍馬，章宗未予同意。又命令宣徽使移剌敏、戶部主事赤盞實理哥等視察北疆屯駐軍馬，並籌劃防禦措施。九月，又命令上京等九路以及諸群牧和乣軍等選擇三萬精銳，準備來春調發，並命諸路及順從的北阻䤨部第二年夏會師於臨潢，這時章宗已經下決心對北方用兵了。

明昌六年（1195）正月，可能為合底忻、山只昆兩部〔註107〕聚兵圍慶州（今內蒙古巴林右旗），金東北路招討副使瑤里孛迭急忙率兵解救，敵人退去。五月，章宗派左丞相夾谷清臣出戰，命其行尚書省事於臨潢府。夾谷清臣先派人偵察，得知敵人的虛實。然後令宣徽使移剌敏為都統，左衛將軍完顏充和西北路招討使完顏安國為左右翼，率領輕騎八千為先鋒，夾谷清臣自己率領精兵一萬隨後跟進。當夾谷清臣率軍至哈拉哈河時，先鋒移剌敏部已在栲栳濼（今呼倫湖）一帶連續攻破敵人 14 座營壘，並返回迎接大軍。但這時歸順金朝的屬部北阻䤨的首領斜出搶奪了移剌敏部所繳獲的大量牲畜物資。本來金朝與北阻䤨的關係就很脆弱，此前完顏安國奉命出使北方諸部時，「時北阻䤨迫近塞垣，鄰部欲立功以誇雄上國，議邀安國俱行討之。安國以未奉詔為辭，強之，不可。或以危言怵之，安國曰：『大丈夫豈以生死易節。暴骨邊庭，不猶逾於病死牖下。』眾壯其言，饋賄如禮」。〔註108〕可見，當時只要完顏安國稍微畏縮，就會被諸部挾持以金朝的名義攻打北阻䤨。因此，金朝與包括北阻䤨部在內的諸部關係處於時刻破裂的危險之中。對於北阻䤨部斜出的劫掠行為，夾谷清臣予以譴責，並責令其賠償，於是北阻䤨部發動叛亂，大肆劫掠而逃。夾谷清臣此舉並沒有什麼不妥，如不然，則會使北方諸族更加輕視金朝，但是當時的輿論卻責怪清臣處置不當，認為因為他「屢獲捷而貪小利，遂致北邊不寧者數歲」。〔註109〕於是章宗貶黜了夾谷清臣，任命右丞相完顏襄取代他。在北方發生戰亂的同時，西北路也不太平，明昌六年十月「乙亥，命尚書左丞夾谷衡行省於撫州，命選親軍、武衛軍各五百人以從，仍給錢五千萬」。〔註110〕十一月「甲辰，報敗敵於望雲」。〔註111〕

〔註107〕參見王國維：《萌古考》，《觀堂集林》第 442～443 頁，河北教育出版社 2001 年版。
〔註108〕《金史》卷 94《完顏安國傳》。
〔註109〕《金史》卷 94《夾谷清臣傳》。
〔註110〕《金史》卷 10《章宗紀二》。
〔註111〕《金史》卷 10《章宗紀二》。

　　章宗對完顏襄寄予了厚望，「臨宴慰遣，賜以貂裘、鞍山、細鎧及戰馬二」。
〔註112〕完顏襄到達前線後，首先招降了叛亂於北京、臨潢之間的胡里糺部，
駐軍於臨潢府。接著完顏襄率駙馬都尉僕散揆進至大鹽濼（今內蒙古烏珠穆
沁旗額吉納爾蘇木附近）時，與廣吉剌部發生激戰，這次戰鬥持續時間很長，
明昌六年（1195）十二月，「右丞相襄率駙馬都尉僕散揆等進軍大鹽濼，分兵
攻取諸營」。〔註113〕直到次年承安元年（1196）正月，「大鹽濼群牧使移剌睹
等爲廣吉剌部兵所敗，死之」。〔註114〕可見戰鬥之激烈，金軍雖付出了相當大
的代價，但是最終取得了戰鬥的勝利。完顏安國就是因爲在戰鬥中殺獲甚多，
因而被章宗賜予金幣。在大鹽濼戰鬥的同時，完顏襄又派右衛將軍完顏充進
軍斡魯速城，在那裡屯守，俟機進兵。二月，章宗將正在前線的右丞相完顏
襄和在撫州備敵的左丞夾谷衡召回商議軍事，隨即令他們返回前線。完顏襄
馬上奉章宗之命派西北路招討使完顏安國進軍多泉子，又命令一支部隊由東
路進發，而自己由西路前進。但是東路軍前進至龍駒河（今克魯倫河）時被
阻𩏂包圍，三天都未突圍出來，求援甚急。有人向完顏襄建議等大部隊都彙集
之後，再去救援。「襄曰：『我軍被圍數日，馳救之猶恐不及，豈可後時？』
即鳴鼓夜發。或請先遣人報圍中，使知援至。襄曰：『所遣者倘爲敵得，使知
我兵寡而糧在後，則吾事敗矣。』乃益疾馳。向晨壓敵，突擊之，圍中將士
亦鼓譟出，大戰，獲輿帳牛羊。」〔註115〕阻𩏂部大敗，向斡里札河（今烏爾
匝河）逃竄，完顏襄又派完顏安國追擊，阻𩏂部四散奔逃，適逢大雨，凍死者
十之八九，阻𩏂部首領投降。完顏襄在九峰山的石壁刻下自己的功勳後，於九
月返回朝廷。這次戰役的勝利，實際上是成吉思汗幫助完顏襄取得的，這在
《蒙古秘史》中有詳細記載，「契丹（即金朝——筆者注）百姓之阿勒坦罕（即
金章宗——筆者注），以塔塔兒（即阻𩏂部——筆者注）之篾古眞薛兀勒圖等
不奉其命，令完顏丞相（即完顏襄——筆者注）治軍。遣使來告曰：『完顏丞
相溯浯漓札水，驅篾古眞薛兀勒圖等塔塔兒及其馬群，齧食而來，其勿相疑
云。』成吉思合罕既悉所告，曰：『塔塔兒百姓乃昔日毀我父祖之仇人也。今
乘此機，俺其並之乎。』遂遣使告脫斡鄰勒罕曰：『阿勒坦罕之完顏丞相，驅
塔塔兒之篾古眞薛兀勒圖部，溯浯漓札水而來云。俺其並此毀我父祖之塔塔

〔註112〕《金史》卷94《完顏襄傳》。
〔註113〕《金史》卷10《章宗紀二》。
〔註114〕《金史》卷10《章宗紀二》。
〔註115〕《金史》卷94《完顏襄傳》。

兒乎！脫斡鄰勒父罕其速來。』脫斡鄰勒罕得此報，曰：『我子所報甚是，俺當並之。』遂集軍，第三日即起兵，脫斡鄰勒罕疾行而至。成吉思合罕、脫斡鄰勒罕二人遂共起兵，順浯瀝札而行，與完顏丞相同並來時，塔塔兒之篾古眞等部，已立寨於忽速禿失禿延、納剌禿失禿延之地矣。成吉思合罕、脫斡鄰勒罕二人就其寨中擒彼守寨之篾古眞薛兀勒圖等，即地斬篾古眞薛兀勒圖訖，成吉思合罕取其銀搖車、東珠飾衾焉。既殺篾古眞薛兀勒圖，完顏丞相甚喜，以成吉思合罕、脫斡鄰勒罕二人殺篾古眞薛兀勒圖之故，就地與成吉思合罕以札兀惕忽里之號，與格列亦惕之脫斡鄰勒以王號矣，王罕之稱即始於此完顏丞相所號也。完顏丞相曰：『我將奏聞此功於阿勒坦罕，加成吉思合罕以更大號——招討之號，其阿勒坦罕知之云。』」〔註116〕可見，這次完顏襄對阻䪁部戰爭的勝利，是與成吉思汗和王罕二人的幫助密不可分的，而且成吉思汗和王罕二人對戰爭的勝利起了決定性的作用。

承安元年（1196）十月，在平定阻䪁部的叛亂僅僅一個月後，阻䪁部又一次發動叛亂，章宗派時為左丞相的完顏襄行省事於北京（在今內蒙古寧城縣），簽書樞密院事完顏匡行院於撫州，並派親軍八百人屯戍撫州。十一月，特滿群牧的契丹人陁鎖、德壽發動叛亂，他們佔據了信州（今吉林懷德秦家店古城），並且定年號為身聖，號稱有部眾數十萬。完顏襄此前出屯北京時對此就有預防，他曾對僚屬說：「北部犯塞奚足慮。第恐奸人乘隙而動。北京近地軍少，當預為之備。」〔註117〕於是調發上京等地軍隊六千人赴北京附近戍守。契丹人叛亂後，完顏襄派臨潢總管烏古論道遠、咸平總管蒲察守純分道討伐，擒獲德壽等人送到中都。契丹人的這次叛亂是繼完顏亮和世宗時期契丹大起義之後的又一次規模較大的契丹人反叛，雖然很快就被鎮壓下去，但是卻給章宗及朝廷以很大震動。廷臣起初想要取消郊祀典禮，後又想改至第二年正月舉行，為此章宗徵詢完顏襄的意見，完顏襄說：「郊為重禮，且先期詔天下，又藩國已報表賀，今若中罷，何以副四方傾望之意？若改用正月上辛，乃祈穀之禮，非郊見上帝之本意也。大禮不可輕廢，請決行之，臣乞於祀前滅賊。」〔註118〕雖然完顏襄在郊祀前消滅了反叛契丹的主力，但其餘部仍時有活動。承安二年（1197），主要由契丹人組成的乣軍千餘人

〔註116〕道潤梯步譯著：《新譯簡著〈蒙古秘史〉》，內蒙古人民出版社 1991 年版，第99～101 頁。
〔註117〕《金史》卷 94《完顏襄傳》。
〔註118〕《金史》卷 94《完顏襄傳》。

出沒於錦、懿州之間（今遼寧省阜新一帶），瑤里孛迭將其擊敗，並追回其所掠奪的物資。完顏襄為了消除契丹人再次叛亂的隱患，「乃移諸乣居之近京地，撫慰之。或曰：『乣人與北俗無異，今置內地，或生變奈何？』襄笑曰：『乣雖雜類，亦我之邊民，若撫以恩，焉能無感？我在此，必不敢動。』」〔註119〕完顏襄將乣軍遷移到中都附近，雖然在當時起到了安定邊境的作用，但是在十餘年後蒙古進攻中都時，乣軍卻乘機投降了蒙古，使中都很快陷落。

在平定契丹人的反叛後，章宗以參知政事完顏裔取代完顏襄統率北邊軍隊，但是北方的部族很快又發動叛亂，完顏裔鎮壓不利，完顏襄再次出屯北京，被任命為樞密使兼平章政事。這時發生了饑荒，完顏襄命令減價出售官府儲糧。有人認為士兵也缺糧，不應向百姓低價售糧。完顏襄卻認為只要民足沒有兵不足的道理，由此也可見完顏襄作為宰相和統帥的才識。完顏襄又奏請章宗，派同判大睦親府事完顏宗浩出軍泰州，左丞夾谷衡於撫州行樞密院事，出軍西北路阻擊阻䪈部，自己率軍出臨潢，章宗同意了他的建議，並賜予他內庫物資。承安三年（1198）二月，阻䪈部首領斜出到撫州再次請求投降。章宗派專使詢問完顏襄，完顏襄認為接受斜出的投降利大於弊。於是，「丙戌，斜出內附」。〔註120〕在北部的局勢安定後，完顏襄修築了臨潢路的界壕。

完顏宗浩出身宗室，章宗時曾任北京留守，因為完顏襄的推薦，而出鎮泰州。「北方有警，命宗浩佩金虎符駐泰州便宜從事。」〔註121〕章宗又派上京等路軍萬人屯戍泰州，宗浩認為泰州的糧食儲備不足，並且敵人暫時不會發動進攻。於是將這一萬人分派至隆州、肇州之間以就糧，當年（承安二年，1197）冬天果然無事。廣吉剌部屢次脅迫諸部入塞侵擾，宗浩請求乘暮春其馬體弱時出擊之。但是完顏襄認為這時阻䪈部正發動叛亂，如果攻破廣吉剌部，那麼阻䪈部就無後顧之憂了，不如暫時留之，以牽制阻䪈部。完顏宗浩對此很不以為然，向章宗上奏：「國家以堂堂之勢，不能掃滅小部，顧欲藉彼為捍乎？臣請先破廣吉剌，然後提兵北滅阻䪈」。〔註122〕經過一再請求，章宗同意了宗浩的意見。並向宗浩頒發了一道諭旨，「將征北部，固卿之誠，更宜加意，毋致

〔註119〕《金史》卷94《完顏襄傳》。
〔註120〕《金史》卷11《章宗紀三》。
〔註121〕《金史》卷93《完顏宗浩傳》。
〔註122〕《金史》卷93《完顏宗浩傳》。

後悔」。〔註123〕對宗浩寄予了厚望。宗浩首先偵察了諸部的態勢，認爲合底忻部與婆速火部相互勾結，而廣吉剌部既畏懼金軍的討伐，又怕二部於己不利，可以乘機迫其投降。於是，宗浩派主簿完顏撒領兵二百爲先鋒逼迫廣吉剌部，並向完顏撒交代說：「如果廣吉剌部投降，就可以徵集其兵以攻合底忻部，並且偵察其具體所在，馬上派人來彙報，然後大軍出動，一定會打敗它。」廣吉剌部果然如宗浩所料向完顏撒投降，於是徵集了其騎兵一萬四千人。宗浩隨後北進，命令每人攜帶三十天的糧食，派人通知完顏撒會師於移米河，一起進攻。但是使者誤入婆速火部，致使完顏撒部沒有及時會合。宗浩的前軍進至忒里葛山時，與山只昆部的兩個屬部石魯和渾灘遭遇，擊敗之，斬首一千二百級，俘虜了大量人員、牲畜、車輛。進至呼歇水時，敵人更加畏懼，合底忻部首領白古帶、山只昆部首領胡必剌及婆速火部都請求投降，宗浩在受降後將其都予以釋放。胡必剌向宗浩建議攻討近在移米河而不肯投降的自己的屬部迪烈土部。宗浩於是又進討該部，斬首三百級，又有很多人投移米河而死，繳獲牛羊一萬二千多隻，車輛、氈帳也很多。已經投降的合底忻部、婆速火部出於懼怕，向西渡過移米河而逃，遺棄了大量車輛、輜重。完顏撒與廣吉剌部首領忒里虎在窊里不水追上他們，大破之。婆速火九部死四千五百餘人，俘獲牛羊不可勝數。金軍撤退後，婆速火部請求內附。至此，廣吉剌部降，合底忻部、山只昆部、婆速火部相繼敗亡，完顏宗浩的北伐基本上達到了目的，章宗時期對北方蒙古諸部的戰事也得以結束。戰爭的後果使金朝、阻卜等強部都遭到了削弱，而成吉思汗則從中漁利，乘機崛起，成爲金朝的後患。

六、對西部邊疆的經略

（一）對西夏政策的演變

金朝與西夏發生關係的 100 餘年間，金朝統治者和南方宋朝對抗的同時，爲了減輕西部邊疆的壓力，對西夏始終儘量維持和平，雙方建立封貢關係，成爲事實上的盟友。但是在末期，面對強大的蒙古的侵略，金朝不敢給西夏以支持，因而使雙方盟友關係破裂，並繼而發生了連續十餘年的戰爭。即所謂「自天會議和，八十餘年與夏人未嘗有兵革之事。及貞祐之初，小有

〔註123〕《金史》卷93《完顏宗浩傳》。

侵掠，以至構難十年不解，一勝一負精銳皆盡，而兩國俱弊。」〔註124〕等到雙方統治者都覺悟過來，再次建立盟友關係時，已爲時過晚，最終被蒙古各個擊破。

雖然西夏與遼朝曾經發生過多次戰爭，但是在金朝興起之際，西夏與遼朝已經維持了長期的和平局面，並建立了封貢關係。遼對西夏的歷代國王進行冊封，將宗室女封爲公主下嫁西夏，而西夏也經常向遼朝貢。因此在金朝對遼戰爭節節勝利的情況下，西夏仍然站在了遼的一邊，出兵支持抗金。金天輔六年（1122，遼保大二年）五月，遼天祚帝在金將完顏婁室等的追擊下，敗走陰山。「夏國王使李良輔將兵三萬來救遼，次於天德之境。婁室與斡魯合軍擊敗之，追至野谷，殺數千人。夏人渡澗水，水暴至，漂溺不可勝計。」〔註125〕這樣，金與西夏的第一次衝突以西夏的慘敗告終。之後，「夏人屯兵於可敦館，宗翰遣婁室戍朔州，築城於霸德山西南二十里」〔註126〕，金軍與西夏軍處於對峙局面。遼天祚帝爲了表達感激之情，於1123年六月，「遣使冊李乾順爲夏國皇帝」〔註127〕。金朝爲了避免與西夏發生大規模的戰爭，影響滅遼的進程，對西夏采取了軟硬兼施的策略。金軍統帥完顏宗望「至陰山，以便宜與夏國議和」〔註128〕。提出：西夏對遼已經做到仁至義盡了，如果西夏能夠像服事遼朝一樣服事金朝，那麼允許西夏向金朝貢，並賜予土地。李乾順看到遼已大勢已去，而自己又難以與金相抗衡，於是選擇了服從。1124 年 3 月，乾順派把里公亮向金奉上誓表，正式向金稱臣。金太宗回賜誓表予以應允，「割下寨以北、陰山以南、乙室耶刮部吐祿濼之西，以賜之」〔註129〕。金對西夏建立了封貢關係後，雙方除了幾次小的衝突外，維持了 80 餘年的和平局面。

1139 年夏崇宗乾順卒，其長子仁孝即位，是爲仁宗。金熙宗行使宗主國的權力，於天眷三年（1140）四月，「冊李仁孝爲夏國王」〔註130〕。熙宗繼續奉行對西夏友好的政策，皇統元年（1141），應西夏的要求，設置了同西夏進

〔註124〕《金史》卷 134《外國傳上・西夏》。

〔註125〕《金史》卷 71《斡魯傳》。

〔註126〕《金史》卷 72《婁室傳》。

〔註127〕《遼史》卷 29《天祚皇帝紀三》。

〔註128〕《金史》卷 134《外國傳上・西夏》。

〔註129〕《金史》卷 134《外國傳上・西夏》。

〔註130〕《金史》卷 4《熙宗紀》。

行貿易的蘭州、保安、綏德三處権場。同年七月，首次遣使祝賀仁孝生日。皇統六年，將德威城、西安州、定邊軍等沿邊地賜給西夏。正是由於金熙宗對西夏采取友好政策，故而在他於1149年被完顏亮殺死後，西夏對他的被害表示了不滿，責問金使：「聖德皇帝何為見廢？」〔註131〕完顏亮又派出使者加以安撫，才使仁孝在1150年派使進賀。金海陵王完顏亮有著統一天下的雄心，這在他和近臣張仲軻的一番對話中得到了充分的體現，「仲軻曰：『本朝疆土雖大，而天下有四主，南有宋，東有高麗，西有夏，若能一之，乃為大耳。』」〔註132〕完顏亮的回答是：「朕舉兵滅宋，遠不過二三年，然後討平高麗、夏國」〔註133〕。可見，在完顏亮的計劃中，滅西夏排在滅宋和高麗之後。而為此，首先要穩定與西夏的關係，於是完顏亮在正隆四年（1159）三月派兵部尚書蕭恭「經畫夏國邊界」〔註134〕，並立下了界碑〔註135〕。但是，在完顏亮率兵南下時，西夏卻乘機攻取了金的蕩羌、通峽、九羊、會川等城寨。隨著完顏亮的覆滅，金世宗的登基，西夏很快又將這些城寨歸還，但是卻不將所掠人口歸還。對此，金世宗從大局著眼，並不深加計較，使兩國友好關係很快達到顛峰，這反映在對任得敬事件的處理上。

任得敬原是宋西安州（今寧夏海原縣西）的通判，後降西夏。由於任得敬的女兒被乾順納為妃子，後晉升為皇后，因此他在乾順、仁孝兩朝仕途上都一帆風順，官至國相，逐漸掌握了朝中的大權。他對此並不滿足，企圖篡奪皇位，仁孝被逼無奈，只好在大定十年（1160），將西南路及靈州囉龐嶺地分給任得敬，讓其自立為國，並為他向金朝求封。金世宗為此向宰相徵求意見，尚書令李石說：「這是西夏自己的事情，我們沒有必要干預，不如就允許罷了。」世宗說：「有國之主豈肯無故分國與人，此必權臣逼奪，非夏王本意。況夏國稱藩歲久，一旦迫於賊臣，朕為四海主，寧容此邪？若彼不能自正，則當以兵誅之，不可許也。」〔註136〕他將西夏的貢品退回，向仁孝下詔說：「自我國家戡定中原，懷柔西土，始則畫疆於乃父，繼而錫命於爾躬，恩厚一方，年垂三紀，藩臣之禮既務踐修，先業所傳亦當固守。今茲請命，事頗

〔註131〕《金史》卷134《外國傳上‧西夏》。
〔註132〕《金史》卷129《佞倖‧張仲軻傳》。
〔註133〕《金史》卷129《佞倖‧張仲軻傳》。
〔註134〕《金史》卷5《海陵紀》。
〔註135〕姬乃軍：《陝西吳旗出土金與西夏劃界碑》，《文物》1994年第6期。
〔註136〕《金史》卷134《外國傳上‧西夏》。

靡常，未知措意之由來，續當遣使以詢爾。所有貢物，已令發回。」〔註137〕
在世宗的明確支持下，仁孝採取措施，誅殺了任得敬，使西夏轉危爲安，避
免了亡國的危險。世宗深明大義的舉措，不但維護了西夏主權的完整，也穩
固了金朝的西部邊疆。金章宗即位後，西夏在邊境進行了一些小的襲擾，掠
奪財物，殺金的邊將阿魯帶。章宗對此極力保持克制，只是要求處死殺害阿
魯帶的人。不久之後的 1092 年，仁孝死，桓宗純祐即位，雙方又恢復了和平
局面。

　　金和西夏的友好關係到衛紹王時，由於蒙古對兩國的入侵而遭到破壞。
據宋人記載：「嘉定二年，夏人始爲韃靼所攻，遣使求援，金主允濟新立，不
能救援，韃靼至興、靈而返，夏人恨之。金人亦爲韃靼所擾，勢益衰，夏國
遂叛，改元光定，時辛未春也。」〔註138〕1209 年（金大安元年、宋嘉定二年）
成吉思汗率大軍攻入西夏，圍攻都城中興府，西夏國王李安全派使向衛紹王
求援，由於衛紹王無力或是不敢與蒙古大軍對抗，並未出兵救助西夏，因此
導致兩國反目。1210 年 8 月，西夏進攻金葭州，雙方戰爭爆發。1211 年夏襄
宗安全被廢，族子遵頊即位。9 月，遵頊在蒙古圍攻金中都的同時進犯，衛紹
王在抵抗西夏入侵的同時，還想竭力挽回同西夏的關係，崇慶元年（1212）
三月，「遣使冊李遵頊爲夏國王」〔註139〕。而西夏在大規模進攻之際，也虛與
委蛇，「十二月，夏國王李遵頊謝冊封」〔註140〕。至寧元年（1213）六月，西
夏進攻保安州，殺刺史，進攻慶陽府，殺同知府事。直到同年衛紹王被弒，
金朝對西夏的進攻處於被動應戰局面。金宣宗即位後，爲了改變對夏戰爭的
不利局面，於貞祐三年（1215）命令商議討伐西夏，但是陝西宣撫司上奏說：
「往者，夏人侵我環、慶，河、蘭、積石以兵應之，悉皆遁去，遽還巢穴，
蓋爲我備也。今蘭州潰兵猶未集，軍實多不完，沿邊地寒，春草始生，未可
芻牧，兩界無煙火者三百餘里，不宜輕舉。」〔註141〕宣宗採納了陝西宣撫司
的建議，在同西夏進行一系列小的戰事的同時，積極準備一場大的戰役。爲
此，於同年八月，在陝西設置了行省。命令陝西駐軍堅守與西夏緊鄰及附近
的延安府、臨洮府、環州、慶州、蘭州、會州、保安州、綏德州、平涼府、

〔註137〕《金史》卷 134《外國傳上・西夏》。
〔註138〕《建炎以來朝野雜記》乙集卷 19《西夏扣關》。
〔註139〕《金史》卷 13《衛紹王紀》。
〔註140〕《金史》卷 13《衛紹王紀》。
〔註141〕《金史》卷 134《外國傳上・西夏》。

德順州、鎮戎州、涇州、原州、鄜州、坊州、邠州、寧州、乾州、耀州等要害地方，一面將渭南等地駐軍移駐平涼，令陝西宣撫使駐邠州、副使駐同州澄城縣分別統領部隊，並且在渭河沿岸重要渡口派駐軍隊。同時，還命令陝西行省密切關注西夏與宋聯合進攻的企圖。1216年（貞祐四年）閏六月，章宗應陝西行省請求，兵分兩路伐夏，派慶陽總管慶山奴自第三將懷安寨出擊，環州刺史完顏胡魯自環州出擊，各部相繼取得一些勝利。十二月，宣宗與太子再次商議伐夏，派左監軍陀滿胡土門、延安總管古里甲石倫攻擊西夏的鹽、宥、夏州，慶陽總管慶山奴、知平涼府移剌荅不也攻擊威、靈、安、會等州。次年正月，慶山奴攔截從寧州撤退的三萬夏軍，敗之。章宗又命令河東行省胥鼎抽調三萬五千部隊，移交給陀滿胡土門，以進攻西夏。胥鼎不同意，上奏說：「自北兵經過之後，民食不給，兵力未完。若又出師，非獨饋運爲勞，而民將流亡，愈至失所。或宋人乘隙而動，復何以制之，此係國家社稷大計。方今事勢，止當禦備南邊，西征未可議也。」〔註142〕章宗反覆權衡利弊，認爲西夏並不是心腹大患，對金朝的主要威脅來自北方和南方，於是決定對西夏議和。但是雙方仍頻繁交戰，議和遲遲不見進展，興定四年（1220）八月，「詔有司移文議和，事竟不克」〔註143〕。對議和最大的阻力來自同年西夏與南宋達成的聯合攻金的協議。西夏不但聯宋攻金，而且還協從蒙古伐金。金元光二年（1123），李遵頊命令太子德任率兵攻金，德任認爲金的勢力還很強大，應該與之議和，但是被遵頊拒絕。德任再三進諫，並請求辭去太子，出家爲僧，遵頊一怒之下，將其囚禁於靈州。但是不久，遵頊由於陷於內憂外困，傳位於其子德旺，金宣宗也於1224年病逝，哀宗即位，雙方繼續議和。正大二年（1225）九月，「夏國和議定，以兄事金，各用本國年號，遣使來聘，奉國書稱弟。」〔註144〕對此，金朝有的大臣認爲西夏不稱臣，有辱金的國格。哀宗開導他們說：「夏人從來臣屬我朝，今稱弟以和，我尚不以爲辱。果得和好，以安吾民，尚欲用兵乎。」〔註145〕但是和平對兩國來說，到來得太晚了，經過十餘年的不斷戰爭，雙方的實力都受到了極大的損失，最終都陷於覆國的命運。

〔註142〕《金史》卷108《胥鼎傳》。
〔註143〕《金史》卷134《外國傳上‧西夏》。
〔註144〕《金史》卷17《哀宗紀上》。
〔註145〕《金史》卷17《哀宗紀上》。

綜觀金朝對西夏的政策，在 100 餘年的兩國交往中，基本上能始終站在宗主國的立場上，儘量維護兩國的友好關係，在前期西夏處於內亂的情況下，能夠堅決支持西夏平定叛亂，穩定了西夏國內政局，同時也穩定了自己的西部邊疆。而後期金朝在自己國力不能與蒙古抗衡的情況下，已無力維護藩屬的安全，因而造成兩國反目，使西部邊疆處於持續的戰亂之中，極大的危害了國家安全，但當時的大環境下，這已不是金朝統治者所能左右的了。

（二）金夏和戰造成的邊界變化

前文已述，在金夏最初發生接觸與衝突之後，雙方基於各自利益的考量，達成了和議。金太宗天會二年（1124）正月，「夏國奉表稱藩，以下寨以北，陰山以南、乙室耶剌部吐祿濼西之地與之。」〔註146〕具體的地區包括天德、雲內、武州及河東兜荅、廝剌、曷童、野鵲、神崖、榆林、保大、裕民八館以及河西金肅、河清二軍。〔註147〕天會四年（1126）三月，夏軍佔領了上述地區，並攻取了宋震威城（今山西府谷縣境內）。這些地方頗為富庶，「八館者，膏腴產稻」。〔註148〕金朝將這些地方割讓給西夏，其目的是為了讓西夏牽制向為宋將折可求所佔據的麟、府、豐等州。之後，在尚未完全控制與西夏的沿邊地區的情況下，金朝為偽楚國與西夏劃定了疆界。「天會五年，元帥府宗翰、宗望奉詔伐宋，若克宋則割地以賜夏。及宋既克，乃分割楚、夏疆封，自麟府路洛陽溝距黃河西岸，西歷暖泉堡，鄜延路米脂谷至累勝寨，環慶路威邊寨逾九星原至委布谷口，涇原路威川寨略古蕭關至北谷口，秦鳳路通懷堡至古會州，自此距黃河，依見流分熙河路盡西邊，以限楚、夏之封，或指定地名有懸邈者，相地勢從便分畫。」〔註149〕

天會七年（1129）二月，宋麟府路安撫使折可求以麟、府、豐三州降金。隨後，金將完顏希尹（兀室）率軍驅逐了夏軍，重新奪取了該地區，「金貴人兀室以數萬騎陽為出獵，掩至天德，逼逐夏人，悉奪有其地。夏人請和，金人執其使」。〔註150〕

熙宗時，為了維持與西夏的和平局面，不斷在邊界上對西夏作出讓步。天眷三年（1140）之後，晉寧軍（今陝西佳縣）多次報告西夏入侵，金朝派同

〔註146〕《金史》卷 3《太宗紀》。
〔註147〕《三朝北盟會編》卷 25。
〔註148〕《中興小紀》卷 4。
〔註149〕《金史》卷 26《地理志下》。
〔註150〕《宋史》卷 486《夏國傳下》。

知太原尹張奕前往處理。「奕至境上，按籍各歸所侵土，還奏曰：『折氏世守麟府，以抗夏人。本朝有其地遂以與夏。夏人夷折氏墳塋而毀其屍，折氏怨入骨髓而不得報也。今復使守晉寧，故激怒夏人使爲鼠侵，而條上其罪，苟欲看邊釁以雪私仇耳。獨可徙折氏他郡，則夏人自安。』朝廷從之，遂移折氏守青州。」〔註151〕皇統六年（1146），將河外三州也就是黃河以西的德威城、西安州、定邊軍三個小州割讓給西夏〔註152〕，「初，以河外三州賜夏人，或言秦之在夏者數千人，皆願來歸。諸將請約之，（劉）筈曰：『三小州不足爲輕重，恐失朝廷大信。且秦人之在蜀者倍多於此，獨舍彼而取此乎。』遂從筈議。」〔註153〕可見，爲了維持與西夏的和平局面，這次割讓，連同願意歸屬金朝的三州居民一併割讓給了西夏。

海陵王完顏亮正隆元年（1156），「命與夏國邊界對立烽候，以防侵軼」。〔註154〕之後，又於正隆四年（1159）三月派兵部尚書蕭恭「經畫夏國邊界」〔註155〕，並立下了界碑。1987年6月，在陝西省吳旗縣長官廟鄉白溝村後梁山頂上發現了3塊金與西夏的劃界碑。3塊碑都高65釐米左右，寬50釐米左右。1號碑上的文字爲「韋娘原界堠」、「正隆四年五月」、「宣差兵部尚書光祿」、「分劃定」等，2、3號碑文字相同，爲「界堠」、「正隆四年五月」、「宣差兵部尚書光祿」、「分劃定」。〔註156〕碑的出土地點比鄰甘肅省華池縣元城子鄉前寨子溝村，東西鄰溝，南北均爲長梁。可見，當時的金夏就是以這南北山梁爲界。後來，在完顏亮南下侵宋時，西夏佔領了金的蕩羌、通峽、九羊、會川等城寨。但金世宗登基後，西夏很快又將這些城寨歸還，之後，雙方的疆界基本上維持不變。

七、對東北邊疆東夏等割據政權的鎮壓

（一）對耶律留哥起義的鎮壓

金末，隨著蒙古的迅速崛起與入侵，統治者對於北方及東北地區的契丹人心存疑慮，移剌窩斡大起義造成的震盪使統治者仍心有餘悸，惟恐世代受

〔註151〕《金史》卷128《循吏·張奕傳》
〔註152〕《金史》卷26《地理志下》。
〔註153〕《金史》卷78《劉筈傳》。
〔註154〕《金史》卷26《地理志下》。
〔註155〕《金史》卷5《海陵紀》。
〔註156〕參見姬乃軍：《陝西吳旗出土金與西夏劃界碑》，《文物》1994年第6期。

金朝歧視與壓迫的契丹人投向蒙古，與金朝爲敵。於是，衛紹王下令「遼民一戶，以二女眞戶夾居防之」〔註157〕。這使得在北方任千戶的耶律留哥難以自安，決定起義，反抗金朝的統治。崇慶元年（1212）正月，耶律留哥逃至隆州（今吉林農安）、韓州（今吉林梨樹縣北偏臉城）一帶，起兵造反。隆州、韓州等州都發兵討伐，但都被留哥擊敗。留哥又與耶的率領的另一支起義軍會合，在幾個月之內發展到十餘萬人。留哥被推舉爲都元帥，耶的爲副元帥，其聲勢震動遼東。耶律留哥爲了與金朝對抗，與蒙古取得了聯繫，宣誓效忠成吉思汗。

衛紹王爲了平定耶律留哥起義，於當年十月在遼東實行大赦，以瓦解起義力量。接著又派元帥右監軍兼咸平府路兵馬都總管完顏承裕（胡沙）率兵六十萬號稱百萬進攻耶律留哥，崇慶二年（1213）「二月，詔撫諭遼東」〔註158〕，聲稱有能獻留哥一兩骨頭的，賞黃金一兩，獻一兩肉的，賞銀一兩，並且世襲千戶。留哥自覺抵擋不了金軍的強大兵力，緊急向蒙古求援。此前，大安三年（1211）九月，完顏承裕在會河堡一役中，因爲懼敵，大敗於蒙古軍，致使中都被圍，但是卻並未得到嚴懲，只是除名而已。這次衛紹王再次以其爲統帥，也就事先注定了金軍失敗的命運。成吉思汗派按陳、孛都歡、阿魯都罕等率領一千騎兵與留哥會合，留哥與蒙古聯軍在迪吉腦兒大敗金軍，將繳獲的大量物資獻給成吉思汗。三月，耶律留哥稱王，建元元統，定國號爲大遼〔註159〕，以示復興遼朝之義。立妻姚里氏爲妃，耶廝不爲郡王，坡沙、僧家奴、耶的、李家奴等爲丞相、元帥、尚書，正式建立了自己的政權。完顏承裕的這次失利，使金朝在東北的統治遭到了極大的威脅，但是衛紹王對他卻沒有任何懲處，只是將他改任爲遼東宣撫使。

衛紹王在武力征討難以奏效的情況下，又使出文的一手，於至寧元年（1213）五月，「詔諭咸平路契丹部人之嘯聚者」〔註160〕。金軍在對大遼政權的征討過程中，並非是百戰百殆，也曾取得過勝利，遼東路宣撫司都統紇石烈桓端在御河寨擊敗一支一萬五千人的遼軍，奪取幾千輛車子，招降一萬餘人。

〔註157〕《元史》卷149《耶律留哥傳》。
〔註158〕《金史》13《衛紹王紀》。
〔註159〕《元史》卷149《耶律留哥傳》稱耶律留哥政權「國號遼」，但是出土的耶律留哥政權官印有多枚都稱」「大遼」，所以其國號應以實物爲準，爲「大遼」。
〔註160〕《金史》13《衛紹王紀》。

　　金宣宗即位後，對耶律留哥繼續實行剿撫並用的政策。貞祐二年（1214），宣宗派知廣寧府事溫迪罕青狗為使者，以高官厚祿招降留哥，留哥不從。而溫迪罕青狗看到耶律留哥的強大聲勢，反而投降了留哥。同年七月，在山東起義的紅襖軍首領楊安兒曾企圖派梁居實以及黃縣甘泉鎮酒監石末充渡海與耶律留哥聯絡，船隻已經準備好了，但是被金朝山東路統軍安撫使僕散安貞捕殺，使兩股起義軍沒有合流。宣宗又派遼東宣撫使蒲鮮萬奴率軍四十萬討伐留哥，結果在歸仁縣（今遼寧昌圖縣四面城）北的河邊被留哥軍大敗，蒲鮮萬奴逃奔東京（今遼寧遼陽市），同知咸平府事阿憐投降。金軍的這次失敗使耶律留哥佔有了幾乎全部遼東，於是留哥定都咸平府（今遼寧開原縣開原老城），改名中京。宣宗再次派遼東、上京等路宣撫使兼左副元帥蒲察移剌都率軍十萬討伐留哥，結果又是大敗。移剌都「已而矯稱宣召，棄隆安赴南京，宣宗皆釋不問」〔註161〕。宣宗遷都南京（今河南開封）後，對東北的局面已是鞭長莫及，再加之對敗軍之將毫不追究，使已經糜爛的東北邊疆局勢更加雪上加霜，難以挽回，割據政權紛紛出現，金朝的統治幾乎瓦解。宣宗能做到的只是「曲赦遼東路」。〔註162〕興定元年（1217），時任侍御史的溫迪罕達曾建議：「遼東興王之地，移剌都不能守，走還南京。度今之勢，可令濮王守純行省蓋州，駐兵合思罕，以繫一方之心。昔祖宗封建諸王，錯峙相維，以定大業。今乃委諸疏外，非計也。」〔註163〕但是宣宗的回答是：「一子非所愛，但幼不更事，詎能辦此？」〔註164〕可見，宣宗自己對遼東的局面也已不抱任何幻想，決心將其放棄了。

　　貞祐三年（1215），耶律留哥攻佔東京後，其部下勸其稱帝，但他怕得罪蒙古，不敢接受。其部下再三請求，迫於壓力，耶律留哥於十一月與其子薛闍逃出，朝見成吉思汗。次年，「乞奴、金山、青狗、統古與等推耶廝不僭帝號於澄州，國號遼，改元天威」〔註165〕。後溫迪罕青狗又投降金朝，耶廝不被殺，此後金山、統古與、喊舍互相攻殺，相繼自立為王。至興定二年，耶律留哥在蒙古、高麗與東夏的支持下，將其討平，而耶律留哥政權也成為蒙古的藩屬，遼東地區脫離了金朝的統治。

〔註161〕《金史》卷129《蒲察移剌都傳》。
〔註162〕《金史》14《宣宗紀上》。
〔註163〕《金史》卷104《溫迪罕達傳》。
〔註164〕《金史》卷104《溫迪罕達傳》。
〔註165〕《元史》卷149《耶律留哥傳》。

（二）對東夏政權的鎮壓

　　金末的東北地區，在耶律留哥建立割據政權後不久，蒲鮮萬奴也自立為王，建立了另一個割據政權——東夏。蒲鮮萬奴是女真人，其早期經歷不詳，他最早登上歷史舞臺是在與南宋的戰爭中。金章宗泰和六年（1206），以尚廄局使身份任金軍右翼副都統的蒲鮮萬奴率部大勝宋軍，被加官進爵。之後，蒲鮮萬奴不見於史籍記載，直到金宣宗貞祐二年（1214），才見時任遼東宣撫使的蒲鮮萬奴討伐耶律留哥大敗（詳見前文）。

　　蒲鮮萬奴非但作戰不利，而且和東北地區的其他封疆大吏也不和，時常摩擦。貞祐二年（1214）十一月，宣宗向時任上京宣撫使兼留守的奧屯襄及蒲鮮萬奴等人下達詔書，責備他們說：「上京、遼東國家重地，以卿等累效忠勤，故委腹心，意其協力盡公，以徇國家之急。及詳來奏，乃大不然，朕將何賴。自今每事同心，並力備禦，機會一失，悔之何及。且師克在和，善鈞從眾，尚懲前過，以圖後功。」〔註166〕在當時無人可用的局勢下，宣宗不得已將蒲鮮萬奴倚為干城，但是，這時的蒲鮮萬奴對金朝的統治能否繼續下去已經不抱希望，因而決定在金朝、蒙古及耶律留哥等多方勢力角逐的遼東自樹一幟。於是，蒲鮮萬奴並不聽命於宣宗，而是乘機擴張自己的勢力範圍，貞祐三年（1215）年初，「蒲鮮萬奴取咸平、東京瀋、澄諸州，及猛安謀克人亦多從之者」〔註167〕。三月，蒲鮮萬奴派兵9千向臨近的婆速路進攻，時任同知婆速路兵馬都總管的紇石烈桓端派遣都統溫迪罕怕哥輦將其擊退。宣宗對蒲鮮萬奴的這種叛亂行徑並未譴責乃至懲罰，只是於同月「庚午，諭遼東宣撫使蒲鮮萬奴選精銳屯瀋州、廣寧，以俟進止。」〔註168〕但是，蒲鮮萬奴根本不聽，又四處攻掠。「四月，復掠上京城，遣都統兀顏鉢轄拒戰。萬奴別遣五千人攻望雲驛，都統奧屯馬和尚擊之。都統夾谷合打破其眾數千於三叉里。五月，都統溫迪罕福壽攻萬奴之眾於大寧鎮，拔其壘，其眾殲焉。九月，萬奴眾九千人出宜風及湯池，桓端率兵與戰，其眾潰去，因招俺吉、斡都、麻渾、賓哥出、臺答愛、顏哥、不灰、活拙、按出、孛德、烈鄰十一猛安復來附，擇其丁男補軍，攻城邑之未下者。」〔註169〕在同紇石烈桓端等人統率的遼東金軍進行了一系列的混戰之後，當年十月蒲鮮萬奴

〔註166〕《金史》卷103《奧屯襄傳》。
〔註167〕《金史》卷103《紇石烈桓端傳》。
〔註168〕《金史》卷14《宣宗紀上》。
〔註169〕《金史》卷103《紇石烈桓端傳》。

「據遼東，僭稱天王，國號大眞，改元天泰」〔註170〕，史稱東夏。後蒲鮮萬奴爲了減少敵人，還向蒙古稱降，並派其子帖哥入侍成吉思汗。蒲鮮萬奴的反叛給垂亡的金朝以很大打擊，動搖了金朝在東北的統治。宣宗也深受打擊，爲此曾感歎道：「朕於庶官曷嘗不愼，有外似可用而實無才力者，視之若忠孝而包藏悖逆者。……蒲鮮萬奴委以遼東，乃復肆亂。知人之難如此，朕敢輕乎。」〔註171〕

宣宗對蒲鮮萬奴的叛亂，立即採取了一系列措施試圖加以平定。首先在貞祐四年（1216）三月，「曲赦遼東路」〔註172〕，以收買人心，還嘉獎、升遷了對蒲鮮萬奴作戰有功的紇石烈桓端等人。七月，金東京總管府奉旨向高麗送交公文說：「……唯叛賊萬奴棄一方之重委，忘皇國之大恩，用心不臧，爲天不祐。近被隆安府行省移剌全舉大軍征討，旋不三月，應有賊徒盡行殺滅。雖有殘零餘黨逃在山林，亡無日矣。既此賊之失利，捨貴邦以何之，竊恐巧言詐謀，間諜兩國，旁生侵擾。若或過界，嚴設除虞，就便捉拿，牒送前來。」〔註173〕金朝的公文，除了要求捉拿進入高麗的叛軍外，還向高麗借糧草與戰馬，但被高麗所拒。於是，遼東行省完顏阿里不孫派兵侵擾高麗邊境，宣宗又特意遣使高麗，說明完顏阿里不孫之舉並非朝廷之意。〔註174〕與此同時，蒲鮮萬奴也對高麗時常侵擾，「高麗畏其強，助糧八萬石」〔註175〕。可見，此時東夏在遼東的勢力已經遠遠超過了金朝。

興定元年（1217）初，蒲鮮萬奴進攻上京。上京行省太平響應蒲鮮萬奴，焚毀上京的宗廟，捉拿了上京元帥完顏承充投奔蒲鮮萬奴。但是承充的女兒阿魯眞據城固守，「萬奴遣人招之，不從，乃射承充書入城，阿魯眞得而碎之，曰：『此詐也。』萬奴兵急攻之，阿魯眞衣男子服，與其子蒲帶督眾力戰，殺數百人，生擒十餘人，萬奴兵乃解去」〔註176〕。遼東路轉運使紇石烈德及部將劉子元也在蒲鮮萬奴進攻上京時，堅決反擊，將其擊退。〔註177〕四月，金朝調整了東北的官員配備，「以權參知政事遼東路行省完顏阿里不孫爲參知政

〔註170〕《元史》卷1《太祖紀》。
〔註171〕《金史》卷101《抹撚盡忠傳》。
〔註172〕《金史》卷14《宣宗紀上》。
〔註173〕《高麗史》卷23《高宗世家一》。
〔註174〕《金史》卷15《宣宗紀中》。
〔註175〕《金史》卷103《完顏阿里不孫傳》。
〔註176〕《金史》卷130《列女傳‧阿魯眞傳》。
〔註177〕《金史》卷128《循吏傳‧紇石烈德傳》。

事，行尙書省、元帥府於婆速路。以權遼東路宣撫使蒲察五斤權參知政事，行尙書省、元帥府於上京」〔註178〕。同月，「以萬奴叛逆未殄，詔諭遼東諸將」〔註179〕。

蒲鮮萬奴攻上京不下，轉攻婆速路。在蒲鮮萬奴的連續進攻下，東北局勢急轉直下，「上京行省蒲察五斤入朝，遼東兵勢愈弱，五斤留江山守肇州，江山亦頗懷去就」〔註180〕。蒲鮮萬奴趁金軍軍心不穩，攻佔了原渤海國的上京龍泉府（今黑龍江寧安縣渤海鎮），定爲都城，改名開元。

興定二年（1218）四月，宣宗爲了鎮壓東夏，又「曲赦遼東等路」〔註181〕。再次調整了官員配置，以戶部尙書夾谷必蘭爲翰林學士承旨，權參知政事，行省於遼東。同月，派侍御史完顏素蘭、近侍局副使完顏訛可赴遼東，偵察蒲鮮萬奴的情況，向兩人下達旨意：「萬奴事竟不知果何如，卿等到彼當得其詳，然宜止居鐵山，若復遠去，則朕難得其耗也。」〔註182〕到哀宗正大三年（1226）六月，金朝仍舊念念不忘討伐東夏，六月，「詔諭高麗及遼東行省葛不靄，討反賊萬奴，赦脅從者」〔註183〕。但是，此時的金朝已經無力撲滅這個割據政權了，而且這個政權的存在對金朝來說也已關係不大了。東夏在歸附蒙古後，又時降時叛，在遼東，與蒙古、高麗形成了三足鼎立的局面。但是好景不長，在金朝滅亡前夕的 1233 年 9 月，木華黎之子塔思率蒙古大軍攻陷了東夏的南京（今吉林延吉市城子山山城），擒獲蒲鮮萬奴，東夏亡。

東夏政權是由金朝的大臣在東北邊疆地區創建的一個以女眞族爲主體的地方割據政權，它的建立，是金朝統治階級內部激烈矛盾的產物，嚴重削弱了金朝的力量，促進了金朝的衰敗乃至滅亡。

（三）與蒙古爭奪東北邊疆

衛紹王大安三年（1211）二月，蒙古開始向金朝發動進攻。初期，蒙古軍重在虜獲，並不重視對疆土的佔有。所以在成吉思汗率領蒙古大軍於宣宗貞祐二年（1214）三月圍攻中都，中都指日可下的情況下，成吉思汗並不同意諸將攻城的請求。而只是「遣使諭金主曰：『汝山東、河北郡縣悉

〔註178〕《金史》卷 15《宣宗紀中》。
〔註179〕《金史》卷 15《宣宗紀中》。
〔註180〕《金史》卷 103《完顏阿里不孫傳》。
〔註181〕《金史》卷 15《宣宗紀中》。
〔註182〕《金史》卷 109《完顏素蘭傳》。
〔註183〕《金史》卷 17《哀宗紀上》。

爲我有，汝守惟燕京耳。天既弱汝，我復迫汝於險，天其謂我何。我今還軍，汝不能犒師以弭我諸將之怒耶？』」〔註 184〕因此，在宣宗貢獻了大量的財物後，成吉思汗退軍。但是宣宗在迫於蒙古的壓力下，於五月遷都汴京，使金朝怯弱的本質更加暴露無遺。於是蒙古一改重在掠奪，不重視疆土的策略，而是在攻城掠地的同時重視鞏固統治與治理。由於東北邊疆是金朝的興起之地，是女眞族的大本營，因此東北的得失對金朝統治者無疑具有重要的意義，金朝與蒙古圍繞東北展開了激烈的爭奪，這是金朝後期邊政的一個重要內容。

在金朝與蒙古議和，成吉思汗北返之後，命令木華黎率軍攻遼東，高州（今內蒙古赤峰市東北）守將盧琮、金樸投降。貞祐三年（1215），木華黎部將石抹也先以計攻取東京（今遼寧省遼陽市），「得地數千里、戶十萬八千、兵十萬、資糧器械山積，降守臣寅答虎等四十七人，定城邑三十二。金人喪其根本之地，始議遷河南。」〔註 185〕接著，蒙古軍進攻北京（今內蒙古寧城縣），金北京路宣撫使兼北京留守奧屯襄率兵 20 萬在花道迎戰，被擊敗，陣亡 8 萬人。隨即，北京被圍困，城中糧盡，金軍中的契丹人首先出降，城圍愈急。城中發生了內亂，奧屯襄被北京宣差提控完顏習烈所殺，不久，完顏習烈也被人所殺，金軍出降，北京陷落。木華黎憤恨城久不破，想要坑殺全城軍民，石抹也先勸阻說：「北京爲遼西重鎮，既降而坑之，後豈有降者乎？」〔註 186〕這樣，北京的軍民才得以保全性命。攻克北京後，木華黎又派高德玉、劉蒲速窩兒招降興中府（今遼寧省朝陽市），興中府同知兀里卜殺劉蒲速窩兒，高德玉逃走。不久，興中府軍民殺兀里卜，推選土豪石天應爲帥，投降蒙古，蒙古任命石天應爲興中府尹、兵馬都提控。

由於金朝東北勢力的衰弱，因而大部分和蒙古交戰的並不是中央政府直接掌握的軍隊，而是地方割據勢力。貞祐二年（1214）十月，錦州張鯨聚眾十餘萬，殺節度使，自稱臨海郡王，向蒙古投降。次年四月，成吉思汗命木華黎派張鯨總領北京十提控兵馬南征。但是張鯨投降蒙古只是出於自保，並不想替蒙古賣命。軍至平州時，張鯨謀叛，蒙古監軍石抹「也先執鯨送行在所，帝責之曰：『朕何負汝？』鯨對曰：『臣實病，非敢叛。』帝曰：『今呼汝

〔註 184〕《元史》卷 1《太祖紀》。
〔註 185〕《元史》卷 150《石抹也先傳》。
〔註 186〕《元史》卷 119《木華黎傳》。

弟致爲質，當活汝。』鯨諾而宵遁，也先追戮之，致已殺使者應其兄矣」〔註187〕。張鯨的弟弟張致得到消息，佔據錦州，背叛蒙古，自稱漢興皇帝，建元興龍。先後攻陷平、灤、瑞、利、義、懿、廣寧等州。「木華黎率蒙古不花等軍數萬討之，州郡多殺致所署長吏降。進逼紅羅山，主將杜秀降，奏爲錦州節度使」〔註188〕。

爲了與蒙古相抗衡，張致不得不求助於金朝的力量，他於貞祐四年（1216）六月「遣完顏南合、張頑僧上表來歸。詔授致特進，行北京路元帥府事，兼本路宣撫使，南合同知北京兵馬總管府，頑僧同知廣寧府」〔註189〕。很可能是爲了避免金朝的反感，張致在文書中並未自稱皇帝，而是稱瀛王。得到金朝政府的支持，張致主動向蒙古軍進攻，大約與此同時，攻陷了興中府（今遼寧省朝陽市）。七月，木華黎兵臨興中府，先派遣吾也而等進攻溜石山，並告訴他說：「今若急攻，賊必遣兵來援，我斷其歸路，致可擒也。」〔註190〕又派遣蒙古不花屯兵於永德縣東以伏擊致軍。張致派遣張鯨之子張東平率騎兵八千、步兵三萬援助溜石山。蒙古不花的伏兵出擊並向木華黎報告，木華黎於深夜疾馳，在神水縣東同蒙古不花之兵夾擊張東平，張東平大敗被殺，損失士卒一萬二千八百餘人。蒙古軍隨即攻陷開義縣，進圍錦州。張致派張太平、高益出戰，又敗，損失慘重。錦州被圍月餘，張致怨恨部下不盡力，殺敗將20餘人。高益恐怕自己也被殺，就趁張致不備，將其捆綁，出降蒙古，張致被殺。廣寧劉琰和懿州的田和尚迫於蒙古的強大先後投降，但是木華黎屠殺了除了工匠優伶之外所有的兩城百姓，以此來恐嚇與蒙古作對的漢族地主武裝。在鎮壓張致的過程中，木華黎的麾下有大量漢族地主武裝，如王珣王榮祖父子〔註191〕、史天倪史樞家族〔註192〕、何實〔註193〕、田雄〔註194〕等。這說明在金末東北的危亂局勢中，漢族地主大族發生了分化，他們各自選擇了能對自身利益進行保護的主人，而由於金朝在東北勢力的急劇衰落，這些人大都選擇了蒙古作爲自己的靠山，也因此使金朝在東北的統治處於危亡之中。

〔註187〕《元史》卷150《石抹也先傳》。
〔註188〕《元史》卷119《木華黎傳》。
〔註189〕《金史》卷14《宣宗紀上》。
〔註190〕《元史》卷119《木華黎傳》。
〔註191〕《元史》卷149《王珣傳》。
〔註192〕《元史》卷147《史天倪傳附史樞傳》。
〔註193〕《元史》卷149《何實傳》。
〔註194〕《元史》卷151《田雄傳》。

　　面對蒙古的威脅，衛紹王時曾任上京留守的徒單鎰已經認識到了東北對於金朝的重要性。他向衛紹王建議說：「遼東國家根本，距中都數千里，萬一受兵，州府顧望，必須報可，誤事多矣。可遣大臣行省以鎮之。」〔註195〕但是衛紹王卻認為無故設置行省，只會動搖人心，而未予採納。之後東京的失守，使他後悔不迭，自言恥於再見徒單鎰。衛紹王時在東北設置有遼東宣撫司，作為軍事機構負責對蒙古的作戰，完顏承裕曾任遼東宣撫使。到宣宗時，遼東行省終於建立，此時東北地區的軍政機構有上京路宣撫司、上京行省、遼東路宣撫司、遼東行省等，遼東行省在東北地區的軍政機構中處於中樞地位。遼東行省的具體建立時間不詳，但首任長官完顏阿里不孫的任職時間在貞祐末年，他以御史中丞、遼東宣撫副使升任權右副元帥、參知政事、遼東路行尚書省事。興定元年（1217）四月，金朝「以權參知政事遼東路行省完顏阿里不孫為參知政事，行尚書省、元帥府於婆速路。以權遼東路宣撫使蒲察五斤權參知政事，行尚書省、元帥府於上京」〔註196〕。從完顏阿里不孫為參知政事而蒲察五斤為權參知政事可看出，遼東行省地位要高於上京行省，成為金朝在東北地區的最高軍政建置。但是遼東行省的設置並未挽救金朝在東北的危局，相反，其本身卻很快陷入內亂。知廣寧府事溫迪罕青狗為完顏阿里不孫的下屬，但是兩人關係不睦，上京宣撫使蒲察移剌都上奏請求青狗不隸屬於阿里不孫，宣宗召見青狗，青狗不肯前往，阿里不孫以不受詔為藉口殺之。阿里不孫的屬下伯德胡土是青狗的好朋友，遂於當年九月起兵殺害阿里不孫。權左都監納坦裕與監軍溫迪罕哥不靄、遙授東平判官參議軍事郭澍想謀殺胡土，但未敢輕舉妄動。正好上京留守蒲察五斤派副留守夾谷愛答、左右司員外郎抹撚獨魯來找納坦裕商議事情，納坦裕告訴了二人此事，得到了同意，由於有上京方面的支持，隨即將伯德胡土殺死，遼東行省的內亂平息。十二月，時任元帥左監軍的蒲察五斤升任右副元帥，權參知政事，充遼東行省。之後，興定二年（1218）四月，以戶部尚書夾谷必蘭為翰林學士承旨，權參知政事，行省於遼東。但這些人在任上都沒有多大的作為。最後一任遼東行省是溫迪罕葛不靄〔註197〕，哀宗正大三年（1226）六月「詔諭高麗

〔註195〕《金史》卷99《徒單鎰傳》。
〔註196〕《金史》卷15《宣宗紀中》。
〔註197〕此人應為《金史》卷103《紇石烈桓端傳》中提到的貞祐四年（1216），因功由婆速路溫甲海世襲猛安、權同知府事升遷為顯德軍節度使，兼婆速府治中的溫迪罕哥不靄。另外同卷《完顏阿里不孫傳》也有此人的記載，見上文。

及遼東行省葛不靄，討反賊萬奴，赦脅從者」〔註198〕。溫迪罕葛不靄死於與蒙古的戰爭，「會金平章政事葛不哥行省於遼東，咸平路宣撫使蒲鮮萬奴僭號於開元，遂命榮祖還，副撒里臺進討之。拔蓋州、宣城等十餘城，葛不哥走死。金帥郭琛、完顏曳魯馬、趙遵、李高奴等猶據石城，復攻拔之，曳魯馬戰死，遵與高奴出降」〔註199〕。溫迪罕葛不靄之死，標誌著遼東行省的覆滅，也是金朝在東北統治的結束。

八、對西遼的策略

（一）西遼的建立與疆域

西遼政權的創建者是耶律大石，大石字重德，是遼太祖的八世孫，天慶五年（1115）中進士第，官翰林應奉，隨即升翰林承旨，因為契丹語翰林為「林牙」，所以耶律大石又以大石林牙之名見載於史籍。

在金朝興起，遼朝危亡之際，天祚帝於保大二年（1122）逃離南京，進入夾山躲藏。面對朝中無主的局面，時任遼興軍節度使的大石和其他大臣推戴留守南京的秦晉國王耶律淳為帝，在耶律淳死後，又推戴其妻蕭德妃為皇太后，稱制。大石在此期間率軍奮勇抵抗北宋的進攻，立下了汗馬功勞。但是在隨後金軍的攻勢下，不得已與蕭后投奔天祚帝，蕭后被天祚帝所殺，而大石在回答天祚帝的責難時則義正詞嚴，他說：「陛下以全國之勢，不能拒一敵，棄國遠遁，使黎民塗炭。即立十淳，皆太祖子孫，豈不勝乞命於他人耶？」〔註200〕天祚帝啞口無言，只得赦免了大石。但是大石也知道難以容身，於保大四年（1124）七月率二百騎兵出逃，脫離了天祚帝。他自立為王，設置了北、南面官屬。可見，此時儘管耶律大石還未稱帝，但無疑他想的是重新振興遼朝。大石向北疾馳三天，經過黑水，遇到白達達部的詳穩床古兒，床古兒進獻了馬400匹、駱駝20匹和若干隻羊。接著，大石又西行到達可敦城，在此，他招集了西北七個州的長官和遼的十八個屬部的首領開會。他慷慨激昂地發表了演說：「我祖宗艱難創業，歷世九主，歷年二百。金以臣屬，逼我國家，殘我黎庶，屠剪我州邑，使我天祚皇帝蒙塵於外，日夜痛心疾首。我今仗義而西，欲借力諸蕃，剪我仇敵，復我疆宇。惟爾眾亦有軫我國家，憂

〔註198〕《金史》卷17《哀宗紀上》。
〔註199〕《元史》卷149《王珣傳附王榮祖傳》。
〔註200〕《遼史》卷30《天祚帝紀四》。

我社稷，思共救君父，濟生民於難者乎？」〔註201〕他的這番話，堪稱是西遼的立國宣言，得到了與會者的大力支持，得精兵萬餘，並設置了官署。經過5年多的休養生息，耶律大石在可敦城積聚了力量，決定先向西方已經衰落的高昌回鶻和喀剌汗王朝展開進攻，然後再回頭光復故土。金天會八年（1130）二月，耶律大石在以契丹族傳統的青牛白馬祭祀了天地、祖宗之後，率軍西征。經過2年的征討之後，1132年耶律大石在葉密立（今新疆額敏縣）稱帝，被群臣上尊號爲天祐皇帝，當地的稱謂則爲葛兒罕（菊兒汗），建元延慶。追贈祖父母爲皇帝、皇后，冊封元妃蕭氏爲昭德皇后。至此，西遼王朝正式建立。其後，耶律大石及其繼任者先後征服了高昌回鶻、東部喀剌汗國、西部喀剌汗國以及花剌子模王國，在中亞建立了一個疆域遼闊的帝國，成爲遼朝的延續。

西遼的疆域在不同時期有所變化，在耶律大石統治的鼎盛時期，其疆域東與金朝隔大漠相望，與西夏緊鄰。南至今新疆南部，與吐蕃諸部接壤。西至鹹海及阿姆河下游地區。北至巴爾喀什湖及葉尼塞河上游一線。其疆域東西達3000餘公里，南北達2000餘公里，是當時中亞最強盛的帝國。

公元1143年，耶律大石去世，其皇后塔不煙稱制，號感天皇后。後來大石之子夷列即位，廟號仁宗。夷列去世後，其諸子年幼，又由他的妹妹普速完稱制，號承天皇后。公元1178年普速完在政變中被殺，夷列次子直魯古稱帝。1211年，投附直魯古的乃蠻部王子屈出律乘機篡奪了他的帝位，但是仍尊稱他爲太上皇。兩年後，直魯古死，《遼史》記載「遼絕」〔註202〕。1218年，屈出律被蒙古所滅，西遼亡國。

（二）對西遼的策略

西遼政權是遼朝的延續，而且與金朝之間隔著戈壁相鄰，因而金朝統治者必欲滅之而後快。但是雙方的統治中心畢竟相隔萬里，金朝想要滅亡西遼也難免心有餘而力不足，於是從最初的征討逐漸轉向密切關注與防禦，尤其是關注西遼與西夏的關係，防止兩者之間勾結對金朝造成威脅。所以金代對西遼的整體策略可以歸納爲遏制而不是主動進攻。

金朝得知耶律大石建立西遼政權，最早是在金太宗天會二年（1124），「遼詳穩撻不野來降，言大石稱王於北方，署置南北面官僚，有戰馬萬匹，畜產

〔註201〕《遼史》卷30《天祚帝紀四》。
〔註202〕《遼史》卷30《天祚帝紀四》。

甚眾。詔曰：『追襲遼主，必酌事宜而行。攻討大石，須俟報下。』」〔註203〕
可見，此時金朝統治者已經瞭解了耶律大石建立了政權，對該政權的實力也
大致瞭解，由此對跨越朔漠攻討耶律大石持謹慎態度。天會三年（1125），西
夏上書，抱怨金軍在達成盟約後，仍然侵略西夏轄境。爲此，金權西南、西
北兩路都統完顏希尹上奏：「聞夏使人約大石取山西諸郡，以臣觀之，夏盟不
可信也」〔註204〕。太宗對西夏與耶律大石是否結盟十分關注，下達指示說：「夏
人或與大石合謀爲釁，不可不察，其嚴備之」〔註205〕。耶律大石的勢力逐漸
強大，尤其是與西夏有所交往，這給金朝以掣肘之憂。天會五年（1127），金
太宗下令伐宋，金軍在河北的將領想要將在陝西的金軍都調往南伐前線，但
是河東的金軍將領不同意，認爲陝西與西夏爲鄰，不可輕易撤兵。金軍西路
軍的統帥——左副元帥完顏宗翰也認爲：「初與夏約夾攻宋人，而夏人弗應。
而耶律大石在西北，交通西夏。吾捨陝西而會師河北，彼必謂我有急難。河
北不足虞，宜先事陝西，略定五路，既弱西夏，然後取宋。」〔註206〕由此可
見耶律大石給金朝造成的後方壓力。

天會七年（1129）泰州路都統完顏婆盧火報告說：「大石已得北部二營，
恐後難制，且近群牧，宜列屯戍。」〔註207〕太宗仍持謹慎態度，認爲因爲區
區兩營就發兵討伐，難免驚擾邊疆的諸多部族，只是下令嚴加防範與巡邏而
已。經過幾年的觀望與準備，金朝統治者還是決定動用武力。天會八年（1130），
金太宗以遼降將耶律余覩爲元帥，蒲察石家奴、拔離速等爲副元帥、部將討
伐耶律大石，「徵兵諸部，諸部不從」〔註208〕，最後「襲諸部族以還」〔註209〕。
可見，這次征伐，由於沒有得到原來遼朝邊疆部族的支持，並沒有成功，甚
至沒有和耶律大石的軍隊相接觸。此役之後，耶律余覩向元帥府報告說：「聞
耶律大石在和州之域，恐與夏人合，當遣使索之。」〔註210〕西夏的回答是：「本
國和和州並不接壤，而且也不知道大石到哪裏去了。」第二年，金軍再次發
動進攻，完顏宗翰「自雲中以燕雲漢軍、女眞軍一萬人付右都監耶律余覩，

〔註203〕《金史》卷121《粘割韓奴傳》。
〔註204〕《金史》卷73《完顏希尹傳》。
〔註205〕《金史》卷121《粘割韓奴傳》。
〔註206〕《金史》卷74《完顏宗翰傳》。
〔註207〕《金史》卷121《粘割韓奴傳》。
〔註208〕《金史》卷121《粘割韓奴傳》。
〔註209〕《金史》卷120《石家奴傳》。
〔註210〕《金史》卷121《粘割韓奴傳》。

北攻耶律大石林牙、耶律佛頂林牙於漠北曷董城」〔註211〕，並且派出燕雲、河東等地的大量民夫隨軍運糧。此役金軍遭到慘敗，這在完顏宗翰的筆下有明確記載。「御林牙兵忽然猖獗干冒，陛下用臣出師之任。臣受命欲竭駑鈍之力，盡淺拙之謀，以狂孽指日可定。不期耶律潛伏，沙黨復反，交攻凡三晝夜，其勝負未分，猶可為戰。奈杜允糧草已斷，人馬凍死。御林牙兵知我深入重地，前不樵蘇，後又糧斷，所以王師失利。又副將外家得心生反逆，背負朝廷。外家得之反背，有其由也。知父兄妻子並在御林牙軍中，兩軍發釁，其外家得將軍下數千騎自亂我軍，使臣不得施，此大敗之罪也。」〔註212〕所謂「御林牙」就是耶律大石，而「外家」很可能就是耶律余覩。這次戰役，不僅金軍傷亡慘重，而且隨行的民夫也幾乎損失殆盡，「車牛十無一二得還」〔註213〕。此後，金朝吸取了教訓，而且由於耶律大石的西行，雙方未再發生過戰爭，也很少接觸。

金熙宗皇統四年（1144），回鶻遣使入貢，報告說與西遼為鄰，耶律大石已死。金朝派粘割韓奴隨同回鶻使者返回，出使西遼，但是粘割韓奴一去就音信杳無。金世宗大定年間，回鶻三名商人到西南招討司貿易，向金朝透露了一些西遼的情況。當年，又有西遼所屬的粘拔恩部首領撒里雅、寅特斯及康里部首領孛古等率 3 萬餘戶請求歸附，並交出了西遼所頒發的牌印。世宗令西南招討司派人慰問並查明情況，得知了粘割韓奴被西遼所殺的情況。大定十七年（1177），監察御使完顏覿古速受命視察邊界，從行的四個契丹人乘機逃往西遼，世宗對在邊界的契丹人與西遼相互勾結深感憂慮，下詔說：「大石在夏國西北。昔窩斡為亂，契丹等響應，朕釋其罪，俾復舊業，遣使安輯之，反側之心猶未已。若大石使人間誘，必生邊患。遣使徙之，俾與女直人雜居，男婚女聘，漸化成俗，長久之策也。」〔註214〕隨即將西北路的契丹人大批遷到上京路濟州、利州等女眞人的腹心地區安置。大定末，平章政事完顏襄到北疆接受諸部的進貢，返回後，世宗問以邊事，完顏襄「具圖以進，因上羈縻屬部、鎮服大石之策，詔悉行之」〔註215〕。但是完顏襄所上鎮服西遼的具體策略已不得而知。金章宗明昌元年（1190），有西遼的屬部首領請求

〔註211〕《大金國志》卷7《太宗文烈皇帝五》。
〔註212〕《三朝北盟會編》卷178引《粘罕獄中上書》。
〔註213〕《大金國志》卷7《太宗文烈皇帝五》。
〔註214〕《金史》卷88《唐括安禮傳》。
〔註215〕《金史》卷94《完顏襄傳》。

朝貢，金朝同意他的請求，派儀鸞局使完顏安國出使該部，「至則率眾遠迓至帳，望闕羅拜，執禮無惰容」〔註216〕。此時北阻卜在金朝邊境侵擾，該部想要以攻打北阻卜來贏得金朝的重視，於是請求完顏安國一同參加征討，完顏安國以沒有得到朝廷的批准婉拒，該部又強迫乃至威脅完顏安國，安國執意不可，說：「大丈夫豈以生死易節。暴骨邊庭，不猶愈於病死牖下。」〔註217〕這樣，在完顏安國的堅持下，戰事未起。他返回後，也得到升遷。可見，金章宗延續了前朝對西遼的政策，就是儘量減少事端。此後，金朝與西遼的關係就不再見載於史籍了。

九、邊疆地區的開發

（一）邊疆地區的城鎮建設

金代最為繁華的地區是原來宋的領土，如南京路，山東、東西路、河東南、北路，其次以原來遼的領土，如中都路、西京路等為繁華，而所謂的「金源內地」——上京路以及原來遼的邊境地區北京路等地則較為落後，但即使如此，經過金朝 100 餘年的開發經營，其落後面貌也大為改觀，主要體現在城鎮建設得到極大發展，城鎮的數量和規模都有較大的進步。

據不完全統計，僅在全部屬於金代上京路的今黑龍江省，就發現了 300餘座金代的古城〔註218〕，這些古城大多位於平原地區和江河湖泊附近，其生產、生活條件較為優越。面積在 50 米×50 米之間的古城有近 80 座，面積在 100 米×150 米的有近 100 座，面積在 200 米×300 米的有近 100 座，面積在 500 米×800 米的有 10 餘座，面積在 1000 米×1500 米的有 10 餘座。古城的各種規模說明它們的等級不同，既有鎮、寨一級的最小城市，也有縣、州、府等級別的城市，而以上京面積則最大，周長達 10000 餘米。黑龍江省雙城市車家城子村附近的一座金代古城長 209 米，寬 205 米，發掘者認為該城是金代上京至中都交通線上的一座驛站。〔註219〕位於黑龍江省綏濱縣中興村的一座金代古城周長 1460 米，近方形，應是奧里米部所轄的一個重要

〔註216〕《金史》卷 94《完顏安國傳》。
〔註217〕《金史》卷 94《完顏安國傳》。
〔註218〕王禹浪、曲守成：《黑龍江地區金代古城初步研究》，《東北地方史研究》1988年第 4 期。
〔註219〕黑龍江省文物考古研究所：《黑龍江雙城市車家城子金代城址發掘簡報》，《考古》2003 年第 2 期。

城鎮。〔註220〕位於黑龍江省綏濱縣縣城西 9 公里的古城是金代五國部之一的奧里米部故址，該城近方形，周長 3224 米。屬於胡里改路。〔註221〕黑龍江省克東縣的金代蒲峪路故城，平面呈橢圓形，東西長徑 1100 米、南北短徑 700 米、周長 2850 米。〔註222〕這些城鎮的居民主要應該是女真族和當地的其他部族，這也說明當時邊疆地區的城鎮化達到了一定的程度。

東北邊疆最重要的城市是上京，金太祖完顏阿骨打於收國元年（1115）建國時，由於諸事草創，尚無都城的修建。「國初無城郭，星散而居，呼曰『皇帝寨』、『國相寨』、『太子莊』，後升『皇帝寨』曰會寧府，建爲上京。」〔註223〕上京〔註224〕位於今黑龍江省阿城市南，始建於太宗時期，負責營建的是遼降臣盧彥倫。「天會二年，知新城事。城邑新建，彥倫爲經畫，民居、公宇皆有法。」〔註225〕天會三年（1125）正月，宋朝的賀大金皇帝登寶位國信使許亢宗抵達上京，在他筆下，描繪了正在修建中的上京。「次日，館伴使副同行，馬可六七里，一望平原曠野間有居民數十百家，星羅棋佈，分操錯雜，不成倫次。更無城郭里巷，率皆背陰向陽。便於牧放，自在散居。又一二里，命撤傘，云近闕。復北行百餘步，有皁宿圍繞三四頃，北高丈餘，云皇城也。至宿闥門，就龍臺下馬，行入宿闥西，西設氊帳四座，各歸帳歇定……捧國書自山棚東入……其山棚左曰桃源洞，右曰紫極洞，中作大牌曰翠微宮。高五七丈，以五色彩間結山石及仙佛龍象之形，雜以松柏枝，以數人能爲禽鳴者吟叫山內。木建殿七間，甚壯。未結蓋，以瓦仰鋪及泥補之。以木爲鴟吻，及屋脊用墨，下鋪帷幕，榜額曰乾元殿。階高四尺許，階前土壇方闊數丈，名曰龍墀。兩廂旋結架小葦屋，幕以青幕，以坐三節人。殿內以女真兵數十人分兩壁立，各持長柄小骨朵以爲威儀。日役數千人興築，已架屋數千百間，未就，規模亦甚偉也。」〔註226〕許亢宗此時見到的金上京，尚無外城牆，居

〔註220〕黑龍江省文物考古工作隊：《黑龍江畔綏濱中興古城和金代墓群》，《文物》1977年第 4 期。

〔註221〕黑龍江省文物考古工作隊：《松花江下游奧里米城古城及其周圍的金代墓群》，《文物》1977 年第 4 期。

〔註222〕黑龍江省文物考古研究所：《黑龍江克東縣金代蒲峪路故城發掘》，《考古》1987年第 2 期。

〔註223〕《大金國志校證》卷 33《燕京制度》。

〔註224〕直到金熙宗天眷元年八月上京才正式命名，府名會寧，此前的上京改爲北京（今內蒙古巴林左旗）。但爲了行文方便，一律稱上京。

〔註225〕《金史》卷 75《盧彥倫傳》。

〔註226〕《三朝北盟會編》卷 20。

民也甚少，只有「阜宿」（城牆）圍繞的面積大約三四頃的皇城。皇城內主要
有翠微宮，宮內建有面闊七間的乾元殿，雖然尚未完工，但是已很壯麗了。
而且就每日有數千人施工，已有數千間尚未蓋好的房屋來說，其規模也很雄
偉了。熙宗時，繼續營建上京。天眷元年（1138）四月，「命少府監盧彥倫營
建宮室，止從簡素。」〔註227〕「十二月癸亥，新宮成。」〔註228〕可能由於「止
從簡素」的緣故，熙宗對上京的宮殿建築並不滿意，因而皇統六年（1146），「春
三月，上以上京會寧府舊內太狹，才如郡治，遂役五路工匠，撤而新之。規
模雖仿汴京，然僅得十之二三而已。」〔註229〕但即使如此，金上京也成為當
時東北亞最大的城市。隨著金朝統治在中原的確立，僻在東北一隅的上京不
再適合統治全國的需要，海陵王完顏亮於貞元元年（1153）將都城由上京遷到
中都（今北京）。為了徹底粉碎守舊貴族的復辟希望，完顏亮又於正隆二年
（1157）十月，「命會寧府毀舊宮殿、諸大族第宅及儲慶寺，仍夷其址而耕種
之。」〔註230〕摧毀了宮殿、宗廟、社稷壇〔註231〕、豪門大宅，以示決心，並
夷為耕地，在其上種植莊稼。這對上京來說，不啻是一場浩劫。雖然金世宗
即位後，對上京進行了一系列復建，但金上京的重要地位一去不返，已經從
全國的政治中心變為東北邊疆地區的一座重鎮。我們從今天的遺址仍可看出
上京當年的輝煌。上京是由南北二城組成，平面呈曲尺形。北城南北長 1828
米，東西寬 1553 米；南城東西長 2148 米，南北寬 1523 米。二城的外圍周長
達 10873 米。全城外牆原來共有馬面 92 個，牆外有護城壕溝，現有城門 9 座。
皇城位於南城內偏西處，南北長 645 米，東西寬 500 米。在皇城內尚有多重
殿址有跡可辨。

（二）邊疆地區農牧業的發展

　　金代東北的上京路等地區雖然實際上成為金朝立國後的邊疆地區，但是
金朝統治者將其視為「金源內地」，因而對其農業生產也就十分重視。隨著統

<hr />

〔註227〕《金史》卷四《熙宗紀》。

〔註228〕《金史》卷四《熙宗紀》。

〔註229〕《大金國志校證》卷十二《熙宗孝成皇帝四》。

〔註230〕《金史》卷五《海陵紀》，同書《地理志上》載，「正隆二年命吏部郎中蕭彥
　　　　良盡毀宮殿、宗廟、諸大族邸第及儲慶寺，夷其址，耕墾之。」

〔註231〕《金史》卷二四《地理志上》載，「太廟、社稷，皇統三年建，正隆二年毀。
　　　　原廟，天眷元年以春亭名天元殿，安太祖、太宗、徽宗及諸後御容。春亭者，
　　　　太祖所嘗御之所也。天眷二年做原廟，皇統七年改原廟乾文殿曰世德，正隆
　　　　二年毀。」

治者將被俘獲的契丹人、漢人大量遷往上京地區，先進的農業生產方式和生產工具也隨之得到推廣。

金朝建立之初，就開始以屯田的方式發展東北地區的農業生產。金太祖收國二年（1116），「分遣鴨撻、阿懶所遷謀克二千戶，以銀朮可為謀克，屯寧江州」〔註232〕。天輔二年（1118），又令完顏婁室為萬戶，屯守黃龍府。天輔五年（1121），「以境土既拓，而舊部多瘠鹵，將移其民於泰州，乃遣皇弟昱及族子宗雄按視其地。昱等茸其土以進，言可種植，遂摘諸猛安謀克中民戶萬餘，使宗人婆盧火統之，屯種於泰州。婆盧火舊居阿注滸水（又作按出虎——原注）。至是遷焉。其居寧江州者，遣拾得、查端、阿里徒歡、奚撻罕等四謀克，挈家屬耕具，徙於泰州，仍賜婆盧火耕牛五十。」〔註233〕寧江州（今吉林扶餘北伯都納古城）、及其西邊的泰州（今吉林白城市）分屬於上京路和臨潢府路，後來設置的東北路招討司的治所就在泰州，這次猛安謀克移民屯墾一方面發展了當地的農業，另一方面也成為東北路招討司防守邊疆的重要倚靠。金太宗天會九年（1131），「命以徒門水以西，渾瞳、星顯、僝蠢三水以北閒田，給曷懶路諸謀克」〔註234〕，這樣使今圖門江流域的金上京路東境的農業也得到了開發。其後的金朝歷代皇帝在東北地區繼續實行移民屯田的政策，大定年間，世宗曾問：「奚人六猛安，已徙咸平、臨潢、泰州，其地肥沃，且精勤農務，各安其居，女真人徙居奚地者菽粟得收穫否？」〔註235〕可見，此時咸平、臨潢、泰州等地的農業生產的發展已經可以使屯田的移民安居樂業。

金代東北邊疆農業生產的發展還體現在鐵農具的大量使用上，據不完全統計，僅黑龍江省出土的金代鐵農具就達上萬件之多。〔註236〕這些鐵農具與同時期的宋朝相比也不落後，而且種類齊全，有整地工具耙、鑹、鍬、犁鏵等，有中耕鋤草工具鏟、鋤等，還有收穫、脫粒以及農業運輸工具等。

金代邊疆地區的畜牧業在遼代的基礎上得以發展，尤其體現在官營的群牧所上。「金初因遼諸抹而置群牧，抹之為言無蚊蚋、美水草之地也。」〔註237〕

〔註232〕《金史》卷72《銀朮可傳》。
〔註233〕《金史》卷46《食貨志一》。
〔註234〕《金史》卷3《太宗紀》。
〔註235〕《金史》卷47《食貨志二》。
〔註236〕參見韓茂莉：《遼金農業地理》，社會科學文獻出版社1999年版，第255頁。
〔註237〕《金史》卷44《兵志》。

在海陵王完顏亮天德年間（1149～1152），設置了迪河斡朵、斡里保（保亦作本）、蒲速里、燕恩、兀者五個群牧所，這些群牧所都是沿襲遼代的群牧司，連名稱都沒有變化。完顏亮「又於諸色人內，選家富丁多，及品官家子、猛安謀克蒲輦軍與司吏家餘丁及奴，使之司牧，謂之『群子』，分牧馬駝牛羊，為之立蕃息衰耗之刑賞。後稍增其數為九。」〔註238〕這樣，群牧制度得以完善，邊疆地區的畜牧業也得到發展。

完顏亮為了發動對南宋的戰爭，於正隆五年（1160）「八月，詔諸路調馬，以戶口為差，計五十六萬餘匹，富室有至六十匹者，仍令戶自養飼以俟。」〔註239〕這些馬匹中無疑有相當部分出自各群牧所。宋人的筆下也記載了金朝將徵集的馬匹發往天德、雲內等邊疆地區牧養的情況，「金人往日戰馬甚多，自去年十月緣軍下馬耗，盡括民間私馬。所有京東、山東、關西盡起發，逐路徑送往益都府牧養。於六月初間，又有天使起發赴以北州府外，河北、河東路及燕山以北馬卻發遣往天德、雲內府路牧養外，自括馬之後，大約馬耗八分，目即南京路正軍皆闕馬。今年三月二十五日降下銀鋌，令軍人逐牌子差人往咸州地分，自行收買。」〔註240〕徵集馬匹，對人民來說，又是一場浩劫。「大括天下騾馬，官至七品聽留一馬，等而上之。並舊籍民馬，其在東者給西軍，在西者給東軍，東西交相往來，晝夜絡繹不絕，死者狼籍於道。其亡失者多，官吏懼罪或自殺。所過蹂踐民田，調發牽馬夫役。詔河南州縣所貯糧米以備大軍，不得他用。而騾馬所至當給芻粟，無可給，有司以為請，海陵曰：『此方比歲民間儲蓄尚多，今禾稼滿野，騾馬可就牧田中，借令再歲不獲，亦何傷乎。』」〔註241〕徵集馬匹，對金朝的邊疆地區的畜牧業也是一個極大的破壞。由於完顏亮的橫征暴斂和民族壓迫政策所導致的契丹族大起義使群牧所也損失慘重，「契丹之亂遂亡其五，四所之所存者馬千餘、牛二百八十餘、羊八百六十、駝九十而已。」〔註242〕

世宗登基後，開始了對群牧所的重建，設置了特滿、忒滿、斡睹只、蒲速椀、甌里本、合魯椀、耶盧椀等七個群牧所，這些群牧所分佈在西起西京路，向東經北京路到臨潢府路等邊境地區。世宗還完善了群牧所的各項規章

〔註238〕《金史》卷44《兵志》。
〔註239〕《金史》卷5《海陵紀》。
〔註240〕《三朝北盟會編》卷230引《崔陟孫淮夫、梁叟上兩府箚子》。
〔註241〕《金史》卷129《李通傳》。
〔註242〕《金史》卷44《兵志》。

制度，「大定二十年三月，更定群牧官、詳穩脫朵、知把、群牧人滋息損耗賞罰格。二十一年，敕諸所，馬三歲者付女直人牧之，牛或以借民耕，或又令民畜羊，或以賑貧戶。時遣使閱實其數，缺則杖其官，而令牧人償之，匿其實者監察舉覺之。」〔註243〕這樣，經過一段時間的休養生息，群牧所的牲畜得到很大增殖，到大定二十八年（1188），馬匹達到 47 萬匹，牛 13 萬頭、羊 87 萬隻、駱駝 4000 匹。到章宗時，增設了忒恩、蒲鮮兩個群牧，並進一步完善了對群牧所官員的獎懲措施。之後，隨著章宗時對蒙古戰事的進展，群牧所逐漸遭到破壞，到宣宗南遷時，群牧所也就徹底結束了它的歷史使命。

（三）邊疆地區文化的發展

金朝建立之前，女真人沒有文字，與鄰國交往，需要借助契丹字。「金人初無文字，國勢日強，與鄰國交好，乃用契丹字。太祖命希尹撰本國字，備制度。希尹乃依仿漢人楷字，因契丹字制度，合本國語，制女直字。天輔三年（1119）八月，字書成，太祖大悅，命頒行之。賜希尹馬一匹、衣一襲，其後熙宗亦制女直字，與希尹所制字俱行用。希尹所撰謂之女直大字，熙宗所撰謂之小字。」〔註244〕現存的女真文字只有一種，已經難以辨別究竟是女真大字還是小字。女真文字的創制，是金代政治、文化史乃至邊疆文化發展上的一件大事。女真字的出現，迅速改變了女真族文化上的落後面貌，也使邊疆地區的文化得以較大的發展。女真字創製成功後，統治者非常重視，在各地建立女真字學，選拔女真貴族子弟入學，學習成績好的，入上京深造。如完顏兀不喝，「會寧府海姑寨人。年十三，選充女直字學生。補上京女直吏，再習小字兼通契丹文字。充尚書省令史。天德初，除吏部主事，」〔註245〕孛尤魯阿魯罕，「隆州琶離葛山人。年八歲，選習契丹字，再選習女直字。」〔註246〕紇石烈良弼，「天會中，選諸路女直字學生送京師，良弼與納合椿年皆童丱，俱在選中。」〔註247〕這些人中，還出現了如徒單鎰這樣精通女真字、漢字、契丹字的優秀人才。「徒單鎰本名按出，上京路速速保子猛安人。父烏輦，北京副留守。鎰穎悟絕倫，甫七歲，習女直字。大定四年，詔以女直字譯書籍。五年，翰林侍講學士徒單子溫進所譯《貞觀政要》、《白氏策林》等書。

〔註243〕《金史》卷 44《兵志》。
〔註244〕《金史》卷 73《完顏希尹傳》。
〔註245〕《金史》卷 90《完顏兀不喝傳》。
〔註246〕《金史》卷 91《孛尤魯阿魯罕傳》。
〔註247〕《金史》卷 88《紇石烈良弼傳》。

六年，復進《史記》、《西漢書》，詔頒行之。選諸路學生三十餘人，令編修官溫迪罕締達教以古書，習作詩、策。鎰在選中，最精詣，遂通契丹大小字及漢字，該習經史。」〔註248〕這些人堪稱女眞族自己培養的第一批知識分子，爲邊疆文化的發展做出了貢獻。金世宗時，還在各地普遍設立女眞府、州學，在京城設立女眞國子學，培養女眞族學生，又設立了專門針對女眞族考生的女眞進士科，這些也無疑促進了邊疆文化的發展。之後女眞文字雖然在中原地區未得到普及，但是在東北邊疆地區一值得到應用，持續到明代，沿用了將近 500 年。至今，在吉林省扶餘市石碑崴子仍矗立著一塊女眞文與漢文對照的大金得勝陀頌碑。該地是金太祖誓師對遼首戰獲勝之地，金世宗大定二十四年（1184 年），爲了紀念太祖的功績，而下令在此立碑，次年告成。碑高 328 釐米，正面刻有漢字碑文 815 字，背面刻有女眞字碑文 1500 餘字，記述了太祖的豐功偉績。

　　金初，金朝自己的文人尚未培養起來，對邊疆文化發展做出貢獻的主要是入金宋臣。如洪皓，出使金朝被扣留，流放冷山（今吉林境內）十餘年，被金朝重臣完顏希尹延聘，教育他的八個兒子。朱弁出使同樣被扣，「金國名王貴人多遣子弟就學」。〔註249〕此二人後來都歸宋，但更多的人則成爲金朝的臣民，也就奠定了金初的文壇局面，並爲之做出了貢獻。他們的詩文中也多反映了與中原截然不同的北疆特色。如蔡松年的《晚夏驛騎再之涼陘，觀獵山間，往來十有五日，因書成詩》寫道：「兜羅蔥鬱浮空青，曉日馬頭雙眼明。名山不作世俗態，千里傾蓋來相迎。老松閱世幾千尺，玉骨冷風站天碧。應笑年年空往來，塵土勞生種陳跡。山回晚宿一川花，剪金裁碧明煙沙。寒鄉絕豔自開落，欲慰寂寞無流霞。明日行營獵山麓，古樹寒泉更深綠。強臨水玉照鬢毛，只恐山靈怪吾俗。陂潮不盡水如天，清波白鷗自在眠。平時朝市手遮日，思把一竿呼釣船。驛騎回時山更好，過雨秋容靜如掃。山英知我宦遊心，爲出清光慰枯槁。可憐歲月易侵尋，慚愧山川知我心。一行作吏豈得已，歸意久在西山岑。他年俗累粗能畢，雲水一區供老俠。舉杯西北酹山川，爲道此言吾不食。」〔註250〕蔡松年早年跟隨父親蔡靖守燕山府，後降金，官至右丞相。在這首描寫跟隨皇帝打獵的詩中，他雖然也描寫了塞外涼陘（今

〔註248〕《金史》卷 99《徒單鎰傳》。
〔註249〕《宋史》卷 373《朱弁傳》。
〔註250〕《中州集》卷 1。

河北省沽源縣境內）的風光，但是更主要的抒發自己鬱悶的心情和歸隱田園的志願，這與漢人在金朝前期得不到完全的信任有關。而到其子蔡珪則一改其父頹喪的心情，他筆下的北國風物充滿了雄奇、陽剛之氣。如《野鷹來》寫道：「南山有奇鷹，寘穴千仞山。網羅雖欲施，藤石不可攀。鷹朝飛，聳肩下視平蕪低，健狐躍兔藏何遲。鷹暮來，腹肉一飽精神開，招呼不上劉表臺。錦衣少年莫留意，饑飽不能隨爾輩」〔註251〕寫出了野鷹昂揚不羈的氣質，也表達了詩人的「奇鷹」之志。另一首《醫巫閭》寫道：「幽州北鎮高且雄，倚天萬仞蟠天東。祖龍力驅不肯去，至今鞭血餘殷紅。崩崖岸谷森雲樹，蕭寺門橫入山路。誰道營丘筆有神，只得峰巒兩三處。我方萬里來天涯，坡陀繞繞昏風沙。直教眼界增明秀，好在嵐光日夕佳。封龍山邊生處樂，此山之間亦不惡。他年南北兩生涯，不妨世有揚州鶴。」〔註252〕生動刻畫了北鎮醫巫閭山的壯麗雄奇和大氣磅礴的氣勢，也抒發了詩人積極向上的胸臆。也正是由於成長在金朝，並在天德三年（1151）中進士並仕途順利，蔡珪已完全融入金朝，將其視為祖國。而同時代的人也認為他是「國朝文派」的「正傳之宗」〔註253〕也就是金朝文壇的奠基者。隨著女真族受漢文化的影響日益加深，女真人中也湧現出了一批詩人，包括海陵王完顏亮、金章宗等都留下了自己的詩篇，而金世宗之孫完顏璹則是漢文化素養最高的一位。完顏璹由於受到同為世宗之孫的金章宗的猜忌，鬱鬱終生而不得志，只能在詩詞書畫中揮灑自己的才華。在時人眼中，「其舉止談笑真一老儒，殊無嬌貴之態」。〔註254〕加之隨著貞祐南渡，更加遠離故土，其詩詞中往往彌漫著對故鄉的眷戀和淡淡的愁緒。如《思歸》寫道：「四時唯覺漏聲長，幾度吟殘蠟燼釭。驚夢故人風動竹，催春羯鼓雨敲窗。新詩淡似鵝黃酒，歸思濃如鴨綠江。遙想翠雲亭下水，滿陂青草鷺鷥雙。」〔註255〕完顏璹這樣優秀的女真詩人的出現，也說明了金代邊疆文化發展的程度。

金朝建立之前與建立之初，東北邊疆地區的女真族與其他民族普遍信仰原始宗教薩滿教。在金代前期政治生活中佔有重要地位、官至左丞相的完顏希尹就是女真族有名的薩滿。「兀室（即希尹——筆者注）奸猾而有才，自

〔註251〕《中州集》卷1。

〔註252〕《中州集》卷1。

〔註253〕《中州集》卷1《蔡太常珪》。

〔註254〕《歸潛志》卷1。

〔註255〕《中州集》卷5。

制女眞法律、文字，成其一國，國人號爲珊蠻（即薩滿——筆者注），珊蠻者，女眞語巫嫗也。以其通變如神，粘罕以下皆莫之能及」〔註256〕但是隨著佛教、道教的傳入，薩滿教逐漸衰落，佛教在邊疆地區佔據了主導地位。熙宗是金代首位有明確記載信仰佛教的皇帝，皇統二年（1142）十二月，由於皇太子濟安病重，「上與皇后幸佛寺焚香，流涕哀禱，曲赦五百里內罪囚。是夜，薨。……命工塑其像於儲慶寺，上與皇后幸寺安置之。」〔註257〕由於皇帝的倡導，在上京城內，可考的寺院就有六座，即慶元寺、儲慶寺、興元寺、興王寺、寶勝寺、林光寺。〔註258〕章宗明昌年間，遼東路提點刑獄王寂視察所部，著有《鴨江行部志》記錄行程，現存自東京遼陽府（今遼寧遼陽）至大寧鎮（今遼寧岫岩縣）部分。從他的行程中，我們可見王寂所經過的地方，上至通都大邑，下至邊陲小鎮，已經伽藍遍佈，梵唄充耳。從遼陽出發，他先後經靈巖寺（今遼陽東八十里）、九聖殿（在今千山）、舍利塔（在今千山）、正觀堂（在今千山）、析木縣（今遼寧海城市東南）法雲寺、湯池縣（今遼寧蓋縣東北）護國寺、辰州（今遼寧蓋縣）興教寺、熊岳縣（今遼寧熊岳縣）興教寺、龍門山（在今熊岳縣南）雲峰院、復州（今遼寧瓦房店市西北）寶岩寺、龍岩寺等十餘座寺院。〔註259〕道教在東北邊疆也有所發展，在上京東南的松峰山上有道觀太虛洞，洞旁原立有金代東北地區唯一的一通道教碑刻《曹道士碑》。

（四）邊疆地區的移民

前文已述及邊疆地區契丹人的內遷，本節主要介紹邊疆地區女眞族的內遷及內地漢人的逆向遷徙。

金代初期，隨著對遼、對宋戰爭的進行以及戰爭的勝利，女眞猛安謀克戶也就隨之逐漸從東北金源內地向中原遷徙。到完顏亮登基前，共有三次較大規模的移民浪潮。〔註260〕第一次浪潮起自金軍攻入中原之後，在河北、河東各地留兵駐守，「每州漢人、契丹、奚家、渤海、金人，多寡不同，大州不

〔註256〕《三朝北盟會編》卷3。
〔註257〕《金史》卷80《熙宗二子‧濟安傳》。
〔註258〕參見程妮娜主編：《東北史》，吉林大學出版社2001年版，第214頁。
〔註259〕參見羅繼祖、張博泉：《鴨江行部志注釋》，黑龍江人民出版社1984年版。
〔註260〕參見吳松弟：《金代東北民族的內遷》，《中國歷史地理論叢》1995年第4期及該氏所著《中國移民史》第四卷《遼宋金元時期》第五章第一節《女眞等東北民族的內遷》，福建人民出版社1997年版。

過留一千戶，縣鎮百戶，多闕額數。」〔註261〕到天會十年（1132），「沿河、沿淮及陝西、山東等路，皆駐北軍。」〔註262〕這一階段猛安謀克戶的內遷，是自然形成的浪潮，而不是統治者有意爲之。太宗從天會十一年（1133）開始有組織地將猛安謀克戶向中原遷移，「盡起本國之土人，棋布星羅，散居四方。令下之日，比屋連村，屯結而起。」〔註263〕熙宗廢除劉豫僞齊政權後，爲了塡補統治空隙，又第三次開始從東北邊疆地區向中原移民，「廢劉豫後，慮中州懷二三之意，始置屯田軍，非止女眞，契丹、奚家亦有之。自本部族徙居中土，與百姓雜處。」〔註264〕

金代女眞族的大規模內遷出現在海陵王完顏亮時期。在完顏亮遷都中都後，隨著中央機構入駐中都，由於大多數高級官僚都爲女眞宗室貴族，本身就是世襲猛安謀克，因而他們的家族及所屬的猛安謀克戶也就必然要隨之遷到中都及中原地區。後來的世宗認爲完顏亮遷徙猛安謀克戶是由於「海陵失道，恐上京宗室起而圖之，故不問疏近，並徙之南。豈非以漢光武、宋康王之疏庶得繼大統，故有是心。過慮如此，何其謬也。」〔註265〕這固然是原因之一，但絕不是主要原因。完顏亮統一天下的雄心其實是遷都、遷陵以及遷徙猛安謀克的必然、主要原因。

《金史》卷44《兵志》載：「貞元遷都，遂徙上京路太祖、遼王宗幹、秦王宗翰之猛安，並爲合扎猛安，及右諫議烏里補猛安、太師勖、宗正宗敬之族，處之中都；斡論、和尚、胡剌三國公，太保昂、詹事烏里野、輔國勃魯骨、定遠許烈、故杲國公勃迭八猛安，處之山東；阿魯之族，處之北京；按達族屬，處之河間。」這段記載，容易使人認爲猛安謀克的內遷是同遷都同時進行的。其實不然，完顏亮南遷猛安謀克是在正隆元年（1156），三上次男先生對此有詳細的論述。〔註266〕太師完顏勖「正隆元年，與宗室俱遷中都。」〔註267〕納合椿年「正隆初，起上京諸猛安於中都、山東等路安置，

〔註261〕《三朝北盟會編》卷98引《燕雲錄》。
〔註262〕《建炎以來繫年要錄》卷53紹興二年四月庚寅條。
〔註263〕《大金國志》卷8《太宗文烈皇帝六》。
〔註264〕《大金國志》卷36《屯田》。
〔註265〕《金史》卷8《世宗紀下》。
〔註266〕參見三上次男：《金代女眞研究》第二編第四章第一節《上京路宗室猛安遷到華北》，黑龍江人民出版社1984年版。
〔註267〕《金史》卷66《完顏勖傳》。

以勞賜玉帶閑廄馬。」〔註268〕根據這兩條史料，可知猛安謀克的南遷是在正隆元年。另外，《金史》卷47《食貨志》載：「海陵正隆元年二月，遣刑部尚書紇石烈婁室等十一人，分行大興府、山東、眞定府，拘括係官或荒閑牧地，及官民占射逃絕戶地，戌兵占佃宮籍監外路官本業外增置土田，及大興府、平州路僧尼道士女冠等地，蓋以授所遷之猛安、謀克戶，且令民請射而官得其租也。」從這條史料中也可看出，完顏亮南遷猛安謀克戶是在正隆元年，如果是在貞元初，那麼就不會遲至正隆元年才想起來解決南遷猛安謀克戶的土地問題。

　　南遷的猛安謀克戶，共分成四部分安置。第一部分是將太祖、完顏亮的父親完顏宗幹及秦王完顏宗翰的三猛安合併爲合扎猛安，也就是侍衛親軍，設置侍衛親軍統軍司來管理，安置在中都路。所謂「合扎者，言親軍也，以近親所領，故以名焉。」〔註269〕宗幹因是完顏亮的父親，其猛安被列爲合扎猛安應屬自然。太祖的猛安應爲熙宗所領，熙宗被弒，該猛安也就自然轉歸完顏亮所有。由於宗翰的子孫在完顏亮即位之初就幾乎被屠戮殆盡，因而其猛安也就爲完顏亮所有。同樣，由於太宗的後代全爲完顏亮所屠殺，他的猛安也應該同時被合併於完顏亮的合扎猛安之中。《金史》卷四四《兵志》還記載：「正隆二年，……復於侍衛親軍四猛安（舊止曰太祖、遼王、秦王猛安凡三，今日四猛安，未詳，豈太祖兩猛安耶？──原文爲小字）內，選三十以下千六百人，騎兵曰龍翔，步兵曰虎步，以備宿衛。」實際，此四猛安中，就應有太宗一猛安。另外右諫議完顏烏里補之猛安及太師完顏勖、宗正完顏宗敬之家族等也在中都路安置，其中烏里補及宗敬生平不詳，但是宗正都「以皇族中屬親者充」，〔註270〕可見宗敬在宗室中地位較高，烏里補也應如此，否則不會在中都路安置。至於完顏勖則是宗室中德高望重的一員，勖是穆宗第五子，與太祖、太宗輩分相同，是熙宗時的重臣，熙宗曾在其銜前冠以「皇叔祖」三字。他在熙宗朝曾斥責過完顏亮，由於他地位顯赫，完顏亮不便於向他下手，因而將他和宗敬、烏里補等重要宗室成員遷到中都，便於就近監視，以防對己不利。

〔註268〕《金史》卷83《納合椿年傳》。中華書局本將該條史料中的「正隆初」改爲「貞元初」，實誤。
〔註269〕《金史》卷44《兵志》。
〔註270〕《金史》卷55《百官志一》。

　　第二部分是將完顏斡論、完顏和尙、完顏胡剌、完顏昂、完顏烏里野、完顏勃魯骨、完顏許烈、完顏勃迭等八猛安遷到山東安置，完顏斡論即完顏晏，是景祖之孫，完顏亮遷都時，他從東京留守改任上京留守，「在上京凡五年」。〔註271〕正隆二年（1157），改任西京留守。因此，他並未隨自己的猛安遷到山東，可能是出自完顏亮削弱宗室與其猛安謀克之間的隸屬關係，以加強中央集權之故。完顏晏當時並不是國公，而是齊王。《金史》卷四四《兵志》記載他當時爲國公，可能是後來追記之故，因爲正隆二年廢除王爵，他降封爲國公。完顏和尙是完顏亮同母弟完顏襄的兒子，時封應國公。完顏胡剌可能是完顏文，〔註272〕文是宗望之子，時任秘書監，他也不會隨同其猛安赴山東，而是仍留中央任職。太保完顏昂是完顏亮的表姐夫，〔註273〕在熙宗時伐宋，曾與南宋名將岳飛對陣。完顏亮登基後，授予他上京路移里閔斡魯渾河世襲猛安，遷到山東的即爲此猛安。完顏亮還曾賜予他四謀克，認爲：「汝有大功，一猛安不足酬也。」〔註274〕昂只接受了一個親管謀克，其餘三個讓給了族兄弟。完顏烏里野、完顏勃魯骨〔註275〕生平不詳。定遠完顏許烈可能是完顏勖之子完顏宗秀，因爲宗秀女眞名爲廝里忽，與許烈音相近，並且宗秀在熙宗時因爲參與宗幹誅殺完顏宗磐等人的活動，被授予定遠大將軍之職，並賜予宗磐的世襲猛安，遷到山東的可能即爲此猛安。完顏勃迭可能是宗弼之子完顏亨。

　　第三部分是將完顏宗賢的家族遷到北京（在今內蒙古寧城縣）安置，宗賢爲宗室，其世襲不詳。其家族遷到北京後，他「兼領北京宗室事」。〔註276〕

　　第四部分是移到河間府（今河北河間縣）的完顏按答家族，按答就是完顏按答海，「海陵時，自上京徙河間，土瘠，（世宗）詔按答海一族二十五家，

〔註271〕《金史》卷73《完顏晏傳》。

〔註272〕三上次男先生認爲胡剌大概是完顏希尹之孫完顏守能，見《金代女眞研究》第182頁，但守能在海陵時地位並不顯赫，而且並無封公之記載。而完顏文時則封王，同完顏晏一樣以正隆二年降王爵之後追記爲公。

〔註273〕三上次男先生認爲太保昂不詳，「也許是太宗子宗本（本名阿魯）」，見《金代女眞研究》第188頁，殊不可解。

〔註274〕《金史》卷84《完顏昂傳》。

〔註275〕三上次男先生認爲「輔國勃魯骨大概是康宗長子宗雄（謀良虎）」，見《金代女眞研究》第182頁。但筆者認爲與其將勃魯骨定爲宗雄（謀良虎），不如定爲宗雄之子蒲魯虎，因爲蒲魯虎之音較謀良虎之音更近於勃魯骨，惜無其他證據。

〔註276〕《金史》卷66《完顏宗賢傳》。

從便遷居近地，乃徙平州。」〔註277〕可見，遷到河間的只有按答海家族的 25 家。因爲完顏亮遷都時按答海曾加以反對，故而他被留在上京。後來，任濟南尹，因爲「不堪卑濕，多在病告」，〔註278〕又改任西京留守。可見，完顏按答海並未隨同家族遷往河間。

綜上所述，海陵時南遷的猛安計有遷到中都的太祖、太宗、宗幹、宗翰及完顏烏里補的 5 猛安，遷到山東的 8 猛安，共計 13 猛安，以 1 猛安 3000 戶計，則共有 39000 戶，如以每戶 10 口計，則爲 390000 口。〔註279〕另外還有遷到中都的完顏勖、完顏宗敬家族、遷到山東的三個國公及遷到北京的完顏阿魯家族、遷到河間的完顏按答海家族，如果都以按答海家族每家族 25 戶計算，戶均 170 口計，〔註280〕則共有 7 家族 175 戶 29750 口。總計 42 萬餘人。如此大規模的人口遷徙，使原居住在金源內地的女眞人遷移到漢族人口占大多數的中原地區。雖然其目的是用「軍事部落移民的辦法來實現其在新佔領區的統治」，〔註281〕但是實際結果不僅使女眞族掌握了中原先進的農耕技術等先進的生產方式，而且必然加速了不同民族之間的經濟、文化交流，同時也促進了民族之間的融合。

在女眞猛安謀克戶內遷的同時，大批漢族人口也被遷移到東北邊疆地區即所謂的金源內地。其中規模最大的兩次分別是滅遼，佔領遼南京（今北京）之後，以及滅亡北宋，佔領宋汴京（今河南開封）之後。金太祖天輔六年（1122）12 月攻克遼南京，並佔領了周圍的薊（今天津薊縣）、涿（今河北涿州）等州。後依宋金「海上之盟」的約定，將南京（燕京）及周圍的薊、涿、易（今河北易縣）、順（今北京順義）、檀（今北京密雲）、景（今河北景縣）交割給宋朝。但是在交接之前，天輔七年（1123）四月，「盡徙六州氏族、富強、工技之民於內地」。〔註282〕同時，將燕城職官、民戶、技術、嬪嬙、倡優、黃冠、

〔註277〕《金史》卷 73《完顏按答海傳》。
〔註278〕《金史》卷 73《完顏按答海傳》。
〔註279〕據《金史》卷 46《食貨志一》載，大定二十三年（1183）八月，「奏猛安謀克戶口、墾地、牛具之數。猛安二百二，謀克千八百七十八，戶六十一萬五千六百二十四，口六百一十五萬八千六百三十六。」則猛安謀克戶戶均有 10 口。當然，此年距正隆元年（1156）已 20 餘年，戶口可能有較大的增殖，但因別無數據可引用，故權以此數據爲準。
〔註280〕據前引書，同時期「在都宗室將軍司，戶一百七十，口二萬八千七百九十」，則宗室戶人均約 170 口。
〔註281〕張博泉等著：《金史論稿》（第一卷），吉林文史出版社 1986 年版，第 231 頁。
〔註282〕《金史》卷 46《食貨志一》。

瞿曇、金帛、子女等席卷而東。」〔註283〕燕京及其周圍的六州百姓絕大部分都是漢族，這些人中的一部分雖然在途經平州（今河北盧龍）時被叛金的守將張覺（原遼臣）放回，但是還有相當一部分人被經松亭關（今河北遷西縣喜峰口）遷到東北。

金軍攻克汴京，滅亡北宋後，在大量掠奪財物的同時，也大量掠奪人口，遷徙到東北的金源內地。「華人男女，驅而北者，無慮十餘萬。」〔註284〕這其中就包括有宋徽宗、宋欽宗在內的皇親國戚、文武臣僚以及工匠、倡優等3000餘人。其他被攻陷的宋地居民也有大量被遷入東北地區的。另外出使金朝的宋使也大量被扣留而定居金源內地，如宇文虛中、高士談等人，最後被放回南宋的只有洪皓、朱弁、張邵等三人而已。當然，以上所說主要是金初的情況，隨著完顏亮將都城由上京遷到中都，漢人大規模被遷徙到金源內地的情況也就終止了。金初漢人的大規模北遷，雖然給被遷徙者本身帶來了巨大的災難，但是客觀上，由於移民大部分都是官員、工匠等，素質較高，這為東北地區的開發提供了優秀的人才來源，並將先進的漢文化、技術帶入，大大促進了邊疆地區的發展。

〔註283〕《三朝北盟會編》卷16。
〔註284〕《建炎以來繫年要錄》卷4，建炎元年四月辛酉條。

參考文獻

1. 《舊五代史》，中華書局點校本。
2. 《新五代史》，中華書局點校本。
3. 《遼史》，中華書局點校本。
4. 《宋史》，中華書局點校本。
5. 《金史》，中華書局點校本。
6. （宋）李燾：《續資治通鑒長編》，上海古籍出版社，1985 年，據光緒七年浙江書局本影印。
7. （宋）徐夢莘：《三朝北盟會編》，上海古籍出版社，1987 年，據光緒三十四年許涵度刻本影印。
8. （清）徐松輯：《宋會要輯稿》，中華書局，1997 年，據北平圖書館影印本影印。
9. （金）劉祁：《歸潛志》，中華書局，1983 年。
10. （宋）葉隆禮撰，賈敬顏、林榮貴點校：《契丹國志》，上海古籍出版社，1985 年。
11. （宋）宇文懋昭撰、崔文印校證：《大金國志校證》（上、下），中華書局，1986 年。
12. （元）馬端臨：《文獻通考》，中華書局，1986 年，據萬有文庫十通本影印。
13. （清）吳廣成撰、龔世俊等校證：《西夏書事校證》，甘肅文化出版社，1995 年。
14. 史金波、聶鴻音、白濱：《天盛改舊新定律令》，法律出版社，2000 年。
15. 陳述輯校：《全遼文》，中華書局，1982 年。
16. 向南編：《遼代石刻文編》，河北教育出版社，1995 年。

17. （清）張金吾輯：《金文最》（上、下），中華書局，1990年。

18. 譚其驤主編：《中國歷史地圖集》第六冊《宋·遼·金時期》，中國地圖出版社，1982年。

19. 馬大正主編：《中國邊疆經略史》，中州古籍出版社，2000年。

20. 趙雲田：《中國治邊機構史》，中國藏學出版社，2002年。

21. 杜建錄：《西夏與周邊民族關係史》，甘肅文化出版社，1995年。

22. 杜建錄：《西夏經濟史》，中國社會科學出版社，2002年。

23. 李華瑞：《宋夏關係史》，河北人民出版社，1998年。

24. 劉復生：《僰國與瀘夷——民族遷徙、衝突與融合》，巴蜀書社，2000年。

25. 趙儷生主編：《古代西北屯田開發史》，甘肅文化出版社，1997年。

26. 陳振：《宋史》，上海人民出版社，2003年。

27. 李錫厚、白濱：《遼金西夏史》，上海人民出版社，2003年。

28. 安國樓：《宋朝周邊民族政策研究》，（臺灣）文津出版社，1997年。

29. 劉浦江：《遼金史論》，遼寧大學出版社，1999年。

30. 魏志江：《遼金與高麗關係考》，香港天馬圖書有限公司，2001年。

31. 韓茂莉：《遼金農業地理》，社會科學文獻出版社，1999年。

32. 林榮貴：《遼朝經營與開發北疆》，中國社會科學出版社，1995年。

33. 魏良弢：《西遼史綱》，人民出版社，1991年。

34. 王愼榮、趙鳴岐：《東夏史》，天津古籍出版社，1990年。

35. 陳佳華、蔡家藝、莫俊卿、楊保隆：《宋遼金時期民族史》，四川民族出版社，1996年。

36. 祝啓源：《唃廝囉——宋代藏族政權》，青海人民出版社，1988年。

37. 劉建麗：《宋代西北吐蕃研究》，甘肅文化出版社，1998年。

38. 〔日〕岡田宏二著，趙令志、李德龍譯：《中國華南民族社會史研究》，民族出版社，2002年。

39. 〔日〕三上次男著、金啓孮譯：《金代女眞研究》，黑龍江人民出版社，1984年。

40. 〔日〕外山軍治著、李東源譯：《金朝史研究》，黑龍江朝鮮民族出版社，1988年。